北京服装学院2011年教育教学改革项目
（课题编号 131000100111）成果

大学生时事教育参考教材

形势与政策

张红玲　闫　东◎主编

经济日报出版社

图书在版编目（CIP）数据

大学生时事教育参考教材：形势与政策 / 张红玲，
闫东主编．—北京：经济日报出版社，2016.12
ISBN 978 - 7 - 5196 - 0047 - 1

Ⅰ．①大⋯　Ⅱ．①张⋯②闫⋯　Ⅲ．①时事政策教育
—高等学校—教材　Ⅳ．①G641.41

中国版本图书馆 CIP 数据核字（2016）第 292089 号

大学生时事教育参考教材：形势与政策

作　　者	张红玲　闫　东
责任编辑	梁沂滨
出版发行	经济日报出版社
地　　址	北京市西城区白纸坊东街 2 号（邮政编码：100054）
电　　话	010 - 63567683（编辑部）
	010 - 63588446　63567692（发行部）
网　　址	www. edpbook. com. cn
E - mail	edpbook@126. com
经　　销	全国新华书店
印　　刷	北京天正元印务有限公司
开　　本	710×1000 毫米　1/16
印　　张	14. 5
字　　数	230 千字
版　　次	2017 年 1 月第一版
印　　次	2017 年 1 月第一次印刷
书　　号	ISBN 978 - 7 - 5196 - 0047 - 1
定　　价	43. 00 元

序　言

　　党中央一直高度重视高校思想政治教育工作。当前全国高等教育战线正全面贯彻党的十八大和十八届三中、四中、五中、六中全会精神，深入学习习近平总书记系列重要讲话，认真落实《关于进一步加强和改进新形势下高校宣传思想工作的意见》，开展社会主义核心价值观宣传教育，引导大学生正确把握国内外形势新变化新特点，统一思想，坚定信念，凝聚力量，为实现中华民族伟大复兴的中国梦而努力奋斗。

　　当代大学生要正确认识我国的经济建设、政治建设、文化建设、社会建设与生态文明建设以及对外关系的基本特点与发展趋势。以习近平同志为核心的党中央主动认识新常态、适应新常态、引领新常态，全面推进社会主义经济建设、政治建设、文化建设、社会建设、生态文明建设和党的建设，取得了众多重要改革成果。以习近平同志为核心的党中央，继续坚持发挥党总揽全局、协调各方的领导核心作用，以国家治理体系和治理能力现代化为目标，紧紧围绕坚持党的领导、人民当家作主、依法治国有机统一的原则，深化政治体制改革，取得了一系列重大成果。党的十八届三中全会后，习近平总书记担任中央全面深化改革领导小组组长，截至2016年6月，深改小组已经召开25次会议，制定出台100多项深改方案，涉及到司法体制改革、财税体制改革、央企薪酬制度改革、考试招生制度改革、足球改革、国防和军队改革、人大代表联系人民群众制度改革等。党的十八大以来，我国外交有了新的突破性发展，"新型国际关系"、"命运共同体"、"亲诚惠容""正确义利观"、"一带一路"等中国倡导的外交

1

理念也逐步得到国际社会的认可和支持。400亿美元丝路基金,亚洲基础设施投资银行,100亿美元中非合作基金,亚太自贸区,金砖国家新开发银行,获准加入欧洲复兴开发银行,人民币纳入IMF特别提款权篮子等一系列重大外交成果涌现。正如有学者认为,在习近平总书记的带领下,全面重塑了党在人民群众心中的良好形象;形成了"中国梦"引领下的治国理政思想体系;构建了执政党治理、国家治理、全球治理"三合一"的治理格局;巩固了符合中国政治体制特点的高效领导模式。中国特色社会主义建设取得的成就还有很多,但也存在着一些发展中的问题,面临着专家学者所讲的"中等发达国家陷阱"、"修昔底德陷阱",具体如生态环境、区域发展不均衡、城乡差距以及食品安全、大国对抗与冲突、小国欺负大国等问题。因此,大学生要能理性认识这些问题,并且养成理性分析这些问题的能力,增强自己的思想政治理论素养。

经北京服装学院思想政治理论课教学部广大教师反复研讨修改,付梓了这本《大学生时事教育参考教材——形势与政策》。该教材立足国际视野,全面梳理了我国经济、政治、文化与社会发展、国防外交等领域的发展特点、存在问题及其原因与未来发展趋势,同时还专门分析了当前国内外的热点难点问题。该书为大学生了解当下国内外发展态势与党的路线方针政策做了简洁而具有深度的导读。我相信大学生如果能够认真阅读这本教材,一定能从中吸取一些有益的知识与信息,提高自身理解与分析国家形势与政策的能力,为实现中华民族伟大复兴的中国梦而发奋学习。

北京服装学院党委书记　马胜杰

目　录
CONTENTS

前　言

　　《形势与政策》课作为思想政治理论课的重要组成部分，它的作用是通过形势政策、世界政治经济与国际关系等基本知识的教育，帮助学生开阔视野，及时了解和正确对待国内外重大时事，使大学生在改革开放的环境下有坚定的立场、有较强的分析能力和适应能力。《形势与政策》课是一门时代性很强的课程，由于国内、国际形势是不断发展变化的，政策也在根据形势的变化进行调整，因此"形势与政策"课教学内容具有很强的动态性。本教材以我国全面建设社会主义和谐社会为背景，以全面贯彻"十八大"精神为主要目标，分七个专题，从不同角度概括和分析近年国内政治经济社会发展总体形势、党的路线方针政策、社会重大事件、热点难点问题和国际经济政治形势、大国关系、周边局势、民族问题、恐怖主义等问题，帮助大学生了解国际、国内形势和国家的方针政策，开拓大学生的视野，提高大学生的政治素质和创新思维能力。

　　《形势与政策》课不同于传统课程具有固定的教学内容体系，它的突出特点是强调时效性，受这种实效性特点的影响，目前我国各高校无法制定统一的教学大纲和全国通用的教材。为了深入贯彻落实《中共中央宣传部、教育部关于进一步加强高等学校学生形势与政策教育的通知》精神和教育部形势与政策教育教学要点，深入宣传贯彻落实党的十八大精神，满足高校开设《形势与政策》课对基本教材的需要，我们特组织我校思想政治理论课的专家教授和富有经验的教师编写《形势与政策》教材，以保证我校《形势与政策》课教学的规范化和系统化。

　　该教材在语言表达上力求通俗易懂、富有时代感，以我国全面建设社会主义和谐社会为背景，以全面贯彻"十八大"以来以习近平同志为核心的党中央的路线方针政策为主要目标，以培养学生观察分析国内外形势，及时准确理解党和国家重大政策为主旨，以提高大学生的政治素质和创新思维能力为目的，将现实性、针对性和时效性结合起来，体现出《形势与政策》课教学内容稳定性与动态性、理论性与思想性、政策性与可读性的有机统一。

《形势与政策》编写组

专题一

国内形势总体发展态势

　　新世纪在中国共产党的领导下,我国经济、政治与文化、社会、军事发展取得了一系列重大成就,使我们更加坚定了中国特色社会主义的道路自信、理论自信、制度自信。同时,由于我国仍然处于社会主义初级阶段,我国的经济、政治、文化与社会等领域还存在着不成熟、不完善的方面,使我们今后发展面临着一系列重大挑战。党的十八大以来,以习近平为总书记的党中央,根据国内外形势新变化,顺应我国经济社会新发展和广大人民群众新期盼,明确了"五位一体"建设总布局与"四个全面"的战略布局,为我国社会主义的经济、政治、文化、社会民生建设提供了适应未来发展的指导思想。

一、我国国内发展的基本形势

1. 国民经济始终保持在合理区间运行

　　我国这一轮经济增速回落是从 2010 年开始的,2010—2014 年,国内生产总值(GDP)分别增长 10.4%、9.3%、7.7%、7.7% 和 7.4%,2015 年一季度进一步回落到 7.0%。虽然增长逐步放缓,但国民经济始终在合理区间运行。

　　2015 年中国增速放缓,但是就一个 10 万亿美金的经济体而言,能达到 6.9% 的增速,是在高基数上的增长实属不易,而且又是在转型升级过程中实现的。2016 年以来,中国经济运行开局总体平稳,而且出现一些积极变化。我们推出的一系列稳增长、调结构、促改革措施的政策效应所显现的成果,正在不断地累积。据统计,2015 年全国城镇新增就业 1300 多万人,而且居民收入增长超过了 GDP 的增长,2016 年 1—2 月就业形势依然稳定,31 个大城市调查失业率保持在 5.1% 左右,和去年基本持平。在这个过程当中,产业升级步伐加快,服务业、高技术产业和装备制造业保持较快增长。内需持续扩大,消费仍然是两位数增长。消费和服务业已经成为拉动中国经济增长的主要力量。同时,能耗强度和主要污染物排放持续下降,这标志着经济增长的质量在改善。

第一,经济增长回落幅度收窄。从波动情况看,近两年经济增长总体上缓中见稳。2012年一季度至2015年一季度,GDP季度增速最高为7.9%,最低为7.0%;相邻季度GDP增速最大变化幅度为0.5个百分点。这说明,经过5年下行调整,经济增速有向现阶段潜在增长率收敛的趋势。2016年投资增速有所回升。2016年1、2月份,固定资产投资(不含农户)同比增长10.2%,增速比去年全年提高0.2个百分点,累计增速一年以来首次回升;新开工项目计划总投资增长41.1%,这是2010年以来月度最高值。

第二,就业形势保持稳定。经济运行是否稳定,是否仍在合理区间,关键要看就业是否突破下限。近年来,我国坚持实施更加积极的就业政策,在经济增速有所放缓的情况下,就业稳中有增。2015年以来,就业形势仍然保持基本稳定,尤其是农民工就业态势良好,对于改善民生和稳定社会大局发挥了重要作用。

第三,物价总水平涨势温和。近几年,市场物资供应充足,供求关系较为平衡,物价总水平保持基本稳定。2015年1至5月份,居民消费价格同比上涨1.3%。其中,食品价格上涨2.0%,非食品上涨0.9%;消费品上涨1.0%,服务上涨1.9%,均为温和上涨。国际大宗商品价格近期大幅度下跌,世界多数国家物价水平走低,我国物价水平一定程度上也受到拖累。2016年开始,受食品价格上涨较多影响,2、3月居民消费价格同比均上涨2.3%。在政策预期、库存回补、主动减产、前期超跌等因素共同作用下,钢铁、电解铝等主要原材料产品价格出现一波明显上涨。3月份,工业生产者出厂价格环比由降转升,比上月上涨0.5%,是2014年1月份以来的首次上涨。

第四,国际收支大致平衡。2013年、2014年,我国经常项目顺差分别为11330亿元和13510亿元,占当年国内生产总值的比例分别为1.9%和2.1%,均低于国际公认的3%的警戒线。同时,利用外资和对外投资规模也基本相当。2014年,实际使用外商直接投资7364亿元,非金融领域对外直接投资6321亿元。

2. 科技稳步发展,国家创新水平不断提升,中国全球性影响愈来愈凸显

2010 年我国经济总量跃升到世界第二位,2014 年国内生产总值达到了 63.6 万亿元,占全球 GDP 比重 12.2%,人均超过 7500 美元,进出口总额达 4.3 万亿美元,位列世界第一。改革开放后,中国经济发展突飞猛进,综合国力大幅提升。

第一,科技研发资金的增长与科技实力大大增强。2013 年,全社会研发资金投入超过 1 万亿元,占国内生产总值的比重由 2007 年的 1.4% 提高到 2.09%,其中 76% 来自于企业;目前,我国科研投入总量已经仅次于美国,位居世界第二。截至 2013 年,我国研发人员总量达到 360 万人年,稳居世界第一;SCI(科学引文索引)收录的我国科技论文数快速增长,2012 年连续四年居世界第二;发明专利授权量达 21.7 万件,稳居世界第三;全国技术合同交易额年均增长超过 20%,达到 6400 亿元。

第二,知识产权领域取得了突出进步。有资料显示,2013 年,我国知识产权再创新纪录:受理发明专利申请 82.5 万件,同比增长 26.3%,连续三年位居世界首位。尤为引人注目的是,截至 2013 年底,我国每万人口发明专利拥有量已达到 4.02 件,提前两年完成"十二五"规划设定的 3.3 件目标。更令人欣慰的是,这些发明专利申请受理量,占三种专利(发明专利、实用新型专利和外观设计专利)总量的 34.7%,五年来首次超过三分之一。其中国内发明专利申请量为 7.05 万件,同比增长 31.8%,显示出我国申请结构进一步优化,专利申请质量逐步提升。

第三,国家高新区对区域经济发展的辐射、示范和带动作用明显。2012 年 105 个高新区的工业增加值占全国的 14.5%。北京中关村示范区 2012 年总收入达到 2.5 万亿元,对北京 GDP 的增长贡献率达到 25%;上海张江示范区实现企业总收入达 1.88 万亿元,有效发明专利占上海市的三分之二以上。以培育创新型企业为抓手,大力提升企业创新能力,推动企业成为技术创新的主体。在国民经济重点行业遴选 676 家创新型企业,带动省级创新型企业 8400 多家,引导企业加大研发投入。同时,着力把研发机构建到企业,已在有条件的行业骨干企业组建了 99 个国家重点实验室和 313 个国家工程(技术)研究中心,认定了 887 个国家级企业技术中心,夯实企业技术创新能力基础。此外,着力深化科技计划管理改革,支持企业承担重大科技项目。国家科技重大专项

52.3%、863 计划 38.7%、科技支撑计划 40% 以上的项目(课题)均由企业牵头实施。

第四,综合国力不断提升。科技进步对经济发展的贡献率已达到 60%。科技创新在三峡工程、高速铁路、西电东输等重大工程中发挥了重要作用,我国在水电装备、高速列车、特高压输变电等方面都居世界前列。联想超越惠普,成为全球最大的个人电脑供应商;南车、北车的轨道装备相继出口发达市场;华为在全球移动网络设备市场中已占据第一,处于领跑者地位。超级计算、智能机器人、超级杂交稻等一批关键技术实现重大突破。神舟十号遨游太空,嫦娥三号成功登月,蛟龙深潜再创纪录。这一切都表明中国人民完全有能力、有智慧实现建成创新型国家的目标。

3. 民主法治建设逐步推进

改革开放以来,我们创造了令世界惊叹的中国奇迹,根本的原因是坚持不断改善党的领导,开辟了中国特色社会主义的伟大道路,形成了中国特色社会主义理论体系,确立了中国特色社会主义制度。习近平总书记反复强调,中国是一个大国,决不能在根本性问题上出现颠覆性错误,我们既不走封闭僵化的老路,也不走改旗易帜的邪路。

改革 30 多年我国民主法治建设取得了一系列成就。确立了依法治国基本方略,实行依法治国,建设社会主义法治国家,成为国家基本方略和全社会共识;中国共产党依法执政能力显著增强,党不断增强科学执政、民主执政、依法执政的自觉性和坚定性;以宪法为核心的中国特色社会主义法律体系基本形成,在现行宪法基础上,制定并完善了一大批法律、行政法规、地方性法规、自治条例和单行条例,法律体系日趋完备,国家经济、政治、文化和社会生活的各个方面基本实现了有法可依;人权得到可靠的法制保障,在通过经济社会发展改善人民的生存权和发展权的同时,国家高度重视通过宪法和法律保障公民的基本权利和自由;促进经济发展与社会和谐的法治环境不断改善。按照建立社会主义市场经济的要求,加强经济立法,完善宏观调控,依法禁止任何组织或个人扰乱社会经济秩序;依法行政和公正司法水平不断提高,通过建立健全行政执法和司法的组织法制和工作机制,保证了行政和司法机关按照法定权限和程序行使权力、履行职责;对权力的制约和监督得到加强。不断建立健全决策权、执行权、监督权既相互制约又相互协调的权力结构和运行机制,已建立起比较完善的监督体系和监督制度,监督合力和实效不断增强。

党的十八届三中全会确定了民主法制建设新的路线图和时间表,十八届四中全会专门研究了全面推进依法治国若干重大问题,提出了建设中国特色社会主义法治体系,建设社会主义法治国家的总目标,并做出了实现这一目标的全面部署。

4. 社会主义文化建设快速推进

2011年10月党的十七届六中全会通过了《中共中央关于深化文化体制改革、推动社会主义文化大发展大繁荣若干重大问题的决定》强调,要以建设社会主义核心价值体系为根本任务,以满足人民精神文化需求为出发点和落脚点,努力建设社会主义文化强国。近年来我国的社会主义文化建设取得了令人瞩目的成就。

第一,深入开展社会主义核心价值体系建设。我国历史上一直强调"礼法共治",认识到"徒法不足以自行"。当前人们的价值观念特别是青年人的人生观和世界观形成的环境发生了深刻变化,这就要求更加重视文化建设,引导人们树立正确的价值观念。用马克思主义中国化最新成果武装全党、教育人民,用中国特色社会主义共同理想凝聚力量,用以爱国主义为核心的民族精神和以改革创新为核心的时代精神鼓舞斗志,用社会主义荣辱观引领风尚,巩固了全党全国各族人民团结奋斗的共同思想道德基础。十八届四中全会提出,要大力弘扬社会主义核心价值观,弘扬中华传统美德,培育社会公德、职业道德、家庭美德、个人品德,既重视发挥法律的规范作用,又重视发挥道德的教化作用,以法治体现理念、强化法律对道德建设的促进作用,以道德滋养法治精神、强化道德对法治文化的支撑作用,实现法律和道德相辅相成、法治和德治相得益彰,既有道德约束又有法律规范。

第二,文化惠民建设热潮席卷中国。以农家书屋、文化站点、广播电视村村通、文化信息资源共享、公共电子阅览室建设计划、农村数字电视放映等为代表的惠民工程相继上马,顺利推进。卫星、互联网等先进技术把偏远地区和祖国的心脏连在了一起。公共文化设施的广泛普及缩小了城乡间的文化差距,保障了群众特别是农民的基本文化权益。与此同时,"三下乡"、"送欢乐下基层"、"流动舞台车"、"春雨工程"等文化惠民活动深入老少边穷地区。文化部门还以农民、进城务工人员、老年人、未成年人、下岗失业人员、低收入人群、残障人群等群体为目标,采取政府采购、项目补贴、定向资助等措施,推动公共文化资源向特殊群体倾斜。教育部、文化部、财政部组织高雅艺术进校园活动,为大学生提供免费欣赏高雅艺术的机会,引领学生弘扬优秀文化,提高艺术修养。这些行动大大改变和提升了中国人的思想文化素质。

第三,文艺创作空前繁荣。广大文艺工作者潜心创作、勤奋耕耘,在文学、戏剧、电影、电视、音乐、舞蹈、美术、摄影、书法、曲艺、杂技和民间文艺等领域,创作出许多思想性、艺术性、观赏性俱佳的优秀作品。一些精品力作在反映生活的广度和深度上,在题材、体裁、形式、风格和表现手法的多样化上,在塑造多种艺术形象、体现时代精神、反映人民群众的思想、愿望和追求上,都取得历史性的突破。层出不穷的优秀文艺作品,在繁荣创作中发挥了示范和引导作用,激励和鼓舞人民为改革开放和社会主义现代化建设而努力奋斗。

伴随着中国崛起的步伐,中国文化也在快步走向世界。羊年春节,纽约帝国大厦、悉尼歌剧院、迪拜帆船酒店、多伦多的电视塔纷纷亮灯;联合国秘书长潘基文用中文写下"家和万事兴"表达对中国人民的祝福;英国威廉王子录视频用汉语向中国人民拜年;澳大利亚总理阿博特携家人赴唐人街给当地华人拜年。如今,在国外举办的中国电影、展览、演出、交流年,各种形式的文化活动数不胜数。在许多国家,学习中文已经成为一种时尚,遍布全球的孔子学院已成为中国的响亮品牌。

5. 社会治理水平不断提升

第一,社会自由资源流动与自由空间的扩大。党的十八届三中全会强调,经济体制改革是全面深化改革的重点,核心问题是处理好政府和市场的关系,使市场在资源配置中起决定性作用和更好地发挥政府的作用。三十多年改革开放的一个重要结果是"自由流动资源"与"自由活动空间"的出现。首先,户籍制度、就业制度、社会保障制度的改革,日用消费品市场的开放,对租房和外地人购房限制的逐渐放宽等等,这一切造就了可以自由迁徙、自由择业的社会劳动力。自由劳动力的出现使得社会领域中的各类组织可以比较自由地获得人力资源,而无须经过政府的批准。其次,所有制结构的多元化,创造了不属于政府的经济资源及其所有者,他们可以根据自己的意愿而不是政府的态度使用自己掌握的经济资源。如允许捐赠和接受捐款,甚至给予减免税优待。在不损害切身利益的前提下,政府也允许社会团体利用报纸、杂志、电视、广播等大众传媒开展活动。再次,对外开放开辟了另一个资源空间和资源获取渠道,来自境外的知识、信息、资金,通过报刊杂志、书籍、互访、培训、会议、资助等形式,源源不断地进入社会领域,为公民个体和各类组织提供了前所未有的生存资源和发展机会。

经济体制改革为中国经济的快速发展提供了充足的动力,促使我国的社会转型。社会转型是指社会形态的变迁,即"意指社会从传统型向现代型社会转型的过程,说详细一点,就是从农业的、乡村的、封闭的半封闭的传统型社会,向工业的、城镇的、开放的现代型社会的转型。"目前我国已经从一个传统的农村社会转变为城市社会,这种转变不是一个单纯的人口比例变化,而是社会结构在变化。

第二,社会治理进入新常态。

以习近平为总书记的党中央审时度势,改革创新,以新的理念、新的方式推进社会治理创新,要求坚持系统治理、依法治理、综合治理和源头治理,社会治理进入"新常态"。

更加重视维护民众权利。人民群众享有公共服务是公民的基本权利,为公民提供基本公共服务、着力保障和改善民生是政府的职责。党的十八大以来,党和政府在教育、就业、收入分配、医疗卫生、社会保障等诸多方面出台了一系列改革发展新举措,使改革发展的成果更多更好地惠及人民。习近平总书记指出,从人民内部和社会一般意义上说,维权是维稳的基础,维稳的实质是维权。这就要求,一方面要高度重视维护好人民群众包括基本民生在内的各方面基本权利,从源头上防止和减少社会矛盾和社会问题的产生,而不是等矛盾和问题出现之后再去当"消防队员"和"救火队长";另一方面,健全依法维权和化解纠纷的机制,及时妥善处置化解各类社会矛盾纠纷,依法维护好、解决好人民最关心最直接最现实的利益问题,促进社会和谐稳定。

更加重视基层治理。目前城乡社区已经取代传统的"单位制"和"人民公社",成为基层社会治理的主要形式。习近平总书记多次到社区进行考察,并发表了一系列重要讲话。他在福州军门社区考察时指出,"社区虽小,但连着千家万户,做好社区工作十分重要。"十八届三中全会提出,以网格化管理、社会化服务为方向,健全基层综合服务管理平台,及时反映和协调人民群众各方面各层次利益诉求。基层社会治理的体制机制、人才队伍、资源保障、工作方法等问题得到重视,社区居民自治将会深入推进,政社良性互动成为基层治理努力的方向。

更加重视互联网治理。互联网既是社会治理的对象,也是社会治理可以利用的重要手段。当前网络已经成为绝大多数中国人须臾离不开的工作手段和生活内容,它为人们的社会参与和社会表达提供了极大的便利,改变了传统的生产、生活和社会交往方式。但是,互联网与其他任何新生事物一样,是一把"双刃剑",有利有弊。网络上鱼龙混杂、泥沙俱下,存在网络欺诈、网络谣言,利用网络盗取个人的和公共的信息,在网络上发表不负责的言论,利用网络进行犯罪活动,等等。十八届三中全会以来国家正按照"积极利用、科学发展、依法管理、确保安全"的原则,建立和完善互联网管理体制机制。在加强互联网管理方面的立法工作的同时,构建政府、企业与公众共同参与的互联网管理体制,整合相关机构职能,强化互联网行业监管,运用支持手段建立科学有效的监管机制,形成从技术到内容、从日常安全到打击犯罪的互联网管理合力,确保网络正确使用和网络安全。除此之外,我国还努力加强互联网领域的国际合作和斗争,争取在互联网发展中拥有更多的话语权,打破美国一家独大的互联网格局,联合世界上友好国家特别是广大发展中国家一道,推动建立既体现共同要求又适合本国国情、既兼顾各自关切又确保自身利益的互联网治理规则体系。

更加重视公共安全和应急管理。当前我国自然灾害进入多发频发期,重特大事故灾难时有发生,食品药品安全事件经常发生,公共卫生事件防控难度增大,反恐怖形势严峻等。随着城市化加速推进,大城市越来越多,城市高层建筑、油气水电等生命线工程,以及一些大型关键设备所潜藏的重大危险源在增多,一旦发生事故或者遭到损毁,可能导致重大损失甚至导致社会秩序局部瘫痪。一些大型基础设施建设工程处于自然灾害频发、群发地区,不仅对施工安全构成潜在威胁,还存在诱发次生灾害的可能。高技术和信息产业的高速发展,在为国家和个人提供全新的发展机遇和生活空间的同时也带来了新的安全危险。党的十八届三中全会要求健全公共安全体系,包括健全食品药品安全监管机制、完善安全生产监管制度、健全防灾减灾救灾机制、创新立体化社会治理防控体系。党的十八届四中全会提出要深入推进社会治安综合治理,依法打击暴力恐怖、涉黑犯罪、邪教和黄赌毒等违法犯罪活动,依法强化危害食品药品安全、影响安全生产、损害生态环境等重点问题治理。

6. 国防力量稳步发展

21 世纪以来,中国军事力量取得了跨越式发展。中国军队由数量规模型向质量效能型、由人力密集型向科技密集型转变的思想,以及中国军队向机械化信息化复合发展的趋势和一体化联合作战的方向。

第一,军队强调质量,逐步缩减规模,稳步增加国防投入。改革开放前,我国拥有庞大的军队,总员额达到了 660 多万人,军费绝大部分用于人的支出,军事装备大部分还停留在二战后期美苏等国家轻步兵师的水平。即便如此国家也不堪重负,如 1979 年的军费支出已占到了国家财政支出的 17.37%。粉碎"四人帮"之后,经过精简整编,中国军队总员额由 660 多万人减至 230 万人。2015 年 9 月习近平主席又宣布裁减 30 万军队。从国防支出总规模上来看,我国远低于美国,略高于印度和日本;但从国防支出占 GDP 的比重来看,我国远低于美国、印度,略高于日本;从人均国防支出来看,我国远低于美国、日本,略高于印度。中国没有对任何国家构成威胁,中国在经济发展的基础上,适当提高国防支出是出于保护国土安全,维护内部稳定和区域和平的需要。中国的国防开支占财政支出的比重与诸国相比,属于较低的水平。

第二,军事力量逐步增强。在新军事变革思想的指导下,中国军事力量正处于从量变到质变的发展过程中,正处于跨越式发展的过程中。特别是党的十八大以来,中国军事装备进入了快速增长期,众多新型军事装备以前所未有的密度集中亮相。从海军装备看,据统计,仅 2013 年,中国各船厂开工了驱逐舰 3 艘、下水 2 艘,大型护卫舰开工 3 艘、下水 2 艘,轻型护卫舰开工 7 艘、下水 5 艘,常规潜艇开工 3 艘、下水 2 艘,核潜艇开工 3 艘、下水 1 艘,猎雷舰开工 2 艘、下水 1 艘。无论开工还是下水,其数量都是世界之最。同时,中国首艘航母辽宁舰已经完成了从首次出海训练到初步形成战斗力的跨越。歼 15 舰载机从首次起降,到首次驻舰起飞和短距滑跃起飞,不断取得突破。航母训练舰顺利完成多次训练、舰载机歼 - 15 开始量产。从空军装备看,歼 20、歼 31 第四代隐形战机成功试飞,标志着经过 60 年发展的中国航空工业,当仁不让地迈入了世界四代战机研制的"第一梯队"。从陆军装备看,直 10、直 19 武装直升机自 2012 年珠海航展亮相后,其批量装备部队的画面不断出现在公开报道中。从战略装备看,新型战略导弹和战略核力量频频亮相。据媒体透露,中国不久前完成了东风 41 导弹与巨浪 2 潜射洲际导弹的试射,这两次导弹试射引发外界对中国核打击能力的高度关注。媒体分析称,巨浪 – 2 和东风 – 41 是中国的第二代和第三代核武器,被视为中国未来 20 年战略核威慑的中坚力量,此次接连进行试射"意义重大"。"北斗"区域卫星导航系统基本建成并投入使用。2011 年 4 月第 8 颗北斗卫星成功发射,标志着中国继美国的 GPS、俄罗斯的 GLONASS 系统之后,成为又一个拥有自主卫星导航系统的国家。

第三,推进人才战略工程,培养新型军事人才。2011 年 4 月,《2020 年前军队人才发展规划纲要》由中央军委印发全军部队执行。《规划纲要》明确提出,以联合作战指挥人才、信息化建设管理人才、信息技术专业人才、新装备操作和维护人才培养为战略抓手,加快实现关键领域人才建设局部跃升,带动人才建设整体发展,对未来 10 年军事人才政策制度改革创新作了框架设计。同时,提升军人待遇修改兵役法,完善军人各项保障制度,地方相继出台新的惠军政策。与时俱进,创新军事训练方式,针对大学生士兵设计新的训练模式。2006 年,开始从大学毕业生中选拔军官;2011 年,开始从普通高等院校毕业大学生中选拔飞行学员;2003—2013 年,全军共外派军事留学生近 1600 名,安排480 名作战部队师旅级主官出国考察和培训。

第四,应对新安全形势,开始新一轮军事改革。本轮军事改革是我国国防力量历史上最大的一次军事改革,改革的总体目标是牢牢把握"军委管总、战区主战、军事主建"的原则,以领导管理体制、联合作战指挥体制改革为重点,协调推进规模结构、政策制度和军民融合深度发展改革。① 着力构建军委——战区——部队的作战指挥体系和军委——军种——部队的领导管理体系。

具体讲,有以下几个方面:一是领导管理体制。着眼加强军委集中统一领导,强化军委机关的战略谋划、战略指挥、战略管理职能,优化军委机关职能配置和机构设置,完善军种和新型作战力量领导管理体制,形成决策权、执行权、监督权既相互制约又相互协调的运行体系。实行军委多部门制,四总部整编后变为了军委内设的办事机构,结束了以前在军委之下另外设"四总部"这样的领率机构层级,原来的小军委大总部变成了今天的大军委小总部,这也为中央军委主席集中指挥、统一领导全军铺平了道路,也对于政出多门这种现象进

———————

① 《中央军委关于深化国防和军队改革的意见》,新华社北京 1 月 1 日电。

行了抑制。① 二是重新调整划设战区,组建战区联合作战机构,将过去七大军区变为东西南北中五大战区,从职能上将军令和政令部门分开。三是军种改革,组建陆军领导机构,成立陆军总部,改变过去大陆军主义传统;成立战略支援部队,争夺网电空间;将第二炮兵部队从兵种升格为军种,名称调整为火箭军,强化战略打击力量。

第五,加强对外军事交流,维护中国国家利益。随着国力的飞速提升,世界越来越需要中国在国际社会发挥更大的作用。同时由于中国工业产能和资金的过剩,中国面临巨大的产业结构调整和转型。而中国"一带一路"战略计划的实施和"亚洲基础设施投资银行"的建立,意味着中国的海外利益越来越成为国防力量保卫的对象。目前我国主要从参与联合国维和行动、友好访问、联合研制军事装备、亚丁湾护航、从不稳定国家撤侨等方面提升中国国际形象,开展多项重大行动维护中国国家利益。在 2015 年的联合国大会上,国家主席习近平宣布中国将加入新的联合国维和能力待命机制,率先组建常备成建制维和警队,并建设 8000 人规模的维和待命部队。中国决定在未来 5 年内,向非盟提供总额为 1 亿美元的无偿军事援助,支持非洲常备军和危机应对快速反应部队建设,以便增强维护世界和平的力量。

二、存在的问题和面临的挑战

1. 经济 GDP 主义带来的一系列问题

GDP 主义是指一个国家的经济发展和增长主要以 GDP 来衡量。GDP(国内生产总值(gross domestic product)是指一个国家或地区范围内的所有常住单位,在一定时期内生产最终产品和提供劳务价值的总和。)成为其国家发展和增长的最主要政策根源。GDP 主义是政府刺激经济发展的一整套政策。政府确立一个量化了的发展目标,再把这个目标"科学地"分解,落实到各地各级官员的身上。自然而然地 GDP 的增长成了官员升迁的最主要的考量指标,由此也伴随而来一系列问题。

第一,经济发展不平衡、不协调、不可持续的问题。不平衡主要是指城乡之间不平衡,地区之间不平衡,经济发展和社会发展之间的不平衡;不协调主

---

① 《军改最大难点是"拆庙容易换人难"!》,乔良《祖国》杂志采访文章 2016 年 4 月 7 日。

要是指农业、工业和服务业之间的不协调,投资和消费之间的不协调;不可持续主要是指自然生态破坏严重,经济增长受到资源环境约束越来越强。从生产供给层面看,第一产业转型乏力,第二产业大而不强,第三产业比重偏低;从需求层面看,在投资、出口、消费这"三驾马车"中,过去很长时间过多地依赖投资和外贸出口,消费力不强;从要素投入层面看,过去我国经济增长主要依靠大量的物质资源投入,后果是收益低且环境污染代价惨重,严重制约经济持续增长。

第二,过度投资和产能过剩问题。影响中国经济健康发展的一个很大的问题就是一些行业长期过度投资形成的产能过剩。产能过剩的直接原因是过度投资,政府在内需不足的情况下,长期依靠加大投资来带动经济增长,同时依靠外需弥补国内需求的不足。居民的储蓄率水平一直居高不下,庞大的基数支撑了国内投资的快速增长。此外,中国巨大的发展潜力吸引了众多的外国资金,这也在一定程度上助推了我国的投资增速。

以往中国是靠出口来缓解国内过剩产能,现在出口遇到阻碍,过剩产能的问题便显现出来。产能过剩涉及许多行业,如钢铁、水泥、石油化工、平板玻璃、煤化工、风机设备、光伏产业、多晶硅、电解铝、大豆压榨、造船等等。李克强总理在 2014 年的政府工作报告中确定当年淘汰落后产能的目标是:淘汰钢铁 2700 万吨、水泥 4200 万吨、平板玻璃 3500 万标准箱。这也从一个侧面反映了我国目前产能过剩的程度。

第三,金融风险问题。从国际方面看,当前,各国经济发展复苏不平衡,发达国家宽松刺激政策退出,新兴市场经济国家货币贬值、资本外流和金融市场波动,金融风险跨国家、跨地区、跨系统、跨市场传染,这些都给我国的金融安全带来了挑战。随着我国资本市场的日益开放,来自国际方面的金融风险逐渐增大。资本项目的开放在一定程度上相当于拆除了经济的防火墙,投机性很强的国际逐利资本会利用各种渠道大量涌入国内,流向股市、汇市等资本市场,造成投资过度,本国国际收支失衡和影响金融稳定等不良经济后果。随着资本项目的开放,我国的整个金融业将面临巨大的外部冲击,资本市场的开放一方面会使证券市场的波动性大增,另一方面会使国内外市场相互的联系更加紧密,使本国受到其他国家资本市场的传染更加迅速。

从国内方面看,我国金融业正在发生深刻变化,新型金融机构、金融创新不断涌现,金融市场日趋复杂、高度关联,金融风险的集聚、扩散、传染更加复杂。金融创新是提高资源配置效率、实现价格发现功能、满足金融消费者需求和金融机构发展转型的现实需要,但是也容易带来新的金融风险。利率市场化等金融改革处于关键阶段,将对银行业经营模式和盈利能力造成直接冲击,并对经济社会造成多方面的影响。近年来,互联网金融在我国获得了高速发展。互联网金融产生的直接效果是成本得到大大降低、效率得到极大提升。但其在给人们带来方便和较高收益的同时,也带来了更多的风险。目前互联网金融领域良莠不齐,甚至还夹杂着欺骗性平台。加之是虚拟化经营、技术风险难以消除、法律缺位、监管难度大,参与者广泛,没有地域限制等因素,使得互联网金融的社会风险、市场风险远比传统金融行业要大得多,从而严重挑战着我国现有的金融安全防范体系。

第四,能源安全问题。能源是人类生存、经济发展、社会进步与国家安全不可缺少的重要资源,是关系国家经济命脉与国防安全的重要战略物资。随着人类社会工业化的发展,传统能源资源逐渐匮乏,加之地缘分布严重失衡,客观上成为国家之间竞争与冲突的重要根源。进入新世纪后,国际恐怖主义活动猖獗,全球地缘政治形势不稳,国际油价持续飙升,使能源安全问题更加升温。在当今经济全球化时代,谁拥有充足稳定的能源资源,谁就拥有经济发展的速度、稳定性和可持续性的保障。因此,能源安全就成为整个国家安全体系中极其重要的组成部分。

我国能源总量相对丰富,而人均却稀少。煤、石油、天然气只占世界经济可采资源量的 12%、3% 和 2%;人均占有量也分别只占世界人均占有量的 56%、15% 和 10%,属于石化能源紧缺的国家。我国经济 30 多年持续增长,对能源的需求不断增加,国内的能源生产已远远不能满足需求,我国目前已成为仅次于美国的第二大石油消费国,能源安全问题日益凸显。

首先是进口依存度越来越高。中国石油天然气、铜、铁等大宗短缺矿产品进口量近年来持续增长,对外依存度居高不下,其中石油 56.7%、铁矿石 56.4%,铜 71.4%,钾肥 51.5,铝 61.5%。2013 年,中国煤炭、石油和天然气三大传统能源对外依存度呈现出普遍上涨格局。其中,煤炭进口依存度上涨至 8.13,天然气对外依存度首超 3 成涨至 30.5%,原油对外依存度达到 57.39%,进口突破 2.8 亿吨,同比增长 4.03%,随着国内新建及扩建炼厂陆续投产,预计原油需求仍将稳步提升,原油进口量将继续增加。其次是进口来源地局势和运输方式存在风险。我国的石油进口目前主要来源地是中东、非洲和拉美,这些地方政局动荡、战乱频仍、矛盾突出。比如,利比亚政局变化、南北苏丹分裂等使中国投资损失了数百亿美元。我国进口原油的运输方式也存在隐患。中哈原油管道、中缅油气管道、中俄原油管道,即便完全建成并满负荷运行,每年也只能为我国输送 4700 万吨原油,目前我国石油进口 80% 以上依靠海上油轮运输,主要航线又与中东有关,而且又必经马六甲海峡,如果发生问题,会直接影响我国的石油供应安全。

第五,贸易摩擦问题。在国际贸易保护主义不断加剧的大背景下,中国成为贸易摩擦的多发地。随着中国贸易总量和经济总量在世界上的排名提升,贸易摩擦、贸易救济措施的应对越发繁重。从 2002 年到 2012 年的十年间,我国应对的国外贸易救济措施的案件一共 842 起,涉及案件金额 736 亿美元。目前,我国面临着日益严重的贸易摩擦,到 2012 年末,已经连续 17 年成为全球遭受贸易摩擦最多的国家。2013 年上半年,共有 15 个国家和地区对我国发起 39 起贸易救济调查,涉案金额 20.9 亿美元。

从传统意义上说,中外贸易摩擦主要发生在中国与发达国家之间,这其中与美国的贸易摩擦一直是我国贸易摩擦中的大户。据报道,在 2014 年开始后 44 天中,美国对中国 11 种商品发起"双反"调查或做出裁决,平均每 4 天发起一场对华贸易争端。这一方面是由于中国的贸易格局,另一方面是由于美国一直视中国为潜在的竞争对手,很多贸易摩擦是源于美国政治上的考量。比如,美国国会通过并由奥巴马签署的《2013 年合并与进一步持续拨款法案》第 516 条规定,美国商务部、司法部、国家宇航局和国家科学基金会不得利用任何拨款,采购由中国政府拥有、管理或资助的一个或多个机构所生产、制造或组装的信息技术系统。从商业上看,这对美国并不一定有利,美国 IT 产业界十家协会联名致信美国国会,认为这会给美国的 IT 产业带来损害。

中国和欧盟之间的贸易关系一直以来就在摩擦和曲折中发展,近年来贸易战更是日益升温,导致如光伏、电信、玻璃纤维、无缝钢管等反倾销反补贴的调查频繁发生,贸易壁垒不断升级。这主要是由于欧洲经济持续低迷、市场需求不振、产品竞争力下降,故而对中国采取贸易保护主义措施。值得关注的是,近年来我国与新兴市场国家之间的贸易摩擦不断增多。由于受到发达国家经济危机的牵连,新兴市场国家的贸易保护主义也愈发盛行。据商务部统计显示,2014年上半年,在对我国发起的39起贸易救济调查当中,发展中国家对我国的贸易救济调查高达22起,涉案金额11亿美元,分别占同期我国遭遇贸易摩擦总量和总金额的56.4%和52.7%,在汇率政策和知识产权保护方面关于中国的批评之声也是不绝于耳。近年来,拉美市场的贸易保护非常严重,甚至超过美欧,中国企业要想顺利进入拉美市场更加困难。拉美国家对中国发起反倾销涉及的往往是本国的敏感产品和脆弱产业,即使是两国间存在自贸协定,也会有特殊安排。

2. 政治生态存在的问题

政治生态,指的是一个地方政治生活现状和政治发展环境的集中反映,是党风、政风、社会风气的综合体现,其核心是领导干部的党性、觉悟、作风,其要求是风清气正。党的十八大后,党中央深化了对政治形势的认识,尤其指出党风廉政建设和反腐败斗争形势依然严峻复杂。

第一,既得利益群体问题。不同的利益群体从自身利益出发,对某一领域的深化改革会持有不同的立场和主张,有的支持,有的反对。比如在出台调控房地产政策的时候,有房的人和无房的人利益是不一致的,炒房的人和房屋自住的人利益也不一致,而在房地产产业链中获得特殊利益的人与买不起房的人利益更不一致。在户籍制度改革的过程中,城市户口的人和农村户口的人利益也是不一致的。当不同的利益群体从自身利益的角度出发来选择对改革政策措施支持与反对时,极易引发社会风险。特别是当他们表达利益诉求的方式超出法律界限时,就会严重地影响到改革的进程。既得利益群体在改革进程中获取了较大的特殊利益,并且在对公共资源的支配方面以及对政府政策的影响方面处于强势地位。这些利益群体可以借助手中的权力或是经济地位的优势不断将自身利益最大化。当改革触动他们既得利益的时候,他们会释放出强大的能量来阻碍改革,甚至断送改革。改革如何平衡不同利益群体的关系,使不同利益群体能够公平地表达各自的利益诉求,如何使不同的利益群体能够顺畅地表达利益诉求并得到有效的回应,从而避免出现街头政治等影响社会稳定的情况发生,对党和政府的执政能力是一个很大的考验。

第二,腐败问题。近年来,党和政府加大了反腐败的力度,制定了一系列规章制度,采取了一系列措施,对腐败分子采取严厉打击的高压态势,取得了很大成绩。但是,反腐败形势仍然非常严峻,主要表现在:一是高级领导干部违纪违法,除了周永康、徐才厚这样的中央级高官腐败令人震惊外,历年惩处的腐败分子中不乏省部级以上高官,而且其中相当一些人是长期腐败,但一直被"带病提拔"。二是一些地区和部门出现群体化腐败,腐败分子在政治上拉帮结派,经济上相互牵连,结成了利益同盟,有的案件涉案人员达百人之多。三是一些关键领域成为腐败重灾区,如交通、国土、能源等部门。四是腐败金额呈现巨额化倾向,单个腐败分子的涉案金额动辄几千万,甚至数以亿计。五是出现了期权型腐败,即在职时利用手中的权力为他人谋利,退职后再从他人处享受不正当利益。六是官商勾结,甚至是官、商、黑社会勾结。七是基层腐败案件量大面广,影响恶劣。

腐败现象对当代中国社会政治生活带来了极大的危害,腐蚀党和国家的正常肌体,严重败坏了党和政府在人民心中的形象,恶化了党群关系、官民关系,引发了民间强烈的"仇官"情绪,使民众对政府产生明显的不信任感。同时,腐败现象还削弱执政党的意识形态功能,使其应有的导向、凝聚、动员和约束等功能受到严重损害,败坏了社会风气,腐蚀人们的心灵,从而对基层民众的经济活动和社会交往亦产生不良影响。

第三,西方敌对势力对我国分化、西化的挑战。改革开放以来,西方敌对势力对我国进行西化、分化,实施和平演变的图谋一直没有改变。主要有以下表现:利用人权问题进行干扰破坏,如美国一年一度的"世界人权状况年度报告",一直对中国政治、民主、司法、宗教、民族乃至互联网等方方面面进行攻击,称中国的人权状况日趋恶化;利用民族问题加紧对我实施分化,他们鼓励、支持新疆民族分裂势力和达赖集团的分裂活动,推进"新疆问题"、"西藏问题"国际化,在反恐问题上搞双重标准;利用宗教对我国进行渗透颠覆,如美国国际宗教委员会在每年的年度报告中对我国的宗教问题进行攻击,亦有境外势力在我国进行非法传教活动,扶植地下宗教势力;利用"民运"组织,精心培植颠覆力量,如美国政府给予"民运"分子永久居留权或美国国籍,向"民运"势力提供大量资助,培植"民运领袖",支持他们组党结社、以商养政;利用台独势力破坏国家统一,危害国家安全;利用"法轮功"邪教组织进行捣乱破坏,污蔑我国政府取缔"法轮功"是侵犯信仰自由、向"法轮功"邪教组织提供资助和活动场所,帮助他们设立网站,支持他们在境外发展;利用港澳作为反共反华的前沿阵地,支持港澳的所谓民主派,培养反中乱港、反中乱澳的代理人,利用各种传媒造谣惑众,挑拨港人与特区政府和中央政府的关系,破坏"一国两制"的香港稳定。

西方敌对势力还利用互联网等新兴媒体,与我争夺思想文化阵地,进行思想渗透,千方百计削弱我主流舆论的影响。他们传播西方的价值观,宣扬西方政治制度和思想文化;雇佣大批写手,采取网络贴文、电子邮件、手机短信、微信等手段,制造反动舆论,对我进行信息围攻;他们利用某些社会敏感问题,造谣污蔑,恶意炒作,攻击我国的政治制度,歪曲和贬损共产党的历史,丑化党和政府的形象,煽动人们对党和政府的不满;他们采取多种手法,恶意曲解、丑化、淡化我国的民族文化传统,以时尚潮流的形式,吸引人们特别是青少年推崇西方文化,削弱对中华民族优秀文化传统的认同,消解中华民族的凝聚力。这些行动已经在我国民众、特别是青少年中造成了一定程度的影响。

3. 思想文化领域面临的重大挑战

改革开放以来,我国出现了价值观多元化的局面,不同社会发展阶段的价值观在同一时空中并存。我国社会目前正处于从农业社会走向工业社会、从农村社会走向城市社会、从封闭社会走向开放社会的现代化过程之中,并且随着对外开放的深入而受到全球化的深刻影响,在这样复杂的情况下,传统与现代、东方与西方,以及不同代际人群、不同阶层、不同区域的价值观,都在我国社会生活中广泛存在,相互激荡。其中一些非马克思主义的、非社会主义的价值观的传播和影响给我们的主流意识形态带来了挑战。

第一,凝聚改革共识的挑战。社会上出现了对改革的不同理解和认识,一股怀疑、动摇乃至否定改革的情绪在滋生、蔓延。同时,不同利益阶层在全球化、市场化、私人产权、民主政治等发展方向上或多或少出现了认识上的分歧。当下,凝聚共识存在艰巨性,即获取社会各阶层的政治认同、思想认同和价值观认同上存在困难。表现在敢于表达真实思想的社会环境氛围还有待形成;供大众表达思想的平台还比较少;还没有形成鼓励讨论,支持讨论的社会氛围;还未达成对改革发展的参照系、价值坐标和评价标准的共识;还没有认识到法律作为底线的重要性。

第二,意识形态发展的滞后。随着时代的发展,思想工作所面对的意识形态领域受众的知识性要求不断增加,意识形态出现一定的滞后性。由于当下社会宣传受众的知识背景的变化,特别是年轻一代掌握现代知识的能力大增,对新问题自然提出新的要求,宣传思想工作需要对此做出解答。思想文化工作者对思想工作内容缺乏深度研究,依靠陈旧的表达和解释的事实,使得民众难以在内心上接受。目前意识形态的"灌输"由上而下,缺乏互动性,加上传播方式的落后,使得民众在被动的状态下接受,特别是大量社会中间阶层,对意识形态逐渐疏离,直接成为危机时刻的旁观者。

此外一些人信奉西方国家的价值体系和意识形态并把它标榜为超越阶级和时代的永恒的价值体系。也有的人主张全面复古,用我国古代所谓圣人的价值观来指导我们今天的社会。近年来的宗教传播在我国呈现扩大趋势,我们尊重信仰自由,但也不可否认,一些宗教性价值观对人们的思想有着腐蚀消极作用,一些党员、干部、社会名流也热衷于烧香拜佛、拜大师。

第三,社会文化信仰存在的问题。我国实行社会主义市场经济体制后,部分民众把对经济价值和物质价值的追求作为超越一切价值追求的最大和最高追求。他们认为世界上一切都是虚假的、虚无的、空洞的,只有经济利益是最实惠、最实际、最有价值的。这种价值观不仅弥漫在经济领域,更严重的是已经渗透到我们党内、军内和掌握国家政治、经济、金融等各行业的国家工作人员中,腐蚀了一批领导,有的甚至是党和国家的高级领导干部,走上了犯罪道路。

不同社会阶层和利益群体更多地从各自的利益出发来选择和评判他们的价值选择,不可避免地产生不同的价值观甚至产生价值观冲突。比如少数富裕阶层的人不愿承担社会责任,而是及时行乐、挥霍无度;而一些弱势群体也存在着仇富心理以及对政府、社会的抱怨和忿忿不平。同样,发达地区与欠发达地区的人群也存在着不同的价值观和冲突。此外,当今社会,价值评价越来越趋于个体化。个人发家致富,青春偶像、影视明星、文化体育明星,知识和技术精英,还有仕途发达等,都可成为个人的成功标志。这就使得许多人的价值观更多地是落脚在自我价值的实现上。加之部分民众对传统文化缺乏自信,对西方文化盲目崇拜。这些情况无疑对主流意识形态的凝聚力提出了尖锐的挑战。

第四,信息来源多样化带来的挑战。当前人们获取信息的方式越来越快速,信息表达越来越多元。新媒体传播方式的挑战日益突出。随着互联网的广泛应用,电脑、手机已成为人们获取信息的主要渠道,各种论坛、微博、微信越来越活跃在人们的生活中。这些渠道信息传播速度极快,短时间内真假难辨,每个人都可以是信息的制造者、传播者,网络言论几乎处于无政府状态。网络文化来势迅猛,其中充斥着大量色情、暴力、猎奇、低俗、耸人听闻、千奇百怪的内容,这些网络垃圾侵蚀人们的头脑,特别是对青少年造成不良的影响。由于网络空间的隐蔽性,也经常被别有用心的人和组织利用,对主流健康的思想文化传播和功效构成了严重的干扰。

4. 社会发展过程中出现的矛盾和问题

改革开放30多年来,随着市场经济体制的建立和完善,社会体制也发生了深刻的调整、变化和发展,就业、教育、医疗、社会保障等民生事业获得长足发展。但在提高经济发展水平的同时,社会领域的变化与经济领域的发展还是不太协调,社会体制改革明显落后于经济体制改革,社会问题与社会矛盾不断出现。社会转型为社会发展带来了积极的影响,但不可避免地出现了各种社会问题,"社会进步与社会代价共存、社会优化与社会弊病并生、社会协调与社会失衡同在、充满希望与饱含痛苦相伴。"①物质财富增长了,贫富差距扩大了,拜金主义、急功近利的行为增多了。经济发展中忽视了民众对公平正义、民主法治的要求迅速提高,没有把保障民众的基本社会权利作为社会政策的重点等。正如美国著名学者亨廷顿在《变动社会的政治秩序》一书中指出的:现代性孕育着稳定,而现代化过程滋生着动乱,从传统到现代的过渡时期就是一个社会动荡和政治衰朽的历史阶段。我国在社会转型过程中出现的若干问题应该引起全社会重视。

基本公共服务体系仍需完善。就业方面,未来几年内,我国劳动力无论是农村还是城镇仍处于供大于求的状态,就业形势依然严峻;就业结构转化滞后于产业结构的转化,就业结构性矛盾较为明显,劳动力市场竞争越来越激烈,弱势群体和高校毕业生的就业问题仍很突出;教育方面,目前教育不公平问题依然存在,教育资源不均衡是突出表现;医疗方面,医疗资源分布不均,约80%集中在城市,其中2/3又集中在大医院,基层卫生服务严重不足,农村卫生资

---

① 郑杭生:《改革开放三十年:社会发展理论和社会转型理论》,《中国社会科学》,2009年第2期。

源匮乏;以药养医的问题仍然严重。

改革开放以来,我国在社会保障领域进行了一系列改革,取得了重大的进展,但也仍然存在着某些问题,主要表现在:社会保障制度安排具有群体差异,这种差异主要表现为城乡之间和企事业之间,无论是养老保险还是医疗保障都有很大差别,既包括制度上的差别,也包括待遇上的不同;社会保险实际覆盖率不高,还有一部分劳动者的社会保险权益尚未实现。

社会管理体制存在某些问题。近年来,在科学发展观的指导下,我国社会管理体制改革取得了一定的成效,但是,由于社会结构深刻变迁,社会需求结构深刻变化,我国社会管理体制仍然存在许多问题,影响社会和谐稳定。如社会管理主体较为单一,政府包揽大部分社会管理事项,在管理过程中重行政管控,未将管理与服务有机结合,管控多服务少;有些社会组织主动参与社会管理与服务的积极性不高,习惯于"有事找政府"。再如社会管理人才缺乏,社会管理工作专业性较强,对于从业人员的专业要求较高,而我国社会工作人才缺乏。

收入分配体制改革面临新的挑战。我国的收入分配体制改革取得了很大的进展,但改革的任务远远没有完成。目前,收入分配领域仍面临着许多新的问题与挑战。突出表现在:合理的收入分配格局尚未形成,居民收入在国民收入中的比重减少,劳动报酬较低;收入分配差距过大,包括居民收入差距、城乡收入差距、地区收入差距、行业收入差距和财产收入差距;初次收入分配不规范,存在大量灰色收入,越发导致利益格局不合理和阶层分化加剧。

社会组织发育滞后。党的十六大以来,虽然社会组织得到了一定程度的发展,2013年底全国各类社会组织达到54.7万个,吸纳社会各类人员就业636.6万人,比上年增加3.8%;形成固定资产1496.6亿元;社会组织增加值为571.1亿元,比上年增长8.7%,占第三产业增加值比重为0.22%;接收各类社会捐赠458.8亿元。社会组织在提供公共服务、解决就业、维护群众正当权益等方面发挥了积极的作用。但社会组织的数量相对于我国13亿多人口而言还是极不相称的,而且有些社会组织自我定位不准确,管理和服务能力有待提高。

5. 中国军事安全面临的挑战

从军事技术发展看,世界新军事革命深入发展,武器装备远程精确化、智能化、隐身化、无人化趋势明显,太空和网络空间成为各方战略竞争新的制高点,战争形态加速向信息化战争演变。世界主要国家积极调整国家安全战略和防务政策,加紧推进军事转型,重塑军事力量体系。军事技术和战争形态的革命性变化,对国际政治军事格局产生重大影响,对中国军事安全带来新的严峻挑战。①

中国面临的安全威胁多元复杂,遇到的外部阻力和挑战逐步增多,生存安全问题和发展安全问题、传统安全威胁和非传统安全威胁相互交织,维护国家统一、维护领土完整、维护发展利益的任务艰巨繁重。美国持续推进亚太"再平衡"战略,强化其地区军事存在和军事同盟体系。日本积极谋求摆脱战后体制,大幅调整军事安全政策,国家发展走向引起地区国家高度关注。个别海上邻国在涉及中国领土主权和海洋权益问题上采取挑衅性举动,在非法"占据"的中方岛礁上加强军事存在。一些域外国家也极力插手南海事务,个别国家对华保持高频度海空抵近侦察,海上方向维权斗争将长期存在。一些陆地领土争端也依然存在。朝鲜半岛和东北亚地区局势存在诸多不稳定和不确定因素。地区恐怖主义、分裂主义、极端主义活动猖獗,也对中国周边安全稳定带来不利影响。

台湾问题事关国家统一和长远发展,国家统一是中华民族走向伟大复兴的历史必然。影响台海局势稳定的根源并未消除,"台独"分裂势力及其分裂活动仍然是两岸关系和平发展的最大威胁。"东突""藏独"分裂势力危害严重,特别是"东突"暴力恐怖活动威胁升级,反华势力图谋制造"颜色革命",国家安全和社会稳定面临更多挑战。海外能源资源、战略通道安全以及海外机构、人员和资产安全等海外利益安全问题凸显。

我国国防建设自身还存在一些问题,一是国防经费投入不足,在应对信息化条件下新的战争形态时期,解放军由于历史原因,缺口较大,近年来国家财政投入虽绝对数量可观,但相对不足,人均仅为1.3万美元。二是军事体制变革需要深入。当前军队正处于新一轮军事改革的调整期,原有指挥体制,是在机械化战争背景下所建立的模式,已不能适应信息化战争所要求的"扁平网状"的联合作战指挥需求。新的军事变革还需要经过时间和实践斗争的检验。

① 中国的军事战略(2015年5月)中华人民共和国国务院新闻办公室。

三是创新能力不强,中国以军工自主创新能力为主的基础研发和生产能力不强,已成为制约国防科技工业发展的瓶颈。比如说现代化武器的心脏:飞机发动机和舰艇燃气轮机制造和性能方面与美国、俄罗斯还存在较大差距。四是军队职业化需要抓紧实施,我军目前没有采用职业军人制度,武器操作人员的频繁更换与现代化的武器对人才的专业化需求矛盾日益突出。五是人才建设需要大大加强,中国军队现有的人才建设状况无法满足建设信息化军队、打赢信息化战争的要求。

三、未来发展态势

1. 抓住战略机遇期,推动经济结构转型

第一,牢牢抓住重要战略机遇期。进入 21 世纪以来,国际政治经济环境中发生了一系列影响重大的事件,特别是 2008 年以后相继爆发的美国金融危机和欧洲主权债务危机,使世界经济出现严重动荡。国际环境比以前更为严峻,形势更为复杂,不确定性明显增强,我国经济发展面临的国际性机遇和挑战都在增多,战略机遇期不容错过。

从国际方面看,政治上,国际上维护和平、制约战争、反对霸权的力量在进一步壮大,和平与发展仍然是时代的主题,国际形势基本稳定,有利于我国的发展。经济上,随着经济全球化的深入发展,世界范围内要求各个经济体之间、区域之间实现互利多赢,促进共同发展的有利因素在增加,经济全球化继续发展的大趋势是不会改变的。此外,我国经济实力的逐步壮大,对外开放的不断深化,使得我们融入经济全球化的进程日益加速,我国在世界经济中的份额逐步上升,世界经济稳定与发展对中国的借重和需求显著上升。2014 年在北京举行的 APEC 会议取得了丰硕的成果,推动了亚太自贸区的发展。成立亚洲基础设施投资银行,意义十分重大,目前已有 57 个国家签署了协定,中国以第一大出资国拥有了 26.06% 的投票权。

从国内方面看,改革开放以来取得的巨大成就为保持经济持续增长提供了坚实的基础,改革红利还远未完全释放出来,经济运行的基本面是好的,进一步发展具备国内需求潜力大、城镇化水平正在提升、体制创新活力迸发、转变经济发展方式取得进展、经济结构调整取得成效、技术创新潜力巨大、宏观调控回旋余地较大等诸多优势。2014 年我国国内生产总值比上年增长了

7.4%,城镇新增就业1322万人,居民消费价格涨幅2%,进出口增长2.3%。这些指标显示我国经济继续保持着平稳较快的发展。同时,我国对外开放的步伐继续加大。2014年,中国外商投资增长3%,达1280亿美元,成为全球最大的外商投资目的地,《财富》500强企业中已有400多家来华投资。随着中国经济的持续健康发展,将不断释放出巨大的消费和投资需求,给国外投资者带来更多的合作机会。"一带一路"战略的实施,构建中巴、孟中印缅经济走廊,扩大内陆和沿边开放,上海、广东、天津、福建自贸试验区的建设,都将给我国的经济发展带来更多的发展机遇。总之,对外开放的进一步扩展也会支撑我国经济保持一个较长时期的较快增长。

第二,推动内需拉动经济发展。中国经济过去主要是以外延增长为主,以低劳动成本、低原材料价格为基础,主要依靠投资拉动的速度型、外向依赖型的经济增长与发展。尽管亚洲金融危机以后我们更加认识到,中国这么大一个经济体,必须减少对外部需求的依赖,减少对出口的依赖,必须把工作着力点放到扩大内需上来。但是,由于各种因素的影响,我们在扩大内需上没有大的实质性进步。2008年金融危机以来,外部形势倒逼我们加快了转变的步伐。在后国际金融危机时期,市场需求是最短缺的资源,而潜力最大的市场在中国。我国市场空间广阔,回旋余地大,有巨大的潜在市场可供开拓,我国人口众多,人口比高收入国家总人口还要多,是美国人口的4.3倍,是欧元区人口的4.1倍。随着经济快速发展和居民收入水平的提高,特别是中等收入群体的快速成长,拥有庞大人口基数的国内市场加快成长,近年来国内消费以每年17%左右的速度增长就是明证。而且,目前我国的消费率仅为50%,远低于美、德、日70%—80%的水平,消费总量与经济规模不相称,提升空间巨大。

据国家统计局公布的数据,2014年最终消费对GDP增长的贡献率是51.2%,比上年提高3个百分点,社会消费品零售总额26万亿元,比上年名义增长12%。这表明我国出台促进消费增长的政策效果有所显现。因为这些数据的背景是,2013年中央出台"八项规定"后,高端消费品销售出现下降,政府和企业的消费需求减少,居民消费作用显现。2014年全国居民人均可支配收入实际增长8%,农村居民人均可支配收入实际增长9.2%,城乡居民收入的较快平稳增长,为2015年消费需求的稳定增长奠定了基础。同时,互联网消费方兴未艾,服务业发展进一步加快,服务业消费持续推进。国家在消费政策方面积极培育新的消费热点,特别是明确了诸多鼓励和支持信息消费,包括4G牌照的发放、电商消费等。随着受国家相关部门促进信息消费、加快电子商务业的发展、实施"宽带中国"战略等一些措施影响的逐步深入,以及新型城镇化的推进,将进一步释放消费需求,推动居民消费结构转型升级,预计今后一段时期,我国居民消费需求将保持稳定增长,很可能出现稳中加快的趋势。未来,随着种种消费障碍的消除,巨大的消费潜力完全可以转化为经济持续发展的强劲动力。

第三,加紧实施结构调整和科技创新,提高经济增长能力。转型谋求长远发展,实施创新驱动发展战略,积极发展战略性新兴产业和高技术产业;有效化解产能过剩,强化增量管理,严禁核准产能过剩行业新增产能项目,坚决停建违规在建项目,有效遏制高消耗高污染行业盲目扩张,并制定有针对性的工作方案,着力调整优化存量结构;支持服务业特别是现代服务业加快发展,提高服务业比重和水平,构建现代产业发展新体系。李克强总理在2014年《政府工作报告》中提出,"创新是经济结构调整优化的原动力。要把创新摆在国家发展全局的核心位置,促进科技与经济社会发展紧密结合,推动我国产业向全球价值链高端跃升。"这是继党的十八大提出实现创新驱动发展战略后,对创新的全局性和战略性地位的再次强调。总之,结构调整和科技创新必将大大提高我国经济增长能力,实现经济又好又快的向前发展。

2. 积极推动政治体制改革,深入发展政治文明

党的十八大的召开,为中国政治体制改革翻开新篇章。十八大报告辟出专章阐述推进政治体制改革,指出政治体制改革是中国全面改革的重要组成部分,必须积极稳妥推进。报告从全面建成小康社会的新形势和人民群众的新要求、新期待出发,在新的历史起点上,对我国的政治体制改革做出了新的战略部署。报告明确指出我国政治体制改革的总目标是:必须继续积极稳妥推进政治体制改革,发展更加广泛、更加充分、更加健全的人民民主。必须坚持党的领导、人民当家做主、依法治国有机统一,以保证人民当家做主为根本,以增强党和国家活力、调动人民积极性为目标,扩大社会主义民主,加快建设社会主义法治国家,发展社会主义政治文明。

第一,加强依法治国与政治体制改革。党的十八大报告提出了以下的基本要求:要更加注重改进党的领导方式和执政方式,保证党领导人民有效治理

国家;更加注重健全民主制度、丰富民主形式,保证人民依法实行民主选举、民主决策、民主管理、民主监督;更加注重发挥法治在国家治理和社会管理中的重要作用,维护国家法制统一、尊严、权威,保证人民依法享有广泛权利和自由。要把制度建设摆在突出位置,充分发挥我国社会主义政治制度优越性,积极借鉴人类政治文明有益成果,绝不照搬西方政治制度模式。

根据总目标和基本要求,党的十八大报告进一步提出了推进民主政治建设和政治体制改革的七项任务:支持和保证人民通过人民代表大会行使国家权力;健全社会主义协商民主制度;完善基层民主制度;全面推进依法治国;深化行政体制改革;建立健全权力运行制约和监督体系;巩固和发展最广泛的爱国统一战线。继十八大后,党的十八届三中全会、十八届四中全会都对政治体制改革做出了进一步的部署。目前各项改革正在稳步推进,其中以行政管理体制改革尤为突出。按照《国务院机构改革和职能转变方案》,国务院组成部门已由 27 个减少至 25 个,并进行重组调整,正部级机构减少 4 个。国务院计划将原有的 1700 多项行政审批事项削减 1/3 以上,即 567 项。到 2014 年底已经取消和下放行政审批事项已达 538 项。同时,按照中央政治局会议审议通过的《关于地方政府职能转变和机构改革的意见》,地方政府的行政体制改革也取得了很大进展。此次行政管理体制改革,行动迅速、效果明显,给了新一轮政治体制改革一个良好的开端。

第二,深入推动党风廉政建设和反腐败斗争由治标向治本转变。2012 年 11 月 15 日,中共中央总书记习近平在十八大闭幕后的首次亮相中,就以"打铁还需自身硬"来表露反腐决心。两天之后,习近平在十八届中共中央政治局第一次集体学习时,又以"物必先腐,而后虫生"之说警示官员,并强调如腐败问题越演越烈,最终必然会亡党亡国。在十八届中央纪委三次全会上,习近平总书记再次宣示了我们党在这一问题上的坚强意志和坚定决心:"以猛药去疴、重典治乱的决心,以刮骨疗毒、壮士断腕的勇气,坚决把党风廉政建设和反腐败斗争进行到底。"以习近平为核心的中央领导集体从作风建设切入从严治党,出台了八项规定并在全党上下开展了集中反"四风"的行动。各级纪检监察机关对"群众身边的腐败"连出重拳。截至 2014 年底统计,八项规定实施以来,全国共查处违反中央八项规定精神的问题 73332 起,处理党员 96788 人,其中给予党纪政绩处分 29026 人。同时还建立了落实中央八项规定精神情况月报制度,每月通报全国查处违反中央八项规定精神问题汇总表,先后136次共对788起违反中央八项规定精神的典型问题进行通报曝光。

十八大以来,我们党一直坚持以零容忍态度抓反腐败工作,坚持有腐必反、有贪必肃。同时建立起了一整套从发现线索到调查处理案件的有效机制,其中尤以巡视工作为亮点。到2014年末,中央巡视组已完成四轮巡视工作,完成对全国31个省区市全覆盖。我们有理由相信,我们党会把反腐倡廉建设摆在更加突出的位置,以更加坚定的信心、更加坚决的态度、更加有力的举措推进惩治和预防腐败体系建设,坚定不移把反腐败斗争进行到底,取得根本性胜利。

第三,以健全权力运行制约和监督体系为核心打造良性政治生态。权力运行制约和监督,是现代民主政治的核心问题,是政治体制改革的关键内容,是发展社会主义民主政治的重要保证。党的十八大明确提出健全权力运行制约和监督体系,并对其内容做了全面的阐述:坚持用制度管权管事管人,保障人民知情权、参与权、表达权、监督权,是权力正确运行的重要保证。要确保决策权、执行权、监督权既相互制约又相互协调,确保国家机关按照法定权限和程序行使权力。坚持科学决策、民主决策、依法决策,健全决策机制和程序,发挥思想库作用,建立健全决策问责和纠错制度。凡是涉及群众切身利益的决策都要充分听取群众意见,凡是损害群众利益的做法都要坚决防止和纠正。推进权力运行公开化、规范化,完善党务公开、政务公开、司法公开和各领域办事公开制度,健全质询、问责、经济责任审计、引咎辞职、罢免等制度,加强党内监督、民主监督、法律监督、舆论监督,让人民监督权力,让权力在阳光下运行。

十八大后,党中央加快推进党内法规制度体系建设。2013年5月《中国共产党党内法规制定条例》和《中国共产党党内法规和规范性文件备案规定》发布;8月,首次集中清理党内法规的成果公布,1978年以来制定的党内法规和规范性文件中,近四成被废止或宣布失效;11月,党历史上第一次编制的党内法规制定工作五年规划正式发布,对今后5年中央党内法规制定工作进行了统筹安排;12月中共中央印发了《建立健全惩治和预防腐败体系2013-2017年工作规划》,对今后五年惩治和预防腐败工作做出了部署。

第四,深入发展社会主义协商民主突出善治。社会主义协商民主就是在党的领导下,通过国家机关、政协组织、党派团体、基层组织、社会组织等渠道,以经济社会发展重大问题和涉及群众切身利益的实际问题为内容,在全社会开展广泛协商,坚持协商于决策之前和决策实施之中。其基本形式有专题协商、对口协商、界别协商、提案办理协商、基层民主协商等。协商民主的价值和意义,主要表现在广纳群言、广集民意、增进共识、增强合力、协调关系、汇聚力量、建言献策、服务大局等。协商民主对应的是票决民主、选举民主,与这些民主形式不同,它不涉及少数与多数的问题,而是坚持求同存异,讲求合作、参与、协商,以最大限度地包容和吸纳各种利益诉求。社会主义协商民主是我国社会主义民主政治的特有形式和独特优势。把选举民主与协商民主有机地结合起来,是我国社会主义民主政治建设的一大创造性成果。

社会主义协商民主源自于中国共产党领导人民进行革命、建设、改革的长期实践。党的十八大报告首次提出社会主义协商民主是我国人民民主的重要形式;十八届三中全会把推进协商民主广泛多层制度化发展作为政治体制改革的重要内容进行了全面部署;习近平总书记在庆祝人民政协成立65周年大会上发表重要的讲话,对协商民主进行了深刻论述。此后,2015年2月中共中央印发了《关于加强社会主义协商民主建设的意见》,2015年6月中共中央办公厅又印发了《关于加强人民政协协商民主建设的意见》。当前社会主义协商民主进入到一个新阶段。2013年10月十二届全国政协重启了已停止48年的双周协商座谈会制度,该制度已成为中国政治协商民主的经常性平台。目前在全国有3000多个各级政协组织,60多万政协委员,在推进协商民主方面,不断拓展协商内容、完善协商形式、增加协商密度、提高协商实效。同时,协商民主也开始更多地向基层延伸,协商的内容也进一步扩大,更加贴近百姓生活。

3. 加强社会主义文化强国建设

党的十八大报告指出,文化是民族的血脉,是人民的精神家园。全面建成小康社会,实现中华民族伟大复兴,必须推动社会主义文化大发展大繁荣,兴起社会主义建设新高潮,提高国家文化的软实力,发挥文化引领风尚、教育人民、服务社会、推动发展的作用。建设社会主义文化强国,是我们党把握时代特点和形势发展变化、积极回应各族人民文化需求做出的重大战略决策。

第一,积极推动社会主义核心价值体系的建设。社会主义核心价值体系是兴国之魂,决定着中国特色社会主义发展方向,体现了社会主义制度的内在价值取向。在此基础上,十八大首次提出,要倡导富强、民主、文明、和谐,倡导自由、平等、公正、法治,倡导爱国、敬业、诚信、友善,积极培育和践行社会主义核心价值观。社会主义核心价值观体现了社会主义意识形态的本质要求,凝结着社会主义先进文化的精髓。面对世界范围思想文化交流交融交锋形势下价值观较量的新态势,面对改革开放和发展社会主义市场经济条件下思想意识多元多样多变的新特点,积极培育和践行社会主义核心价值观,培育马克思主义指导的科学精神、人文精神和民族精神的共识。要坚决亮剑,反对一些社会媒体和文化节目里充斥的装神弄鬼倾向,反对把许多违背科学理性的认识奉为真理的现象。提倡人文精神就是要把人放在首位,关注民生问题。提倡民族精神就是不要忘了中国人传统文化的根,不要对自身传统文化妄自菲薄。

第二,加强对社会多元文化的引导,理性认识文化的多元性。在倡导文化多元化的同时,但不放弃文化主体的核心价值观;承认文化发展的多样性与丰富性,这种多样性是在夯实核心价值观的基础上发展的文化多样性。必须警惕西方借助文化产品在文化价值观上的渗透,有目的地进一步推进我国文化建设。当下中国,在承认价值多元作为社会健康标志的基础上,倡导和凸显文化主流价值取向,这体现的是社会的文化包容性和主导性的统一。在文化的多元化和多样性之间,面临诸多矛盾,如文化缺乏多元化的发展会导致文化发展的僵化,单一的主体文化发展也会对外来文化的涌入产生漠视;文化产品缺乏多样化会导致文化产品的单一,而任由文化的多元化发展势必对主流文化产生影响,这样的发展会导致文化发展的核心价值观摇摆不定,文化发展的结果对既有价值观会产生颠覆作用,对核心价值观的理解出现混乱。多元化和多样化的文化发展如何保证文化主体的地位问题是文化多元化和多样化发展的症结。

第三,营造积极健康的网络环境。网络对人们的思想观念、价值取向、思维方式、行为方式和生活方式产生了深刻的影响,尤其对于青年一代。网络信息的爆炸,信息来源的多渠道,使得青年人的价值观念也随之发生很大变化。价值取向趋于多元化,价值判断标准多样化,尤其是青年人的思想观念不可避免出现了混乱和迷失。网络信息如果选择不当,对当代青年的思想将起到严重的误导作用,传递负面的悲观情绪,会潜移默化地影响青年一代趋向灰暗的精神世界。

思想文化要引领网络教育阵地。思想文化建设工作要利用好网络,把有利于青年成长的价值观念灌输下去。特别是需要勇于与网络上的负面、消极、悲观、反动的错误思想展开斗争，而不是一味回避。思想文化对青年人的引导任重道远。要坚持科学理论和社会主义核心价值体系的指导，使当代青年牢固树立社会主义价值观，即使在虚拟世界中也能够坚守核心价值和道德底线。充分整合和优化教育资源，建立有效的宣传教育途径；注重利用网络正面引导青年人的思想。

第四，加速推进文化体制改革。文化体制改革是推动文化强国建设，推动中国文化走向世界，积极吸收借鉴国外优秀文化成果的前提条件。当前文化体制改革的重点是：深化国有文化单位改革，以建立现代企业制度为重点，加快推进经营性文化单位改革，培育合格市场主体；健全现代文化市场体系，促进文化产品和要素在全国范围内合理流动；创新文化管理体制，深化文化行政管理体制改革；完善政策保障机制。

4. 创新社会治理体制，推动社会和谐发展

党的十八届三中全会将"社会管理"改为"社会治理"，由"管理"到"治理"，只有一字之差，但含义更深刻、内容更丰富、要求更明确。这标志着由传统的社会体制向适应时代发展要求的现代社会体制转变，也就是要通过深化体制改革和管理创新逐步实现国家社会治理的现代化。

第一，形成社会治理格局——国家与社会共治的多元化格局。构建多元化的社会治理格局，理顺国家与社会的关系，明晰政府与社会的责任边界，使政府在社会建设过程中既到位又不缺位错位。由于社会事务纷繁复杂，社会需求又千差万别，政府不可能包打天下，而应更多地承担起服务保障的职责，将目标集中在公共服务和社会基本建设等方面，如教育、基本住房、医疗、养老等领域。在社会治理实践中，政府要积极转变传统的行政观念，彻底根除各种形式的行政傲慢，努力建设服务性政府，为其他社会治理力量科学有效地治理社会保驾护航。

构建多元化的社会治理格局，最重要的是促进各种社会力量参与社会治理，这也是我国建立多元化社会治理必须要努力解决的根本问题。现代国家多元化的社会治理需要三大主体，即政府、企业和社会组织。目前我国这三大部门力量极其不均衡，国家非常强大，市场不是很健全，社会很弱小。要实现多元化社会治理，必须使这三大部门得到平衡发展。在社会治理过程中，政

府、市场与社会组织要携手共赢,共同承担社会责任。

第二,加速推动社会体制创新。社会体制创新,一方面要进一步优化社会治理主体格局,从单纯重视党委政府作用向党委政府与社会多元主体共同治理转变,既发挥党委、政府的领导和主导作用,又要鼓励和支持社会各方面参与,包括各类社会组织、企事业单位和公民个人参与社会治理,充分发挥多元主体各自应有的功能和作用,使多元主体良性互动,形成社会治理整体合力。另一方面要加快全覆盖、保基本、多层次、可持续的社会保障体系,政府主导、覆盖城乡、可持续的基本公共服务体系,促进社会和谐、维护公平正义、激发社会活力的社会利益调节机制,政社分开、权责明确、依法自治的现代社会组织体制等方面的建设。

5. 我国新军事变革的发展趋势

新军事变革具有共同规律,但没有普遍适用的模式。推进中国特色军事变革要求结合我国、我军实际情况,要注重质量建军和科技强军,不断改革和优化军队结构。

第一,以新时期军事战略方针为牵引,立足打赢未来可能发生的高技术局部战争。实行新形势下积极防御军事战略方针,调整军事斗争准备基点。根据战争形态演变和国家安全形势,将军事斗争准备基点放在打赢信息化局部战争上,突出海上军事斗争和军事斗争准备,有效控制重大危机,妥善应对连锁反应,坚决捍卫国家领土主权、统一和安全。实行新形势下积极防御军事战略方针,创新基本作战思想。根据各个方向安全威胁和军队能力建设实际,坚持灵活机动、自主作战的原则,你打你的、我打我的,运用诸军兵种一体化作战力量,实施信息主导、精打要害、联合制胜的体系作战。实行新形势下积极防御军事战略方针,优化军事战略布局。根据中国地缘战略环境、面临安全威胁和军队战略任务,构建全局统筹、分区负责,相互策应、互为一体的战略部署和军事布署;应对太空、网络空间等新型安全领域威胁,维护共同安全;加强海外利益攸关区国际安全合作,维护海外利益安全。

第二,腾笼换鸟,体量瘦身——裁减老旧装备与非战斗人员,编强作战部队。中国军队武器装备总体水平与世界主要军事强国相比,仍然存在着不少差距:即保持着以二代装备为主、三代先进装备为骨干的武器装备体系,这就意味着中国军队的武器装备中仍然存在着不少老旧装备,亟须淘换。当前中国军队在数量规模上存在的一个最为突出的问题,就是陆、海、空与二炮诸军兵种比例不合理,作战部队与非作战部队比例不合理,战斗人员与非战斗人员比例不合理,最终带来了官兵比例不合理。

习主席明确要求限期压缩老旧装备数量,为新型作战力量"腾笼换鸟"。这就要求以编强作战部队为重点,通过裁、减、并等方法,将老旧装备尽快淘换下去,将相当数量的非战斗人员移出军队编制序列,从而把空余出来的编制员额与省下来的国防经费,用于编强作战部队,购置新型武器装备,推动部队编成向充实、合成、多能、灵活方向发展,尤其是大力加强海空军建设,改善军种比例,并建立起科学合理的战斗人员与非战斗人员比例,增强中国军队战斗力。

第三,加快武器装备研发速度,完成机械化和信息化建设双重历史任务。总体上看,我军在武器装备方面与世界军事强国相比存在明显"差距",基本上仍处于机械化、半机械化阶段。因此,必须加快研发高新技术武器装备。要坚持"有所为,有所不为;有所赶,有所不赶"的方针,走军民结合、自主研发与外购相结合、集中力量重点突破的装备发展路子,以信息化为主导,用信息化带动机械化,以机械化为基础,用机械化促进信息化,完成机械化和信息化建设的双重历史任务。

第四,遵循国防建设与经济建设协调发展的方针,加大对国防和军队建设投入。没有国家的发展和综合国力的增强,国防和军队现代化就无从谈起。发展是我们党"执政兴国的第一要务",只有扭住经济建设这个中心不动摇,才是解决我们军队建设面临的各种问题的根本出路。

第五,注重培养高素质的新型军事人才,把人才建设作为推进中国特色军事变革的一项重大战略举措。培养大批具备良好的全面素质、具有复合的知识结构和综合能力、具有创新精神与创新能力的新型军事人才。实施人才战略工程,一个重要的措施就是充分利用军队和国家的教育资源,拓宽人才培养渠道,改进人才培养手段。我军正在调整院校体制编制,发挥军队院校培养人才的主渠道作用。与此同时,逐步实现军地通用人才主要依靠普通高等院校培养,加大依托国民教育培养军队人才的力度,建立健全相关制度与机制,吸纳大批具有较高科学文化素质的人才源源不断地进入军队。

总之,按照中央军委颁发的《军队建设发展"十三五"规划纲要》要求,到

2020 年,军队要如期实现国防和军队现代化建设"三步走"发展战略第二步目标,基本完成国防和军队改革目标任务,基本实现机械化,信息化建设取得重大进展,构建能够打赢信息化战争、有效履行使命任务的中国特色现代军事力量体系,使中国特色社会主义军事制度更加成熟、更加定型,为实现强军目标、建设世界一流军队打下更为扎实的前进基础。未来 5 年,军队主要领域发展指标要取得较大突破,关键作战能力要实现大幅跃升,整体发展布局得到明显优化。

专题二

国内政策解读

一、"四个全面"战略布局

党的十八大以来,以习近平同志为总书记的党中央从坚持和发展中国特色社会主义全局出发,提出了全面建成小康社会、全面深化改革、全面依法治国、全面从严治党的"四个全面"战略布局,认真学习和深刻把握"四个全面"战略布局,对做好改革发展稳定各项工作,实现"两个一百年"奋斗目标、实现中华民族伟大复兴的中国梦具有重要意义。

1."四个全面"战略布局的历史时代背景

2014年12月,习近平总书记在江苏调研时强调,协调推进全面建成小康社会、全面深化改革、全面推进依法治国、全面从严治党,推动改革开放和社会主义现代化建设迈上新台阶。2015年初,在中央党校,面对参加学习贯彻十八届四中全会精神全面推进依法治国专题研讨班的省部级主要领导干部,习近平总书记全面辩证地梳理了"四个全面"的战略布局——"全面建成小康社会是我们的战略目标,全面深化改革、全面依法治国、全面从严治党是三大战略举措。""要把全面依法治国放在'四个全面'的战略布局中来把握,深刻认识全面依法治国同其他3个'全面'的关系,努力做到'四个全面'相辅相成、相互促进、相得益彰。""四个全面"战略布局是一个整体,既有战略目标,也有战略举措,每一个"全面"都具有重大战略意义。习近平总书记指出,要全面贯彻党的十八大和十八届三中、四中全会精神,落实中央经济工作会议精神,主动把握和积极适应经济发展新常态,协调推进全面建成小康社会、全面深化改革、全面推进依法治国、全面从严治党,推动改革开放和社会主义现代化建设迈上新

33

台阶。自习近平总书记提出"四个全面"后,截至2015年5月5日,据不完全统计,他在其他不同场合涉及这一问题的讲话有20次之多。①

"四个全面"的提出,在党内外引起强烈反响,也引起国(境)外媒体的高度关注。"四个全面"的提出有着实践需求与理论基础。《人民日报》在今年春节后连续发表五篇评论员文章。对这五篇文章新华社都发了通稿,全国各地党报都及时进行了转载。评论员文章的首篇是综合篇,题目是《引领民族复兴的战略布局》,发在《人民日报》2月25日头版头条。2月24日晚中央电视台新闻联播用700余字播报了《人民日报》发表评论员文章的消息。这样的版面、时段和口播消息的时长安排,在以往都是不多见的,由此可见它的重要性。国内媒体对"四个全面"的宣传,引起了国(境)外媒体纷纷发表文章和消息予以评论。

这"四个全面",每一个都有一个逐步提出、日益明晰的过程。从全面建成小康社会来看,20世纪70年代末,邓小平同志就提出了"小康之家"的设想。2002年,十六大提出:"要在本世纪头二十年,集中力量,全面建设惠及十几亿人口的更高水平的小康社会。"2007年,十七大要求:"为夺取全面建设小康社会新胜利而奋斗。"2012年,十八大将"建设"改成"建成",进一步提出了到2020年"全面建成小康社会"的任务。从全面深化改革看,十一届三中全会以来,中国的改革开放不断发展。党的十八大,进一步提出"全面深化改革开放"的目标。2013年,党的十八届三中全会就全面深化改革的若干问题做出重要决定,提出了全面深化改革的指导思想、目标任务、重大原则,描绘了全面深化改革的新蓝图、新愿景、新目标。从全面依法治国看,十一届三中全会以来,社会主义法制建设不断加强。1997年,十五大把依法治国提到治国方略的高度,明确提出了建设社会主义法治国家的目标。2012年,十八大明确提出"全面推进依法治国"的要求。2014年10月的十八届四中全会,在党的历史上第一次把法治建设作为中央全会的专门议题,对全面推进依法治国做出了全面的战略部署。从全面从严治党看,改革开放以来,党中央不断对党的建设做出部署。邓小平同志一再提出党要管党、从严治党。1994年,十四届四中全会提出党的建设新的伟大工程。2002年的十六大和2007年的十七大,都提出了党的

---

① 曲青山:《"四个全面"新形势下党治国理政的总方略》,《党建》,2015年第1期。

建设的基本格局。2009 年,十七届四中全会提出提高党的建设科学化水平的重要命题和任务。2012 年,十八大要求,以改革创新精神,全面推进党的建设新的伟大工程,全面提高党的建设科学化水平,并再次强调要从严治党。2014年 10 月,习近平总书记在群众路线教育实践活动总结大会上,进一步提出全面推进从严治党的要求,并对全面推进从严治党进行了部署。现在,又直接使用了"全面从严治党"的表述。①

2. "四个全面"战略布局的内在逻辑关系

全面建成小康社会是战略目标,全面深化改革是实现战略目标的关键一招、根本路径,全面依法治国是实现战略目标的基本方式、可靠保障,全面从严治党是发挥党的坚强领导核心作用、为实现战略目标提供坚强组织保证的根本前提。

第一,全面建成小康社会确定了"四个全面"战略布局的奋斗目标。全面建成小康社会反映了全面深化改革、全面依法治国、全面从严治党三大战略举措长期实践的根本要求。"四个全面"的战略布局,是十八大以后提出的。但围绕实现全面小康社会目标推进改革开放、法治建设和党的建设,则是党领导改革开放以来一直进行的伟大实践。党的十八大则明确了到 2020 年全面建成小康社会的目标。而在这一目标确定和不断丰富的过程中,也正是党领导改革开放、依法治国、从严治党不断深入发展的过程。由此可以看出,"四个全面"战略布局中的其他"三个全面"作为实现全面建成小康社会战略目标的三大战略举措,其长期实践的根本要求就是实现全面建成小康社会的目标。

全面建成小康社会体现了全面深化改革、全面依法治国、全面从严治党实践发展的现实要求。全面建成小康社会经历 30 多年的实践发展,取得的成就举世瞩目,面临的任务异常艰巨。在这样的情况下,通过全面深化改革、全面依法治国、全面从严治党,保持发展的稳定性和持续性,就能使我们党带领人民群众已经取得的成果继续发扬光大。否则,前面几步的努力就有可能前功尽弃。可以说,全面建成小康社会关键的这一步走好了,国家的综合实力和国际竞争力就会有很大的提升,人民群众的物质生活和精神文化生活就会有明显的提高,全面深化改革、全面依法治国、全面从严治党也就能取得更为突出

---

① 李忠杰:《"四个全面"战略布局演进脉络与重大意义》,《人民论坛》,2015 年第 2 期。

的成效,并由此更加坚定干部群众投身全面深化改革、全面依法治国、全面从严治党的积极性与创造性,为实现民族复兴的"中国梦"创造和奠定基础。①

第二,全面深化改革开放是推进"四个全面"的强大动力。全面深化改革是保证"四个全面"协调发展的根本动力。从党的十一届三中全会到现在,取得了举世瞩目的巨大成就,而且已经成为当代中国最鲜明的时代特色。在30多年的发展中,我国社会发展的主线是改革,核心是改革,动力是改革。正是由于这一强大的动力驱动,全面建成小康社会、全面依法治国、全面从严治党才能在认识上不断深化并最终提出,才能在实践中不断深化并形成新的成果。同时,经过30多年的发展之后,改革开放已进入深水区,牵一发而动全身和改革由问题倒逼而产生,又在不断解决问题中而深化的特征更为突出。进入攻坚阶段的改革发展,以更大决心冲破思想观念的束缚、以更彻底的举措突破利益固化的藩篱,以更全面的推进破解制约改革深化的各种难题,已经成为难以绕开和必须完成的任务。如何在全面建成小康社会、全面依法治国和全面从严治党的过程中攻坚克难,只能从全面深化改革这一必由之路中找途径,只能靠全面深化改革这一强大动力来推动。②

第三,全面依法治国是中国特色社会主义发展的基本方略。全面推进依法治国是全面建成小康社会的重要内容和支撑。党的十八大报告在明晰全面建成小康社会的目标时指出,其中之一就是"依法治国基本方略全面落实,法治政府基本建成,司法公信力不断提高,人权得到切实尊重和保障"。全面推进依法治国不仅是全面建成小康社会的内容构成,同时还是全面建成小康社会的重要支撑。全面推进依法治国是全面深化改革的强大后盾、可靠保障。全面推进依法治国,就是在中国共产党领导下,坚持中国特色社会主义制度,贯彻中国特色社会主义法治理论,形成完备的法律规范体系、高效的法治实施体系、严密的法治监督体系、有力的法治保障体系,形成完善的党内法规体系,坚持依法治国、依法执政、依法行政共同推进,坚持法治国家、法治政府、法治社会一体建设,实现科学立法、严格执法、公正司法、全民守法,促进国家治理

---

① 刘兆征:《以全面建成小康社会目标为协调推进"四个全面"的引领——学习"四个全面"战略布局的体会》,《前进》,2015 年第 4 期。

② 郝玉宾:《全面深化改革是协调推进"四个全面"的必由之路——学习"四个全面"战略布局的体会》,《前进》,2015 年第 4 期。

体系和治理能力现代化。

当前全面深化改革进程要顺利推进、全面深化改革的成果要固定下来,都必须在法治的轨道上运行,都必须以法律、制度的形式加以规范和固化。否则,全面深化改革的成果很容易因为领导人的改变而改变、因为领导人看法和注意力的改变而改变。而以法律、制度的形式规范改革进程、固化改革成果,实质上就是要将全面推进依法治国贯穿到全面深化改革的始终,使依法治国成为全面深化改革的保驾护航者。

全面推进依法治国必须坚持党的领导,落实党的依法执政方略。党为了领导好依法治国,就必须顺应全面推进依法治国的新要求不断强化自我约束、自我锻炼、自我提升。依法治国是党领导人民治理国家的基本方略,法治是治国理政的基本方式,党必须在宪法法律范围内活动,不能拥有任何超越宪法和法律的特权。依法执政要求党要领导立法、保证执法、带头守法,任何组织与个人都不能凌驾于宪法和法律之上;任何权力都要受到宪法和法律的约束,不能允许任何人以权代法、以权压法、以权废法。领导干部要运用法治思维和法治方式深化改革、推动发展,化解矛盾,维护稳定。有些人错误地认为,改革就是要突破法律,这种观点实际上是把改革和法治对立起来了。习近平同志特别强调,"凡属重大改革都要于法有据",强调改革过程中,执政党要学会运用法治思维和法治方法,要让法治在改革中发挥引领和推动的作用,要加强相关立法工作,确保改革事业在法治轨道上推进。这是对党的依法执政理论的重要完善。此外,按照依法执政的要求,各级党组织从方向和组织上实现对政法工作的领导,但在具体工作中,要理顺党委政法委和司法机关之间的关系,支持司法机关依照宪法法律独立行使职权,而不能非法干预,甚至越俎代庖。

第四,全面从严治党为协调推进"四个全面"提供了根本政治保障。作为中国特色社会主义事业的领导核心,党在思想、政治、作风、反腐倡廉以及制度建设的任何一方面建设与治理状况,都会对党的领导、党的形象,党的凝聚力和感召力产生直接影响,事关"四个全面"战略布局的推进进程与实践成效。全面建成小康社会既是一种涉及全局性、整体性的发展目标,党自身也就只有全面的而非单一的、从严的而非一般的管党治党,才能保证全面建成小康社会的发展不因目标、决策的偏移出现大的失误,不因领导能力、水平的不足造成消极后果,不因自身存在的缺陷、问题付出巨大成本。所有这些,都使我们必须全面从严治党,在加强和改善党的领导、提高党的执政能力和反腐倡廉水平的基础上,更好地发挥全面建成小康社会领导力量的作用。

全面从严治党是全面深化改革的必然体现。全面深化改革是一场涉及深层次矛盾与问题的攻坚战,改革能否达到预期目标,能不能取得新的突破,在很大程度上实际上就是对党能否有效发挥领导改革的作用,能不能解决深层次体制机制问题的考验,党如果不能保证自己在改革方向上的明确、改革路径上的可行和执政行为上的科学、民主、法治与廉洁,就难以胜任自己所担负的历史职责。另一方面,全面从严治党本身也是全面深化改革的重要内容,按照"完善和发展中国特色社会主义制度、推进国家治理体系和治理能力现代化"的要求,党本身必须深化党的建设制度改革,通过管党治党体制机制的深层次改革,做到在异常艰巨的改革发展任务面前,依靠党的领导风险能力的不断提高,使党始终成为全国人民的主心骨,推进全面改革的不断深化。

全面从严治党是全面依法治国的政治保证。这种保证作用,既体现于党对全面依法治国方向、性质与目标的把握之上,也体现于党领导人民群众科学立法、严格守法、带头执法的实践之中。这两方面的体现,都对全面依法治国进程中全面从严治党提出了明确的要求,这就是说,党在保证法治建设沿着建设中国特色社会主义法治国家目标前进的进程中,也要按照建设法治国家、法治政府、法治社会的要求,严格管党治党,实现党的组织和党员干部严格在宪法和法律的范围内活动,各级政府严格依法行政、公正司法,维护法律权威,党的各级组织和党员干部不仅要模范遵守国家法律,而且要按照党规党纪以更高标准严格要求自己,防止以权阻挠执法、干预司法、非法剥夺公民权利的行为,由此实现党的建设与治国理政的统一,为全面依法治国提供坚强的政治保证。①

3."四个全面"战略布局的作用与意义

"四个全面"战略布局,是以习近平同志为总书记的党中央对新形势下治国理政新的战略思考、新的战略要求、新的战略部署,开辟了党治国理政的新境界,丰富和发展了中国特色社会主义理论体系,使当前和今后一个时期,党

---

① 张志芳:《全面从严治党是协调推进"四个全面"的关键——学习"四个全面"战略布局的体会》,《前进》,2015 年第 4 期。

和国家各项工作关键环节、重点领域、主攻方向更加清晰,内在逻辑更加严密,是推进中国特色社会主义伟大事业和党的建设新的伟大工程的总方略。

第一,"四个全面"明确了实现中华民族伟大复兴的新路径。"四个全面"战略布局,探索回答了什么是中华民族伟大复兴中国梦、怎样实现中华民族伟大复兴中国梦这一重大问题,为实现中国梦这一奋斗目标指明了路线图。"四个全面"针对的是发展路径,谋划的是顶层设计,注重的是把握规律,是对当前社会发展种种问题明辨轻重缓急之后的明智抉择,有利于我们提高驾驭复杂局面的能力,对实现国家富强、民族振兴、人民幸福的中国梦具有思想引领、重点突破和战略提升作用。具体来看,每一个"全面"都与中国梦息息相关、密切相通。首先,全面建成小康社会是实现中国梦的"里程碑"。到中国共产党成立100年时全面建成小康社会,到新中国成立100年时建成富强民主文明和谐的社会主义现代化国家,在此基础上进而实现中华民族的伟大复兴,这3个梯次递进的目标,共同形成了中国梦的基本构架。其中,全面建成小康社会,将为中华民族伟大复兴奠定基础,是实现中国梦的关键一步。其次,全面深化改革是实现中国梦的"新引擎"。发展是最大的民意,改革是最大的红利。发展是硬道理,改革是硬任务。改革开放是决定当代中国命运的关键一招,也是实现中华民族伟大复兴的关键一招,必将成为撬动中国梦的有力杠杆。再次,全面依法治国是实现中国梦的"稳定器"。法治既是重要的硬约束,也是关键的软实力。法治中国既是中国梦的核心内容,又是中国梦的可靠保障。最后,党的领导是中国特色社会主义事业的核心力量,是实现中国梦的根本保证。只有全面坚持治国必先治党、治党务必从严,才能把各级党组织和党员干部打造成忠诚党的事业、勇于改革创新、深受群众拥护的"梦之队",为实现中国梦提供组织保障和人才支撑。可见,"四个全面"是实现中华民族伟大复兴的具体途径,为推动中国梦的顺利起航树立了明确的前进航标。

第二,"四个全面"对接"总布局"这个大蓝图,为发展中国特色社会主义事业确立了新指南。每一种科学理论的产生都不是空穴来风,总以一定现实基础为条件;反过来,科学理论一旦形成,对现实基础有超越、引领和指导作用。这是马克思主义之所以历久而弥新的真谛所在。"四个全面"站在新的时代高度,着眼深层思考和顶层谋划,用全面建成小康社会为总布局确立了发展目标,用全面深化改革为总布局带来了内在动力,用全面依法治国为总布局提供了有效保障,用全面从严治党为总布局形成了强大支撑,对促进总布局的实施具有重大意义。

第三,"四个全面"植根"新常态"这个大背景,为开创我国经济社会发展新局面提供了新方略。"四个全面"打有鲜明的时代烙印。全面建成小康社会,深刻回答了经济总量领先下的人均落后、先富起来之后的共富挑战、资源环境约束下的转变压力等一系列重大问题,为破解新常态下的发展瓶颈提供了重要引领。全面深化改革适应改革进入深水区的新形势,深刻回答了打造中国经济升级版中的一系列重大问题,为推进新常态下的动力转换提供了有力支撑。全面依法治国进一步指明了国家发展的治理方式,深刻回答了将改革和发展引入法治轨道中的一系列重大问题,为实现经济新常态提供了重要保障。全面从严治党进一步推动了反腐败斗争的深入开展,深刻回答了以伟大工程推进伟大事业中的一系列重大问题,为实现经济发展新常态提供了坚强保证。正是基于新常态这个大背景,着眼"发展起来以后"如何更加注重发展和治理系统性、整体性、协同性,"四个全面"运用辩证唯物主义和历史唯物主义的世界观和方法论,统筹改革发展法治党建之间的有机联系,为中国经济发展进入新阶段确立了新向导,是我们党适应和引领新常态与时俱进的新方略,为开创我国经济社会发展新局面指引了努力方向。

第四,"四个全面"为我们克服前进道路上的困难和挑战增添了新动力。"四个全面"将事关党和国家发展根本的四个关键方面整合为一个具有长远指导意义的战略性顶层设计,必将在思想上产生系统聚合效应,在工作中形成链式裂变效应,催生出促进中国社会前进的巨大正能量,从而成为凝聚中国力量、鼓舞人民士气的精神旗帜。当前,党和国家事业发展进入新阶段,如何解决经济增长乏力、资源环境约束加剧、贫富差距拉大、社会矛盾增多的突出问题,如何在冲破利益固化的藩篱中啃下改革剩下的硬骨头,如何克服有法不依、执法不严现象,如何优化政治生态,既看方法智慧,又看精神境界,对协调推进"四个全面"提出了新的更高要求。面对新形势新任务,我们只有把马克思主义与当代中国实践结合起来,不断推进理论创新,从"四个全面"中汲取源源不断的正能量,激发起人民群众的极大创造热情,才能在坚持和发展中国特色社会主义的新征程中攻坚克难、勇往直前。因此,"四个全面"是集聚正能量的现实举措,为我们化解前进道路上的困难和挑战、迎来党和国家事业发展的美好明天带来了强劲的精神动力。①

二、"五位一体"总体布局

1. "五位一体"总体布局的由来

新中国成立后，从20世纪50年代中期开始，以毛泽东同志为主要代表的中国共产党人领导中国人民探索社会主义建设道路，其间虽然遇到了困难，遭受过挫折，但也取得了重大实践成果。这一时期留下的宝贵思想财富有两点值得我们永远铭记。一是提出了实现现代化的目标。1964年12月，由毛泽东建议，周恩来在三届全国人大一次会议上正式提出在20世纪末实现现代化目标；二是提出要探索社会主义建设规律。1962年1月，毛泽东在扩大的中央工作会议上的讲话中，多处讲到了这个重要思想，"社会主义建设，从我们全党来说，知识都非常不够。我们应当在今后一段时间内，积累经验，努力学习，在实践中间逐步加深对它的认识，弄清它的规律。"

党的十一届三中全会以后，在解放思想拨乱反正的基础上，以邓小平同志为主要代表的中国共产党人重新探索建设中国特色社会主义道路。在这个过程中逐步形成并提出了社会主义现代化建设总体布局的思想。这一时期我们党能形成这个总体布局的重要思想得益于邓小平提出的"三步走"的发展战略和"两手抓、两手都要硬"的战略方针。

十一届三中全会确立了以经济建设为中心的指导思想后，邓小平一直在思考中国怎么发展的问题。他先后提出了小康社会、翻两番、人均八百美元和中国式现代化等重要观点，并在此基础上形成了"三步走"的发展战略。在20世纪80年代初，邓小平就指出，毫无疑问我们要坚持以经济建设为中心决不动摇。但是不能把现代化建设理解得过于狭窄。邓小平指出，"为了建设社会主义现代化强国，任务很多，需要做的事情很多，各种任务之间又有相互依存的关系，如像经济与教育、科学，经济与政治、法律等等，都有相互依存的关系，不能顾此失彼。"因此，"现代化建设的任务是多方面的，各个方面需要综合平衡，不能单打一"。也就在这一时期，邓小平提出了"两手抓、两手都要硬"的战略方针。邓小平指出，"搞四个现代化一定要有两手，只有一手是不行的。"邓

---

① 《"四个全面"的重大理论和实践意义》，《经济日报》，2015年8月13日第13版。

小平的两手抓的战略方针其实质就是马克思主义辩证法中讲的"两点论"。即在抓主要矛盾的同时不能忽略甚至忘记次要矛盾。在抓重点时不能忽略甚至丢掉非重点。在邓小平上述战略思想指导下,我们党提出社会主义现代化建设总体布局的思想,并在不断总结社会主义现代化建设实践经验基础上逐步完善和发展这一总体布局。

在党的文献中,最早提出社会主义现代化建设总体布局的是1986年党的十二届六中全会通过的《关于社会主义精神文明建设指导方针的决议》。这一决议开宗明义指出,我国社会主义现代化建设的总体布局是:以经济建设为中心,坚定不移地进行经济体制改革,坚定不移地进行政治体制改革,坚定不移地加强精神文明建设,并且使这几个方面互相配合,互相促进。由此形成的经济建设、政治建设和文化建设这三位一体的总体布局,对我国社会主义现代化建设的顺利发展起着极其重要的带动作用。从党的十三大到十六大,历次党代会对今后五年乃至更长时间的改革与发展的安排都是依据这一总体布局来部署的。

党的十三届四中全会以来,以江泽民同志为主要代表的中国共产党人继续推进社会主义现代化建设总体布局,并在总结改革开放和现代化建设实践的基础上不断完善和充实这个总体布局。江泽民在党的十五大报告中从中国特色社会主义的经济、政治、文化的基本目标和基本政策的有机统一上,论述了社会主义初级阶段的基本纲领。江泽民还指出了中国特色社会主义是社会主义市场经济、社会主义民主政治和社会主义先进文化的有机统一,从而充实和丰富了社会主义现代化建设总体布局。党的十五大明确提出要实现物质文明、政治文明和精神文明全面发展。要实现党领导的伟大事业同党的建设新的伟大工程相互促进。三个文明协调发展和伟大事业与伟大工程的相互促进,对我国社会主义现代化建设总体布局具有指导意义。

实践没有止境,认识没有止境,因而理论创新也没有止境。以党的十六届四中全会提出构建社会主义和谐社会为标志,我们党对中国特色社会主义事业总体布局的认识有了新的发展。胡锦涛同志2005年2月19日在省部级主要领导干部提高构建社会主义和谐社会能力专题研讨班上的讲话中提出,构建社会主义和谐社会,"这表明,随着我国经济社会的不断发展,中国特色社会主义事业总体布局,更加明确地由社会主义经济建设、政治建设、文化建设三位一体发展为社会主义经济建设、政治建设、文化建设、社会建设四位一体。"党的十七大就是从新的四位一体总体布局上提出实现全面建设小康社会目标的新要求的。

党的十八大以来,针对经济快速增长中能源、资源、生态环境代价过大,经济高速发展与生态环境保护之间的矛盾冲突,中国共产党人继续推进理论创新和实践创新,明确提出要加快生态文明建设,要把生态文明建设放在突出地位,融入经济社会发展的全过程,认为生态文明建设是关系人民福祉、关乎民族未来的长远大计。党的十八大报告首次单篇论述了生态文明建设问题,并把生态文明建设摆在中国特色社会主义事业总体布局的高度,明确提出经济建设、政治建设、文化建设、社会建设、生态文明建设"五位一体"的战略部署。

可见,中国特色社会主义事业的总体布局经历了从"一化三改"、"一体两翼"、到"两手抓"、"三位一体"、到"四位一体",再到"五位一体"的发展过程。这一过程是从局部到整体、从简单到复杂、从低级到高级的发展过程,体现了我们党的社会主义实践和认识的不断深化。党的十八大确定的"五位一体"的总体布局是过去历史经验的总结,也是科学发展的指针。充分表明中国共产党人对社会主义现代化建设规律的认识进一步深化了。

2."五位一体"总体布局的内涵

中国特色社会主义事业总体布局的五大建设,绝非独立分割,而是一个相互联系、相互协调、相互促进、相辅相成的有机整体,不能"顾此失彼",也不能"单兵突进"。在"五位一体"总体布局中,经济建设是根本,政治建设是保障,文化建设是灵魂,社会建设是条件,生态文明建设是基础,这五个方面是相互影响的。"五位一体"总体布局思想是一种辩证的思想,五大建设之间是有普遍联系的。比如,近些年来,由企业发展带来的一些环境问题招致群众不满(水污染、大气污染、雾霾等),甚至影响社会稳定。这其实就是社会建设与生态文明建设之间的相互影响。因此,我们只有不断推进生态文明建设,把生态文明建设的理念、原则、目标等深刻融入和全面贯穿到我国经济、政治、文化、社会建设的各方面和全过程,为人民创造良好的生产生活环境,才能更加顺利地推进和谐社会建设。解决政治建设方面的问题,需要与社会建设紧密结合起来,推动广大人民群众参与社会生活的管理实际上就是在为政治建设打基础。解决文化建设中存在的问题,需要运用经济建设的方法,比如社会主义核心价值体系要想在社会生活中发挥应有作用,就应当创建生产和再生产机制,把社会主义核心价值体系渗透到生产方式当中,贯穿到经济建设、政治建设、文化建设、社会建设等中国特色社会主义发展实践的各个方面。

第一,全面落实总布局,经济建设是基础。只有加强经济建设才能为政治建设、文化建设、社会建设和生态文明建设提供雄厚的物质基础。经济建设是整个社会生存和发展的前提。坚持以经济建设为中心,最重要的任务是以科学发展为主题,以转变经济发展方式为主线,落实"五个统筹",把握发展规律、创新发展理念、破解发展难题,努力实现生产发展、生活富裕、生态良好的目标,为坚持和发展中国特色社会主义夯实经济基础。

五个统筹,即统筹城乡发展、统筹区域发展、统筹经济社会发展、统筹人与自然和谐发展、统筹国内发展和对外开放的要求。这五个统筹是实现科学发展观的根本要求。其实质是在全面建成小康社会和实现现代化的进程中,选择什么样的发展道路和发展模式,如何发展得更好的问题。统筹城乡发展的实质,是促进城乡二元经济结构的转变;统筹区域发展的实质,是实现地区共同发展;统筹经济社会发展的实质,是在经济发展的基础上实现社会全面进步,增进全体人民的福利;统筹人与自然和谐发展的实质,是人口适度增长、资源的永续利用和保持良好的生态环境;统筹国内发展和对外开放要求的实质,是更好地利用国内外两种资源、两个市场,顺利实现中国经济的振兴。

发展是硬道理,经济基础决定上层建筑,没有强有力的经济做后盾,一切都是泡影。社会主义现代化建设就是一句空话,强国梦就不能实现,两个一百年的奋斗目标和中华民族伟大复兴的中国梦就是纸上谈兵。中国就没有国际地位和影响力,中华民族就有可能还会被列强欺凌。所以经济建设永远是第一位的,发展经济永远是硬道理。只有经济发展,才能筑牢民富国强的物质基础,才能奠定全面小康社会的物质前提。十八大要求做好以下五个方面的工作:一是全面深化经济体制改革,完善市场经济体制。二是实施创新驱动发展战略,着力增强创新驱动发展新动力。三是推进经济结构战略性调整,建立扩大消费需求长效机制。四是推动城乡发展一体化,着力解决"三农"问题。五是全面提高开放型经济水平,增强国际竞争力。

当前,经济发展已经步入新常态,这是以习近平为总书记的党中央在科学分析国内外经济发展形势、准确把握我国基本国情的基础上,针对我国经济发

展的阶段性特征所做出的重大战略判断。经济新常态将给中国带来新的发展
机遇：一是经济新常态下，经济增速虽然放缓，但经济规模决定的实际增量依
然可观。二是新常态下的经济增长更趋平稳，增长动力更为多元。中国经济
正从要素驱动、投资驱动转向创新驱动，从而为经济增长提供稳定的动力和保
障。三是在经济新常态下，产业结构进一步优化升级，发展前景更加稳定。最
终消费对经济增长的贡献率不断上升，第三产业增加值逐年上升，已超过第二
产业成为国民经济的第一大产业部门。四是在经济新常态下，政府积极推动
职能转变，市场活力进一步释放，市场这只"看不见的手"和政府这只"看得见
的手"充分结合，共同推动经济的持续发展。所以，我们应主动把握和积极适
应经济发展新常态，围绕转方式、调结构，推动经济持续健康发展。认识新常
态，适应新常态，引领新常态，是当前和今后一个时期我国经济发展的大逻辑，
对于进一步推动经济持续健康发展，协调推进"四个全面"战略布局，实现"两
个一百年"奋斗目标和中华民族伟大复兴的中国梦，具有重要意义。

　　要深刻认识以经济建设为中心是兴国之要，发展仍是解决我国所有问题
的关键。在当代中国，坚持发展是硬道理的本质要求就是坚持科学发展。以
科学发展为主题、以加快转变经济发展方式为主线，是关系我国发展全局的战
略抉择。在实践中要坚决执行中央加快转变经济发展方式的重大决策部署，
把推动发展的立足点转到提高质量和效益上来，扎扎实实抓好实施创新驱动
发展战略、推进经济结构战略性调整、推动城乡发展一体化、全面提高开放型
经济水平等战略任务的贯彻落实，着力激发各类市场主体发展新活力，推动工
业化、信息化、城镇化、农业现代化同步发展，全面深化经济体制改革，不断增
强长期发展后劲。

　　在经济建设上，最重要的是要坚持"一个体制、两个制度"。"一个体制"，
就是社会主义市场经济体制。社会主义市场经济体制是同社会主义基本制度
结合在一起的，既有利于发挥社会主义制度的优越性，又有利于发挥市场经济
的长处，这是我们党的伟大创举。"两个制度"，就是要坚持和完善公有制为主
体、多种所有制经济共同发展的基本经济制度，毫不动摇地巩固和发展公有制
经济，毫不动摇地鼓励、支持、引导非公有制经济发展，形成各种所有制经济平
等竞争、相互促进新格局；坚持和完善按劳分配为主体、多种分配方式并存的
分配制度。

第二，全面落实总布局，政治建设是根本。只有加强政治建设才能为经济建设、文化建设、社会建设和生态文明建设提供坚实的根本保证。政治建设是人类政治生活全面进步成果的总和。积极稳妥地推进政治体制改革，坚持中国特色社会主义政治发展道路，关键是要坚持党的领导、人民当家做主和依法治国的有机统一。以保证人民当家做主为根本，以增强党和国家活力、调动人民积极性为目标，加强民主政治建设，扩大社会主义民主，发展社会主义政治文明。

人民民主是中国特色社会主义政治发展的根本道路和正确方向。不断扩大人民民主是全面建成小康社会宏伟目标的新要求，为此，十八大要求做好以下七个方面的工作：一是支持和保证人民通过人民代表大会行使国家权力。二是健全协商民主制度。三是完善基层民主制度。四是全面推进依法治国。五是深化行政体制改革。六是健全权力运行制约和监督体系。七是巩固和发展最广泛的爱国统一战线。

要深刻认识到改革开放以来，我们党始终把政治体制改革摆在改革发展全局的重要位置，成功开辟和坚持了中国特色社会主义政治发展道路。在实践中推进政治体制改革，发展更加广泛、更加充分的人民民主，保证人民依法实行民主选举、民主决策、民主管理、民主监督，更加注重发挥法治在国家和社会治理中的重要作用，维护国家法治的统一、尊严、权威，保障社会公平正义，保证人民依法享有广泛权利和自由。

在政治建设上，最重要的是要坚持"一个统一"、"四个制度"，即坚持党的领导、人民当家做主、依法治国有机统一，坚持和完善人民代表大会制度、中国共产党领导的多党合作和政治协商制度、民族区域自治制度以及基层群众自治制度。

第三，全面落实总布局，文化建设是灵魂。只有加强文化建设才能为经济建设、政治建设、社会建设、生态文明建设提供强大的精神动力和智力支持。文化建设的根本任务是加强社会主义核心价值体系建设，全面提高公民的道德素质和科学文化素养，以丰富人民的精神文化生活，保障人民的文化权益，推进文化创新，增强文化整体实力和竞争力，创造更具吸引力和感染力的中华文化，铸造全面落实社会主义总布局的精神脊梁。

文化建设是中国特色社会主义事业总布局的重要方面，显著增强文化软实力是全面建成小康社会的重要目标,根据十八大的部署要扎实做好以下四个方面的工作:一是加强社会主义核心价值体系建设。二是全面提高公民道德素质。三是丰富人民精神文化生活。四是增强文化整体实力和竞争力。最重要的是"把握一个方向",即牢牢把握社会主义先进文化前进方向;"建设一个体系",即大力推进社会主义核心价值体系建设;"坚持两手抓",即一手抓公益性文化事业,一手抓经营性文化产业;达到五个目标,即兴起文化建设新高潮,提高国家文化软实力,推动社会主义文化大发展大繁荣,使全民族文化创造活力持续迸发。使社会文化生活更加丰富多彩,使人民基本文化权益得到更好保障,使人民思想道德素质和科学文化素质全面提高,使中华文化国际影响力不断增强。

建设社会主义文化强国,是我们党把握时代和形势发展变化、积极回应各族人民精神文化需求做出的重大战略决策。在实践中要坚定不移走中国特色社会主义文化发展道路,坚持为人民服务、为社会主义服务的方向,坚持百花齐放、百家争鸣的方针,坚持贴近实际、贴近生活、贴近群众的原则,树立高度的文化自觉和文化自信,推动社会主义精神文明和物质文明全面发展,建设面向现代化、面向世界、面向未来的,民族的科学的大众的社会主义文化。

第四,全面落实总布局,社会建设是保障。只有加强社会建设才能为经济建设、政治建设、文化建设、生态文明建设提供良好环境和重要保障。社会建设具有统合和辐射功能,是社会和谐稳定的保障。社会建设的根本任务是按照民主法治、公平正义、诚信友爱、充满活力、安定有序、人与自然和谐相处的要求,保障和改善民生,发展社会事业,加强和创新社会管理,形成全体人民各尽所能、各得其所而又和谐相处的良好局面。

在五位一体总布局中,社会建设是重中之重,任务最艰巨,困难最多,风险最大,但这是人民愿望最强烈、期盼最殷切、利益最直接的伟大事业。按照十八大的部署,要富有成效地开展以下六个方面的工作:一是努力办好人民满意的教育。二是推动实现更高质量的就业。三是千方百计增加居民收入。四是统筹城乡社会保障体系建设。五是提高人民健康水平。六是加强和创新社会管理。在社会建设上,最重要的是"抓住一个重点",以改善民生为重点;突出"一个重大任务",促进社会公平正义;达到"五个有"的目标,努力使全体人民学有所教、劳有所得、病有所医、老有所养、住有所居,推动建设和谐社会。

要深刻认识在经济发展基础上逐步提高人民物质文化生活水平,是改革开放和社会主义现代化建设的根本目的。改革开放以来特别是近些年来,我们在改善民生方面作出极大努力,取得明显成效。同时也要看到,人民群众对过上更好生活的要求也在增强,对加快解决民生领域突出问题的期盼也在提高。在实践中必须继续加强工作,多谋民生之利,多解民生之忧,在解决好人民群众最关心最直接最现实的利益问题,在学有所教、劳有所得、病有所医、老有所养、住有所居上持续取得新进展,使改革发展成果更多更公平惠及全体人民,保证人民过上更好生活。

第五,全面落实总布局,生态建设是条件。只有推进生态文明建设才能为经济建设、政治建设、文化建设、社会建设创造良好的前提条件。要把生态文明建设融入经济建设、政治建设、文化建设、社会建设各方面和全过程,坚持节约资源和保护环境的基本国策,优化国土空间开发格局,全面促进资源节约,加大生态系统和环境保护力度,加强生态文明制度建设,推进绿色发展、循环发展和低碳发展,实现中华民族的永续发展。

十八大把生态文明建设纳入了中国特色社会主义事业总布局,更加突出了生态文明建设的重要地位。在今后一个时期,要抓紧抓好以下四个方面的工作:一是优化国土空间开发格局。二是全面促进资源节约。三是加大自然生态系统和环境保护力度。尊重自然规律、科学规律,充分考虑人文因素,实施重大生态修复工程,提高自然生产力等。四是加强生态文明制度建设。

要深刻认识推进生态文明建设的重要意义和基本内涵。推进生态文明建设,是涉及生产方式和生活方式根本性变革的战略任务,是我们党创造性回答正确处理经济发展与资源环境关系所取得的最新理论成果,为实现人与自然和谐相处指出了正确的方向。这是中国共产党人对推进人类文明进步作出的重大贡献。在实践中要把生态文明建设的理念、原则、目标等深刻融入和全面贯穿到我国经济、政治、文化、社会建设的各方面和全过程,坚持节约资源和保护环境的基本国策,着力推进绿色发展、循环发展、低碳发展,为人民创造良好生产生活环境。

全面落实总布局的基础是把握客观规律,核心是坚持以人为本,关键是改革和完善经济社会发展的具体制度、体制和机制,目的是全面落实这一实现和发展人民经济权益、政治权益、文化权益、社会权益和生态权益、反映人民的新诉求和新期待、造福于人民的科学布局。全面落实五位一体的总布局,对于全面建成小康社会,加快推进社会主义现代化建设,奋力实现中华民族的伟大复兴,具有重要的理论价值和实践意义,必须坚定道路自信、理论自信和制度自信。中国特色社会主义道路是实现中国梦的根本途径,中国特色社会主义理论体系是实现中国梦的行动指南,中国特色社会主义制度是实现中国梦的根本保障,把三者统一于中国特色社会主义伟大实践,就一定能在中国共产党成立一百年时全面建成小康社会,就一定能在新中国成立一百年时建成富强民主文明和谐的社会主义现代化国家。

此外,党的十八大还提出,要进一步加强党的建设。中国特色社会主义事业总体布局是伟大事业,新时期党的建设是伟大工程。伟大事业与伟大工程相互支撑、相互促进。党的建设是胜利推进中国特色社会主义事业总体布局的根本保证。我们要紧紧围绕中国特色社会主义事业总体布局,全面推进党的建设新的伟大工程。要深刻认识新形势下,党所处历史方位和执政条件、党员队伍组成结构都发生了重大变化,来自外部的风险前所未有,党的建设方面特别是党员、干部队伍出现了许多亟待解决的突出问题。因此,全党要增强紧迫感和责任感。在实践中坚持党要管党、从严治党,全面加强党的思想建设、组织建设、作风建设、反腐倡廉建设、制度建设,确保党始终成为中国特色社会主义的坚强领导核心。

3. "五位一体"总体布局的科学性与时代意义

在马克思主义经典作家的著作中,唯物史观"像一根红线贯穿着党的一切文献"。人类社会要生存,必须进行生产。由此产生了生产力和生产关系、经济基础和上层建筑这些唯物史观的基本概念和关于社会形态的基本理论。生产力和生产关系、经济基础和上层建筑的矛盾运动,是推动人类社会从低级向高级发展的基本动力。"大体说来,亚细亚的、古代的、封建的和现代资产阶级的生产方式可以看作是经济的社会形态演进的几个时代。"这一理论把纷繁复杂的社会现象"整理得井然有序",使丰富多彩的社会形态得到了"生动描绘"。这样一来,"唯心主义从它的最后的避难所即历史观中被驱逐出去了,一种唯物主义的历史观被提出来了"。唯物史观的产生是人类思想史上的一次"壮丽的日出"。唯物史观是一个博大精深的理论体系,又是一个开放和不断发展的理论体系。面对不断出现的新情况和新问题,马克思和恩格斯不断深化对社会历史发展规律的认识,不断丰富和完善唯物史观的内涵和外延。马克思说:"现在的社会不是坚实的结晶体,而是一个能够变化并且经常处于变化过程中的有机体。"这个有机体也和有生命的物体一样,是由消化系统、循环系统、神经系统、生殖系统等等组成的。各个不同的系统既自成体系,完成各自的功能,又相互联系、相互影响。列宁把社会有机体的经济系统称之为骨骼,把上层建筑称为血肉,是很恰当的比喻。五位一体总体布局是唯物史观社会有机体理论在中国现阶段的具体体现,不仅具有深刻的科学内涵,而且具有鲜明的制度特色。

第一,历史唯物主义强调生产方式是社会发展的决定力量,强调生产力和生产关系组成的生产方式,也就是经济建设,是决定社会发展的物质基础。这个原理到了今天,我们应该怎么理解呢? 应该把经济建设当作整个社会发展的物质基础。也就是说,经济建设不只是上层建筑的基础,除了上层建筑要以它为基础以外,其它的社会现象也要以经济建设为基础。经济建设搞好了,不仅决定上层建筑的巩固和发展,还决定上层建筑以外的其它社会问题的解决。由"生产方式是社会发展的决定力量"到"经济建设是社会发展的物质基础",为我们党以经济建设为中心,大力解放和发展生产力,不断改革和完善我国的经济制度、体制和机制提供了理论依据。

第二,上层建筑对经济基础有反作用,强调上层建筑为经济基础服务,为它开辟道路,为自己的经济基础得到巩固提供政治保障等等。实际上国家政治上层建筑不仅为经济基础服务,它也为经济基础以外的社会工作、文化工作,甚至还要为生态文明工作服务。所以,政治建设是社会发展的制度保障,社会发展的方方面面的东西,要巩固起来,使之经常化、持续化都必须靠国家强有力的后盾,都必须通过国家政权制定一系列规范性的制度来维护。由"上层建筑对于经济基础的反作用"到"政治建设是社会发展的制度保障",为我们党坚持不懈地开展社会主义民主法制建设,发挥社会主义政治上层建筑对社会主义经济、社会、文化的服务、规范、巩固作用提供了理论依据。

第三,社会存在决定社会意识,社会意识回过头来对社会存在有反作用。而社会意识里面有意识形态的文化和非意识形态的文化两方面,我们过多地强调了意识形态的作用,其它文化的作用呢? 也承认有,也注意过,但是强调的不是很多。今天综合来看,所有的文化建设作为一个系统,有的是提供智力支持,有的是提供思想动员,合起来就是提供精神动力。所以,文化建设领域我们也要"两手抓",一手抓意识形态的文化建设,一手抓非意识形态的文化建设,使之相辅相成,充分发挥整个社会意识对社会存在的反作用。由"社会意识对于社会存在的反作用"到"文化建设是社会发展的精神动力",为我们党代表先进文化的前进方向,深化文化体制改革,推动社会主义文化大发展、大繁荣提供了理论依据。

第四,以往的教科书为了简便起见,把纷繁复杂的社会现象归为两类,社会存在和社会意识,又在这两类里面抽象出生产力、生产关系和上层建筑三个层面,然后制定了社会基本矛盾的理论。这在我们的思维过程中,从具体到抽象、进行提炼是必要的,否则的话抓不住社会的本质。可是在提炼完了以后,并不是说那些非基本矛盾的东西就不存在了。回过头来,在社会主义实践中,我们还应该想到它,把整个社会看作是社会基本矛盾和非基本矛盾的统一体。在这样一个社会里面,基本矛盾中的问题多数由经济、政治、思想建设来解决。与此同时,我们看到,社会建设从狭义上看是指社会基本矛盾以外的其它社会问题;而从广义上看,不仅是指非基本矛盾的社会问题,而且是指基本矛盾里面的一些不能完全归结于经济、政治、思想哪个领域的社会问题。比方教育,它就是社会问题,它不好说是上层建筑,还是经济基础。但它同时又涉及思想上层建筑和生产力领域。因此,这些渗透于基本矛盾里面的问题,也应该看成是社会建设的问题。综合来看,社会建设是整个社会生存发展的内在条件。由"社会是基本矛盾和非基本矛盾的统一体"到"社会建设是社会发展的内在条件",为我们党加快健全基本公共服务体系,加强和创新社会管理,推动社会主义和谐社会建设,提供了深厚的理论基础。

第五,地理环境是社会发展的必要条件,这是过去的讲法,必要条件就是必须有的、缺了就不行的条件。任何一个民族,任何一个社会,都要生存在一个地理位置上面,没有就不行。但是过去说,它不能决定社会的性质和发展方向,这句话本来是对的。可是我们有一个错觉,似乎这个地理环境可以重视也可以不重视,因为它不起决定作用嘛。现在应该强调,不起决定社会本质和发展趋向的作用,但是它是一个必不可少的条件呀,条件破坏了,社会也不能存在和发展。所以,今天我们党意识到地理环境问题、环境保护问题、生态文明建设问题也涉及到生产方式和生活方式。保护环境,使环境有可持续发展的能力,它本身就是一种生产方式的要求,也是社会生活方式的要求。由"地理环境是社会发展的必要条件"到"生态文明建设涉及生产方式和生活方式",为我们党尊重自然、顺应自然、保护自然,领导人民建设社会主义生态文明,提供了牢固的理论基础。

第六,人民群众是社会发展的根本动力,这是历史唯物主义讲到结尾的时候,强调人民群众是社会发展的决定力量。相对领袖、相对个人来说,千百万人民群众的力量是足够大的,人心向背决定社会发展的趋向。既然如此,今天我们强调以人为本,重视人、关心人,首先是重视作为整体的人民群众,这是我们党的核心立场。同时,我们应该关心群众中的每一个人,要实现人的全面发展,要使每个人都得到发展。由"人民群众是社会发展的根本动力"到"科学发展必须坚持以人为本的核心立场",为我们党推动中国特色社会主义经济、政治、文化、社会、生态文明"五位一体"的整体事业的全面、协调、可持续发展,提供了坚定的立场、观点和根本方法。

"五位一体"总体布局是历史唯物主义的创造性、综合性、系统性的运用和发展,它要求我们应该全面地掌握历史唯物主义的原理,而且必须创造性地加以运用,以使我们对历史唯物主义的理解更综合、更系统、更深刻。

三、"一带一路"战略构想

习近平总书记在 2013 年 9 月和 10 月分别提出建设"新丝绸之路经济带"和"21 世纪海上丝绸之路"的战略构想,强调相关各国要打造互利共赢的"利益共同体"和共同发展繁荣的"命运共同体"。2015 年 3 月 28 日,国家主席习近平在博鳌论坛发表主旨演讲时说,在有关各方共同努力下,"一带一路"建设的愿景与行动文件已经制定。当日国家发改委、外交部、商务部联合发布了《推动共建丝绸之路经济带和 21 世纪海上丝绸之路的愿景与行动》。建设"一带一路",是以习近平同志为总书记的党中央主动应对全球形势深刻变化、统筹国内国际两个大局作出的重大战略决策。

1. "一带一路"战略构想提出的历史时代背景

从 2100 多年前张骞出使西域到 600 多年前郑和下西洋,各国人民就通过海陆两条丝绸之路开展商贸往来、互利互惠。海陆两条丝绸之路把中国的丝绸、茶叶、瓷器等等输往沿途各国,带去了文明和友好,赢得了各国人民的赞誉和喜爱。当前如何恢复与超越古人的智慧,建设"一带一路"是一个前所未有的大挑战。

从历史看,1877年德国地质地理学家李希霍芬在其著作《中国》一书中,把"从公元前114年至公元127年间,中国与中亚、中国与印度间以丝绸贸易为媒介的这条西域交通道路"命名为"丝绸之路",这一名词很快被学术界和大众所接受,并正式运用。其后,德国历史学家郝尔曼在20世纪初出版的《中国与叙利亚之间的古代丝绸之路》一书中,根据新发现的文物考古资料,进一步把丝绸之路延伸到地中海西岸和小亚细亚,确定了丝绸之路的基本内涵,即它是中国古代经过中亚通往南亚、西亚以及欧洲、北非的陆上贸易交往的通道。丝绸之路从运输方式上,主要分为陆上丝绸之路和海上丝绸之路。陆上丝绸之路,起自中国古代都城洛阳,经长安(今西安)、中亚国家、阿富汗、伊朗、伊拉克、叙利亚等而达地中海,以罗马为终点,全长6440公里。这条路被认为是连结亚欧大陆的古代东西方文明的交汇之路,而丝绸则是最具代表性的货物。海上丝绸之路,是指古代中国与世界其他地区进行经济文化交流交往的海上通道,最早开辟也始于秦汉时期。从广州、泉州、杭州、扬州等沿海城市出发,从南洋到阿拉伯海,甚至远达非洲东海岸的海上贸易的"海上丝绸之路"。其中,广州从3世纪30年代起已成为海上丝绸之路的主港,唐宋时期成中国第一大港,明清两代为中国唯一的对外贸易大港,是中国海上丝绸之路历史上最重要的港口,是世界海上交通史上唯一的2000多年长盛不衰的大港,可以称为"历久不衰的海上丝绸之路东方发祥地"。随着时代发展,丝绸之路成为古代中国与西方所有政治经济文化往来通道的统称。除了"陆上丝绸之路"和"海上丝绸之路",还有北向蒙古高原,再西行天山北麓进入中亚的"草原丝绸之路";从西安到成都再到印度的山道崎岖的"西南丝绸之路"等。

中国经济的发展是一个不断开拓创新和寻求突破的过程,从沿海地区向西部内陆不断推进,"一带一路"建设将为全面深化改革和持续发展创造前提条件,在区域合作新格局中寻找未来发展的着力点和突破口。在国内近年来实行西部大开发战略的形势下,中国和中亚乃至向西更多国家的经贸合作也成为发展的必然趋势。而中国的发展经验和成果,可以为中亚等各国借鉴。公路、铁路、油气管道、网络通信设施等不断修建,正在形成古丝绸之路上的现代商队。

"一带一路"是世界上跨度最长的经济大走廊,发端于中国,贯通中亚、东南亚、南亚、西亚乃至欧洲部分区域,东牵亚太经济圈,西系欧洲经济圈。"一带一路"沿线大多是新兴经济体和发展中国家,总人口约44亿,经济总量约21万亿美元,分别约占全球的63%和29%。它是世界上最具发展潜力的经济带,无论是从发展经济、改善民生,还是从应对金融危机、加快转型升级的角度看,沿线各国的前途命运,从未像今天这样紧密相连、休戚与共。2013年中国与"一带一路"国家的贸易额超过1万亿美元,占中国外贸总额的1/4。过去10年,中国与沿途国家的贸易额年均增长19%。未来5年,中国将进口10万亿美元的商品,对外投资将超过5000亿美元,出境游客数量约5亿人次,周边国家以及丝绸之路沿线国家将率先受益。这些国家普遍处于经济发展的上升期,开展互利合作的前景广阔。深挖我国与沿线国家的合作潜力,必将提升新兴经济体和发展中国家在我国对外开放格局中的地位,促进我国中西部地区和沿边地区对外开放,推动东部沿海地区开放型经济率先转型升级,进而形成海陆统筹、东西互济、面向全球的开放新格局。

2. 实现"一带一路"战略构想的现实条件

当今中国经济和世界经济高度关联。世界正发生复杂深刻的变化,国际金融危机深层次影响继续显现,世界经济缓慢复苏、发展分化,国际投资贸易格局和多边投资贸易规则酝酿深刻调整,各国面临的发展问题依然严峻。中国仍然将一以贯之地坚持对外开放的基本国策,构建全方位开放新格局,深度融入世界经济体系。一方面,推进"一带一路"建设既是中国扩大和深化对外开放的需要,也是加强和亚欧非及世界各国互利合作的需要,中国愿意在力所能及的范围内承担更多责任义务,为人类和平发展作出更大的贡献。另一方面,中国受地理区位、资源禀赋、发展基础等因素影响,对外开放总体呈现东快西慢、海强陆弱格局。"一带一路"将构筑新一轮对外开放的"一体两翼",在提升向东开放水平的同时加快向西开放步伐,助推内陆沿边地区由对外开放的边缘迈向前沿。

"一带一路"的建设,正是中国在向世界各国释疑解惑,向世界宣告和平崛起:中国崛起不以损害别国的利益为代价。"一带一路"不仅是实现中华民族振兴的战略构想,更是沿线各国的共同事业,有利于将政治互信、地缘毗邻、经济互补等优势转化为务实合作、持续增长优势。通过"一带一路"建设,无论是

"东出海"还是"西挺进",都将使我国与周边国家形成"五通"。"一带一路"战略合作中,经贸合作是基石。遵循和平合作、开放包容、互学互鉴、互利共赢的丝路精神,中国与沿线各国在交通基础设施、贸易与投资、能源合作、区域一体化、人民币国际化等领域,必将迎来一个共创共享的新时代。

3."一带一路"战略构想的主要内容

中国制定了《推动共建丝绸之路经济带和 21 世纪海上丝绸之路的愿景与行动》(以下简称《愿景》)。《愿景》提出了"一带一路"国家合作的主要内容,包括政策沟通、设施联通、贸易畅通、资金融通、民心相通在内的"五通",将成为未来沿线国家间合作的重点领域。其中,加强政策沟通是"一带一路"建设的重要保障;基础设施互联互通是"一带一路"建设的优先领域。

第一,加强各国间政策沟通。加强政府间合作,积极构建多层次政府间宏观政策沟通交流机制,深化利益融合,促进政治互信,达成合作新共识。沿线各国可以就经济发展战略和对策进行充分交流对接,共同制定推进区域合作的规划和措施,协商解决合作中的问题,共同为务实合作及大型项目实施提供政策支持。

"一带一路"战略将加强各国间政策沟通作为主要内容之一,就是要为改善略显疲态的国际政策沟通机制做出贡献和示范。在政治互信的基础上,针对宏观政策、发展战略和区域规划三方面,形成更务实合作、协调有效的政策支持机制。

第二,实现国家间设施联通。首先,抓住交通基础设施的关键通道、关键节点和重点工程,优先打通缺失路段,畅通瓶颈路段,配套完善道路安全防护设施和交通管理设施设备,提升道路通达水平。推进建立统一的全程运输协调机制,促进国际通关、换装、多式联运有机衔接,逐步形成兼容规范的运输规则,实现国际运输便利化。推动口岸基础设施建设,畅通陆水联运通道,推进港口合作建设,增加海上航线和班次,加强海上物流信息化合作。拓展建立民航全面合作的平台和机制,加快提升航空基础设施水平。其次,加强能源基础设施互联互通合作,共同维护输油、输气管道等运输通道安全,推进跨境电力与输电通道建设,积极开展区域电网升级改造合作。再次,共同推进跨境光缆等通信干线网络建设,提高国际通信互联互通水平,畅通信息丝绸之路。加快推进双边跨境光缆等建设,规划建设洲际海底光缆项目,完善空中(卫星)信息通道,扩大信息交流与合作。

第三,实现各国间贸易畅通。一是努力促成沿线国家加强信息互换、监管互认、执法互助的海关合作,以及检验检疫、认证认可、标准计量、统计信息等方面的双多边合作,推动世界贸易组织《贸易便利化协定》生效和实施。改善边境口岸通关设施条件,加快边境口岸"单一窗口"建设,降低通关成本,提升通关能力。加强供应链安全与便利化合作,推进跨境监管程序协调,推动检验检疫证书国际互联网核查,开展"经认证的经营者"(AEO)互认。降低非关税壁垒,共同提高技术性贸易措施透明度,提高贸易自由化便利化水平。二是拓宽贸易领域,优化贸易结构,发展跨境电子商务等新的商业业态。建立健全服务贸易促进体系,巩固和扩大传统贸易,大力发展现代服务贸易。把投资和贸易有机结合起来,以投资带动贸易发展。三是加快投资便利化进程,消除投资壁垒。加强双边投资保护协定、避免双重征税协定磋商,保护投资者的合法权益。四是拓展相互投资领域,开展农林牧渔业、农机及农产品生产加工等领域深度合作,积极推进海水养殖、海洋工程技术、环保产业和海上旅游等领域合作。加大煤炭、油气、金属矿产等传统能源资源勘探开发合作,积极推动水电、核电、风电、太阳能等清洁、可再生能源合作,推进能源资源就地就近加工转化合作,形成能源资源合作上下游一体化产业链。加强能源资源深加工技术、装备与工程服务合作。五是推动新兴产业合作,按照优势互补、互利共赢的原则,促进沿线国家加强在新一代信息技术、生物、新能源、新材料等新兴产业领域的合作,推动建立创业投资合作机制。六是优化产业链分工布局,推动上下游产业链和关联产业协同发展,鼓励建立研发、生产和营销体系,提升区域产业配套能力和综合竞争力。扩大服务业相互开放,推动区域服务业加快发展。

第四,积极探索资金融通。扩大沿线国家双边本币互换、结算的范围和规模。推动亚洲债券市场的开放和发展。共同推进亚洲基础设施投资银行、金砖国家开发银行筹建,有关各方就建立上海合作组织融资机构开展磋商。加快丝路基金组建运营。深化中国——东盟银行联合体、上合组织银行联合体务实合作,以银团贷款、银行授信等方式开展多边金融合作。支持沿线国家政府和信用等级较高的企业以及金融机构在中国境内发行人民币债券。符合条件的中国境内金融机构和企业可以在境外发行人民币债券和外币债券,鼓励在沿线国家使用所筹资金。

　　同时,各国间加强金融监管合作,推动签署双边监管合作谅解备忘录,逐步在区域内建立高效监管协调机制。完善风险应对和危机处置制度安排,构建区域性金融风险预警系统,形成应对跨境风险和危机处置的交流合作机制。加强征信管理部门、征信机构和评级机构之间的跨境交流与合作。充分发挥丝路基金以及各国主权基金作用,引导商业性股权投资基金和社会资金共同参与"一带一路"重点项目建设。

　　第五,促进各国间民心相通。扩大相互间留学生规模,开展合作办学,中国每年向沿线国家提供 1 万个政府奖学金名额。沿线国家间互办文化年、艺术节、电影节、电视周和图书展等活动,合作开展广播影视剧精品创作及翻译,联合申请世界文化遗产,共同开展世界遗产的联合保护工作。深化沿线国家间人才交流合作。

　　加强旅游合作,扩大旅游规模,互办旅游推广周、宣传月等活动,联合打造具有丝绸之路特色的国际精品旅游线路和旅游产品,提高沿线各国游客签证便利化水平。推动 21 世纪海上丝绸之路邮轮旅游合作。积极开展体育交流活动,支持沿线国家申办重大国际体育赛事。

　　强化与周边国家在传染病疫情信息沟通、防治技术交流、专业人才培养等方面的合作,提高合作处理突发公共卫生事件的能力。加强科技合作,共建联合实验室(研究中心)、国际技术转移中心、海上合作中心,促进科技人员交流,合作开展重大科技攻关,共同提升科技创新能力。

　　充分发挥政党、议会交往的桥梁作用,加强沿线国家之间立法机构、主要党派和政治组织的友好往来。加强沿线国家民间组织的交流合作,重点面向基层民众,广泛开展教育医疗、减贫开发、生物多样性和生态环保等各类公益慈善活动,促进沿线贫困地区生产生活条件改善。加强文化传媒的国际交流合作,积极利用网络平台,运用新媒体工具,塑造和谐友好的文化生态和舆论环境。

　　4."一带一路"战略构想的作用与地位

　　"一带一路"是跨越时空的宏伟构想,从历史深处走来,融通古今、连接中外,顺应和平、发展、合作、共赢的时代潮流,承载着丝绸之路沿途各国发展繁荣的梦想,赋予古老丝绸之路以崭新的时代内涵。"一带一路"建设,不仅有利于推动中国自身发展,而且惠及亚洲、欧洲、非洲乃至世界。"一带一路"在平等的文化认同框架下谈合作,是国家的战略性决策,体现的是和平、交流、理解、包容、合作、共赢的精神。它对推进我国新一轮对外开放和沿线国家共同发展意义重大。经济全球化深入发展,区域经济一体化加快推进,全球增长和贸易、投资格局正在酝酿深刻调整,亚欧国家都处于经济转型升级的关键阶段,需要进一步激发域内发展活力与合作潜力。"一带一路"战略构想的提出,契合沿线国家的共同需求,为沿线国家优势互补、开放发展开启了新的机遇之窗。

"一带一路"打破原有点状、块状的区域发展模式。无论是早期的经济特区、还是2014年成立的自贸区,都是以单一区域为发展突破口。"一带一路"彻底改变之前点状、块状的发展格局,横向看,贯穿中国东部、中部和西部,纵向看,连接主要沿海港口城市,并且不断向中亚、东盟延伸。这将改变中国区域发展版图,更多强调省区之间的互联互通,产业承接与转移,有利于加快我国经济转型升级。

"一带一路"建设几乎覆盖中国大多数省区。这是一个引领未来中国西部大开发、实施向西开放战略的升级版。西部地区拥有中国72%的国土面积、27%的人口,与13个国家接壤,陆路边境线长达1.85万公里,但对外贸易的总量只占中国的6%,利用外资和对外投资所占的比重不足10%。中国扩大对外开放最大的潜力在西部,拓展开放型经济广度和深度的主攻方向也在西部。未来的西部大开发,需要建立在对内对外开放的基础上,通过扩大向西开放,使中国西部地区与中亚、南亚、西亚的贸易往来和经济合作得以加强。丝绸之路经济带是中国形成全方位对外开放格局、实现东西部均衡协调发展的关键一环。

"一带一路"反映了当前中国战略利益的空间分布。作为发展中大国,中国的国家利益、战略诉求和辐射范围仍然以欧亚大陆(东部)及其周边的亚太区域为主。一方面,中国的经济利益主要来自这里,这里分布着中国大多数的最主要贸易伙伴。从综合贸易指标看,2013年中国的十大贸易伙伴中有七个分布在欧亚大陆及其周边地区,只有第二大的美国、第八大的澳大利亚和第十大的巴西远离欧亚大陆。而从单项指标看,在2014年中国十大外资来源地、十大进口原油供应国、十大技术来源地和十大对外投资目的地中,每一项均有六至八个分布在欧亚大陆或欧亚大陆周边地区。"一带一路"沿线许多国家自然资源丰富,中国与其经贸合作具备坚实基础且发展迅速,使其天然地成为中国全球资源供给体系的最佳目标区和重要组成部分。从要素享赋和技术水平看,中国与沿线国家在产业发展上具有高度的互补性,这为中国在转型发展背景下通过经济输出发展贸易提供了市场空间。另一方面,中国的安全利益也主要分布在这里。这里是中国与外部世界发生安全冲突最为集中的地区,尤其是领土领海争端和边界冲突。是中国抗御海权势力入侵的有效防护地带。朝鲜半岛、琉球群岛、马来群岛、中南半岛、南亚次大陆以及中亚地区,都在不同程度上成为中国与世界主要势力中心的战略缓冲区。欧亚大陆周边海域分布着中国的海上生命线。中国有90%的货物贸易运输量需要通过海上运输完成,其中包括原油进口的93%,粮食进口的92%和传统商品出口的84%。中国海上运输体系严重依赖四条远洋航线和众多海上战略通道,其中通往中东、非洲和西欧的货物运输严重依赖马六甲海峡、霍尔木兹海峡、曼德海峡和苏伊士运河;通往澳大利亚和东南亚的货物运输严重依赖巴士海峡、翼他海峡和龙目海峡;通往北美和拉美的货物运输严重依赖巴拿马运河等。①

"一带一路"构想通过加强政策沟通、道路联通、贸易畅通、货币流通、民心相通等新途径,以战略协调、政策沟通为主,不刻意追求一致和强制性的制度安排,与现有的区域合作组织如上合组织、欧亚经济共同体、亚太经合组织、东盟、海合组织和欧盟等合作协调发展,可谓讲求实际、高度灵活、富有弹性。中国将以带状经济、走廊经济、贸易便利化、技术援助、经济援助、经济一体化等各种可供选择的方式与沿线国家共同推进欧亚区域经贸发展,这种创新的合作模式,可以使欧亚各国经济联系更加紧密,相互合作更加深入,发展空间更加广阔。

四、"互联网＋"经济形态

2015年3月5日上午十二届全国人大三次会议上,李克强总理在政府工作报告中首次提出"互联网＋"行动计划。报告提出,制定"互联网＋"行动计划,推动移动互联网、云计算、大数据、物联网等与现代制造业结合,促进电子商务、工业互联网和互联网金融健康发展,引导互联网企业拓展国际市场。

---

① 杜德斌等:《"一带一路":中华民族复兴的地缘大战略》,《地理研究》,2015年第6期。

7月4日经李克强总理签批,国务院印发《关于积极推进"互联网+"行动的指导意见》(以下简称《意见》)。该意见指出积极发挥我国互联网已经形成的比较优势,把握机遇,增强信心,加快推进"互联网+"发展,有利于重塑创新体系、激发创新活力、培育新兴业态和创新公共服务模式,对打造大众创业、万众创新和增加公共产品、公共服务"双引擎",主动适应和引领经济发展新常态,形成经济发展新动能,实现中国经济提质增效升级具有重要意义。

1."互联网+"的提出

国内"互联网+"理念的提出,最早可以追溯到2012年11月于扬在易观第五届移动互联网博览会的发言。易观国际董事长兼首席执行官于扬首次提出"互联网+"理念、"互联网+"公式应该是其所在的行业的产品和服务,在与其未来看到的多屏全网跨平台用户场景结合之后产生的这样一种化学公式。2013年11月在众安保险开业仪式上,马化腾提出:"互联网加一个传统行业,意味着什么呢?其实是代表了一种能力,或者是一种外在资源和环境,对这个行业的一种提升。"2013年底的腾讯WE大会上,马化腾再次系统地阐述了自己对互联网与传统产业关系的看法:"'+'是什么?传统行业的各行各业。"

2014年11月,李克强出席首届世界互联网大会时指出,互联网是大众创业、万众创新的新工具。其中"大众创业、万众创新"正是此次政府工作报告中的重要主题,被称作中国经济提质增效升级的"新引擎"。

2015年3月,人大代表马化腾向全国人大提交了《关于以"互联网+"为驱动,推进我国经济社会创新发展的建议》的议案,对经济社会的创新提出了建议和看法。他呼吁,我们需要持续以"互联网+"为驱动,鼓励产业创新、促进跨界融合、惠及社会民生,推动我国经济和社会的创新发展。"互联网+"是指利用互联网的平台、信息通信技术把互联网和包括传统行业在内的各行各业结合起来,从而在新领域创造一种新生态。他希望这种生态战略能够被国家采纳,成为国家战略。

2015年李克强总理把互联网+引入到政府政策中,国务院印发《关于积极推进"互联网+"行动的指导意见》与《促进大数据发展行动纲要》。

2."互联网+"的内涵

"互联网+"是创新2.0下的互联网发展新形态、新业态,是知识社会创新2.0推动下的互联网形态演进及其催生的经济社会发展新形态。"互联网+"是互联网思维的进一步实践成果,它代表一种先进的生产力,推动经济形态不断地发生演变。"互联网 +"并不是简单的"互联网 + 各个传统行业",而是利用信息通信技术以及互联网平台,让互联网与传统行业进行深度融合,创造新的发展生态。

"互联网 +"有 6 大特征:一是跨界融合。 + 就是跨界,就是变革、开放、重塑融合。敢于跨界了,创新的基础就更坚实;融合协同了,群体智能才会实现,从研发到产业化的路径才会更垂直。融合本身也指代身份的融合,客户消费转化为投资,伙伴参与创新,等等。二是创新驱动。中国粗放的资源驱动型增长方式早就难以为继,必须转变到创新驱动发展这条正确的道路上来。这正是互联网的特质,用所谓的互联网思维来求变、自我革命,也更能发挥创新的力量。三是重塑结构。信息革命、全球化、互联网业已打破了原有的社会结构、经济结构、地缘结构、文化结构。权力、议事规则、话语权不断在发生变化。互联网 + 社会治理、虚拟社会治理会有很大不同。四是尊重人性。人性的光辉是推动科技进步、经济增长、社会进步、文化繁荣的最根本的力量,互联网的力量之强大最根本地也来源于对人性的最大限度的尊重、对人体验的敬畏、对人的创造性发挥的重视。例如 UGC、卷入式营销、分享经济。五是开放生态。关于互联网 +,生态是非常重要的特征,而生态的本身就是开放的。推进互联网 +,其中一个重要的方向就是要把过去制约创新的环节化解掉,把孤岛式创新连接起来,让研发由人性决定的市场驱动,让创业并努力者有机会实现价值。六是连接一切。连接是有层次的,可连接性是有差异的,连接的价值是相差很大的,但连接一切是互联网 + 的目标。

3. "互联网 +"的积极作用与发展趋势

互联网具有渗透性强、支撑引领作用突出等特点,能与各个行业领域进行融合。随着互联网加速从生活工具向生产要素转变、互联网与其他产业的结合更加紧密、以互联网为基础的新兴业态密集涌现,互联网在经济社会发展中的地位不断提升。当前"互联网 +"已经改造及影响了工农业、电子商务、金融、通信、交通、旅游、影视、医疗、教育房产等行业。实施"互联网 +"战略,既是破解粗放发展、核心竞争力不强的问题,又是鼓励"大众创业""草根创业",形成"万众创新""人人创新"的新态势。①

---

① 《互联网 + 怎么"加"》,《中国青年报》,2015 年 3 月 8 日 T02 版。

第一,"互联网＋"促进产业升级,并推动产业新形态的出现。"互联网＋"不仅正在全面应用到第三产业,形成了诸如互联网金融、互联网交通、互联网医疗、互联网教育等新业态,而且正在向第一和第二产业渗透。电子商务、互联网金融、位置服务等新业态的出现,都是以互联网为依托的。随着互联网与工业、农业、服务业的结合更加紧密,必然会铸造出更多新兴业态,推动各传统行业向数字化、网络化、智能化转型升级,打造出更具活力和影响力的新兴业态,助力我国经济实现转型升级、创新发展。

"互联网＋"能够直接创造出新兴产业,促进实体经济持续发展。比如互联网＋金融激活并提升了传统金融,创造出包括移动支付、第三方支付、众筹、P2P网贷等模式的互联网金融,使用户可以在足不出户的情况下满足金融需求。"互联网＋"可以促进传统产业变革。"互联网＋"令现代制造业管理更加柔性化,更加精益制造,更能满足市场需求。"互联网＋"将帮助传统产业提升。互联网＋商务＝电商,互联网与商务相结合,利用互联网平台的长尾效应,在满足个性化需求的同时创造出了规模经济效益。

"互联网＋"促进以云计算、物联网、大数据为代表的新一代信息技术与现代制造业、生产性服务业等的融合创新,发展壮大新兴业态,打造新的产业增长点,为大众创业、万众创新提供环境,为产业智能化提供支撑,增强新的经济发展动力,促进国民经济提质增效升级。①

随着"互联网＋"的兴起,政府和企业都需要更多"互联网＋"人才,因此这会带来关于"互联网＋"的培训及特训职业线上线下教育的爆发。在线教育领域,职业教育一直是颇受追捧的教育类型,同时占据较大市场份额。"互联网＋"的兴起,衍生一大批在政府与企业之间的第三方服务企业,即"互联网＋"服务商。他们本身不会从事互联网＋传统企业的生产、制造及运营工作,但是会帮助线上及线下双方的协作,从事的是做双方的对接工作,盈利方式则是双方对接成功后的服务费用及各种增值服务费用。第三方服务涉及的领域有大数据、云系统、电商平台、O2O服务商、CRM等软件服务商、智能设备商、机器人、3D打印等。②

---

① 宁家骏:《"互联网＋"行动计划的实施背景、内涵及主要内容》,《电子政务》,2015年第6期。

② 姜奇平:《"互联网＋"与中国经济的未来形态》,《人民论坛》,2015年第10期。

第二,"互联网+"政策的发展趋势。根据《意见》"互联网+"将在以下多个领域,进行创新,发挥作用。

一是充分发挥互联网的创新驱动作用,以促进创业创新为重点,推动各类要素资源聚集、开放和共享,大力发展众创空间、开放式创新等,引导和推动全社会形成大众创业、万众创新的浓厚氛围,打造经济发展新引擎。

二是推动互联网与制造业融合,提升制造业数字化、网络化、智能化水平,加强产业链协作,发展基于互联网的协同制造新模式。在重点领域推进智能制造、大规模个性化定制、网络化协同制造和服务型制造,打造一批网络化协同制造公共服务平台,加快形成制造业网络化产业生态体系。

三是利用互联网提升农业生产、经营、管理和服务水平,培育一批网络化、智能化、精细化的现代"种养加"生态农业新模式,形成示范带动效应,加快完善新型农业生产经营体系,培育多样化农业互联网管理服务模式,逐步建立农副产品、农资质量安全追溯体系,促进农业现代化水平明显提升。

四是通过互联网促进能源系统扁平化,推进能源生产与消费模式革命,提高能源利用效率,推动节能减排。加强分布式能源网络建设,提高可再生能源占比,促进能源利用结构优化。加快发电设施、用电设施和电网智能化改造,提高电力系统的安全性、稳定性和可靠性。

五是促进互联网金融健康发展,全面提升互联网金融服务能力和普惠水平,鼓励互联网与银行、证券、保险、基金的融合创新,为大众提供丰富、安全、便捷的金融产品和服务,更好满足不同层次实体经济的投融资需求,培育一批具有行业影响力的互联网金融创新型企业。

六是充分发挥互联网的高效、便捷优势,提高资源利用效率,降低服务消费成本。大力发展以互联网为载体、线上线下互动的新兴消费,加快发展基于互联网的医疗、健康、养老、教育、旅游、社会保障等新兴服务,创新政府服务模式,提升政府科学决策能力和管理水平。

七是加快建设跨行业、跨区域的物流信息服务平台,提高物流供需信息对接和使用效率。鼓励大数据、云计算在物流领域的应用,建设智能仓储体系,优化物流运作流程,提升物流仓储的自动化、智能化水平和运转效率,降低物流成本。

八是巩固和增强我国电子商务发展领先优势,大力发展农村电商、行业电商和跨境电商,进一步扩大电子商务发展空间。电子商务与其他产业的融合不断深化,网络化生产、流通、消费更加普及,标准规范、公共服务等支撑环境基本完善。

九是加快互联网与交通运输领域的深度融合,通过基础设施、运输工具、运行信息等互联网化,推进基于互联网平台的便捷化交通运输服务发展,显著提高交通运输资源利用效率和管理精细化水平,全面提升交通运输行业服务品质和科学治理能力。

十是推动互联网与生态文明建设深度融合,完善污染物监测及信息发布系统,形成覆盖主要生态要素的资源环境承载能力动态监测网络,实现生态环境数据互联互通和开放共享。充分发挥互联网在逆向物流回收体系中的平台作用,促进再生资源交易利用便捷化、互动化、透明化,促进生产生活方式绿色化。

十一是"互联网+"人工智能。依托互联网平台提供人工智能公共创新服务,加快人工智能核心技术突破,促进人工智能在智能家居、智能终端、智能汽车、机器人等领域的推广应用,培育若干引领全球人工智能发展的骨干企业和创新团队,形成创新活跃、开放合作、协同发展的产业生态。

五、"社会主义核心价值观"

2012年11月,党的十八大从建设社会主义文化强国的战略高度,深刻论述了社会主义核心价值体系建设的重要意义与战略要求,并强调提出,"要倡导富强、民主、文明、和谐,倡导自由、平等、公正、法治,倡导爱国、敬业、诚信、友善,积极培育社会主义核心价值观"。2013年12月,中央办公厅发布了《关于培育和践行社会主义核心价值观的意见》。从国家、社会、公民个人层面提出了12个词24个字的社会主义核心价值观的内容。2014年2月24日,中共中央政治局就培育和弘扬社会主义核心价值观、弘扬中华传统美德进行第十三次集体学习。习近平主持学习并发表了重要讲话指出,核心价值观是文化软实力的灵魂、文化软实力建设的重点。历史和现实都表明,构建具有强大感召力的核心价值观,关系社会和谐稳定,关系国家长治久安。他说,"一个国家的文化软实力,取决于一个国家的核心价值观的生命力、凝聚力、感召力","培养和弘扬社会主义核心价值观必须立足于优秀的中华传统文化","抛弃传统,丢掉根本,就等于割断了自己的精神命脉"。"不忘本来才能开辟未来,善于继承才能更好创新"。这些论断,非常科学地阐明了传统文化和社会主义核心价值观的关系。

随着时代的发展,我们越来越感觉到中华优秀传统文化的世界性意义。日本有一位叫稻盛和夫的企业家,被誉为"经营之圣",创造了两个世界五百强,京瓷和KDDI。当年日航面临倒闭,七十多岁高龄的他临危受命,受首相拜托,零工资出任日航总裁,出乎人们意外的是,他竟然用一年的时间就让日航复苏,而且赢利一千四百亿日元。有人就问稻盛和夫,您靠什么创造了这一奇迹?稻盛和夫说,我靠中国的孔孟哲学。稻盛和夫为孔孟哲学作了证明,羞愧的是,我们的传统文化已经变成了他人的生产力,而我们还在讨论是否需要弘扬它。

党和国家把社会主义核心价值观和传统文化进行科学对接,无疑是一种连根养根的英明之举,只有根深才能叶茂,果真如此,除了能够提高中华民族的生命力、和谐力,还会在全球增强中华民族的认同感和归属感,提高中华民族的凝聚力。习近平指出,要增强文化自信和价值观自信。认真汲取中华优秀传统文化的思想精华和道德精髓,大力弘扬以爱国主义为核心的民族精神和以改革创新为核心的时代精神,使中华优秀传统文化成为涵养社会主义核心价值观的重要源泉。习近平要求,广大党员、干部必须带头学习和弘扬社会主义核心价值观。要从娃娃抓起、从学校抓起,做到进教材、进课堂、进头脑。要润物细无声,运用各类文化形式,生动具体地表现社会主义核心价值观。要注意把我们所提倡的与人们日常生活紧密联系起来。要建立和规范一些礼仪制度,增强人们的认同感和归属感。要把社会主义核心价值观的要求融入各种精神文明创建活动之中,吸引群众广泛参与,培育文明风尚。要利用各种时机和场合,形成有利于培育和弘扬社会主义核心价值观的生活情景和社会氛围。

1. 社会主义核心价值观的提出

第一,中华民族的核心价值观的沿革。

中华民族的封建时期有过核心价值观,并以此维系一个民族生生不息数千年。历史发展至现代,社会形态发生了巨大的变化,原有的价值体系被打破,新的符合时代要求的价值体系尚未建立起来,导致了核心价值观出现缺失。

主导中华民族发展两千多年的是孔孟思想，其在产生之初并不受重视，孔孟都周游过列国，以推销自己的思想，但在春秋战国社会动荡时期，帝王们忙于争霸，需要的是立竿见影的功利效果。因此，像孙武这样的直接给帝王带来开疆拓土的军事将领，像苏秦这样的能够改变政治和军事实力布局的纵横家，更能得到帝王们的青睐，而需要一代代人努力方见成效的孔孟教化思想，自然屡屡碰壁。可以说，假如没有大汉统一中华民族，建立稳定的政权，相信也就不会形成孔孟思想一统天下。

有关中华民族的核心价值观的提法很多，有人认为"以人为本""和平和友谊""国家统一"等是中华民族的核心价值观。也有人认为"实现共产主义""全心全意为人民服务"是中华民族的核心价值观。本质上这些要么是党的核心价值观，要么是一定历史时期或某一侧面的价值判断和价值取向，而不能称之为支撑民族崛起的核心价值观。严格来说，十八大前现实的中国并没有建设起一个全民族拥有的核心价值观，之所以社会上屡屡出现恢复儒学，借助宗教，移植西方价值观，出现了各种思潮或呼声，即印证着这一点。

十八大前现实的中国没有明确核心价值观，并不意味着中国历史上从没有产生过核心价值观。儒家文化强调的把"仁义礼智信 孝悌忠恕诚敬"作为规范人和社会的道德基础，把"忠孝节义"作为鉴别一个人处世的标准，即为维系封建统治的核心价值观，这种核心价值观以仁爱为中心展开。只是后来，随着历史的变迁，社会的转型，民族核心价值观进入了虚无的状况。

面对核心价值观的缺失，中华民族做出过不懈努力。如辛亥革命提出了"民有、民享、民治"。这既是口号，也可视作欲建立的核心价值观。它反映了人们从西方核心价值观中接受了为我所用的成分，同时认识到中国的富强必须通过思想和精神的变革开始，包括核心价值观。此后，由于中国出现了一个长期的军阀混战，这时秉承的是"胜者为王，败者为寇"的逻辑，这种社会状态下不可能产生科学而又稳定的民族共有的核心价值观。至于抗日战争、解放战争时期，由于最高目标是赢得战争的胜利，因而不可能产生永恒的在不同时代皆可发挥作用的核心价值观，尽管其中有许多原本就是科学的核心价值观不可或缺的构成要素。

新中国成立后，中国共产党领导中国人民当家做主，马克思主义成为我们的指导思想,因而价值观也应当是马克思主义的。而马克思主义的核心价值观即为:"人的自由、解放和全面发展"。由此延伸出许多诸如爱党、爱国、牺牲、奉献、助人为乐等道德价值观,但由于内外部的原因,在很长时间里我们坚持以阶级斗争为纲,秉承"凡是敌人反对的我们就要拥护,凡是敌人拥护的我们就要反对"的僵化的二元价值观,短期行为过重。改革开放后二十多年,我们在价值观的探索方面也付出了巨大的努力,尤其是经历过转型期的道德紊乱,人们普遍感受到核心价值观对于一个社会的极端重要性,并试图解决这一根本问题。

当我们尚处于落后状态时,或者利益尚未与其他国家发生摩擦时,这个问题并不突出,然而,当我们与世界关系出现调整,核心价值观就显得十分重要,这既决定着我们的行为方式,也决定着世界如何看待我们,进而决定着我们是否做到和平崛起,甚至决定着我们能不能崛起。

不可否认,由于我们长期未形成稳定的核心价值观,造成了严重的功利主义意识,行为方式多为短期政治需要。举例来看。在云南腾冲反攻战役中,国民党远征军一个连据守于交通要道,日军找来一村民带路,绕道将全连近二百人全部打死。解放后,那个带路村民被举报,审讯时村民辩称,他带日本人杀的都是国民党的部队,让坏人来杀坏人有什么错。审讯者想了想就把他放了。后来这个村民还当了生产队长。从这个事例中,可以说已经不存在永恒的价值标准,仅剩下功利主义和扭曲的政治图解。

美国"9·11"事件,传我们一记者团因美国遭恐怖袭击而鼓掌,为此被驱逐出美国。这个实例中,最应谴责的恐怖分子没有得到应有的抨击,不幸者未得到应有的同情。的确,美国人的霸权固然让人厌恶,但无辜生灵遭涂炭,不为宝贵生命的丧失而生同情之心,却幸灾乐祸,这是尚未确立起成熟的核心价值观表现。在美国飓风灾害、日本大地震后我国决定捐款,许多人在网上提出疑问,认为中国比美国穷,日本那么坏,不应当提供援助,这也属于没有核心价值观指导下的思想,在我们许多人的理念中,互助还是停留于富人帮助穷人,甚至是杀富济贫,没有考虑到相互帮助中显现的人性的光辉,是核心价值观的融合。其实我们的帮助是十分有限的,甚至是象征性的,也正是象征性而表达的是一种人性化的东西,而非政治化的内容,这也是美国得到上百个国家援助(包括其反对者)的背后原因。我们与美国存在矛盾和斗争,但除了看到斗争的一面,还必须看到一致的地方,如果只看矛盾而不寻求一致,只能造就一个好斗的形象。要真正从思想深处认同这一点,没有核心价值观做支撑是办不到的。

第二,西方核心价值观的历史沿革。

西方国家的核心价值观是"民主、自由、人权"。这种价值观有着深厚的宗教文化的背景。西方文明有两个基本的源头,一个是科学,另一个是宗教,或者说一个是古希腊文明,另一个是基督教文化。在基督教产生前,西方社会并没有严格道德上的评判标准,只能说是巨人与巨人,英雄与英雄间的争斗,是霸权与霸权的角力,谈不上正义与非正义,正是由于有了基督教,各种行为才被赋予正义与邪恶,道德与价值标准才真正产生出来。西方以民主、自由、人权为核心的价值观基本上源于基督教的教义。因为被西方国家民众所广泛信奉的基督教所倡导的就是博爱、正义和人人平等,是每一个人负有对抗世界不公正的义务与责任,并且每个人都应当勇敢地站出来与专制和邪恶政权作斗争,只有大众都起来维护公理与正义,这个世界才会变得充满爱和善。可以说在此基础上逐渐发展成西方国家现有的政治文明和核心价值。

西方核心价值观的形成也经历了一个漫长的历程。以民主为例,作为一种理念,它萌芽并尝试于两千多年前的古希腊;作为一种制度,则包含于1215年签署的英国大宪章,十八世纪的法国大革命和美国革命,十九世纪欧洲和北美选举权的扩大;作为一种成熟完善的思想,进而成为世界大多数发达国家的政治制度,则是二十世纪的事。因为在十九世纪时,人们议论的还是哪个国家适合民主制度,而到了二十世纪时,提出这样的问题已经成为不合时宜且本身就是错误的,这时已不存在是否适应,仅存在实施民主制度需要多长的时间,经历一个什么样的过程。我们再来看自由和人权。文艺复兴运动复兴了古希腊和罗马古典文化,摆脱了黑暗的中世纪对文化的摧残和人性的束缚,解放了人对世界,对宇宙的看法和了解。而启蒙运动中,则使人发现了自己,开始思考包括良心和社会正义,自由平等和理性等根本问题。可以说,启蒙运动改变了人对自然的理解,对自身的理解,确立了人权思想,并使人权思想成为人类社会走向进步的里程碑。

在坚守这种核心价值观过程中,许多思想者留下了厚重的一笔。1776年亚当斯作了《美利坚的独立》的演讲,提出美国人必须在独立与奴役二者中作出选择,他主张要让美利坚各州获得永久的自由与独立。1837 年菲利普斯以《新闻自由与对赖夫乔伊谋杀》为题进行演讲,他主张新闻必须自由。1854 年道格拉斯以《七月四日与奴隶制》为题作了一次废除奴隶制度的著名演讲。1863 年林肯在《解放黑奴宣言》中指出:任何一州或人,若将他人视为奴隶者,将被视为背叛联邦政府的行为,所有的奴隶从即日起,将获得永久自由。在《盖茨堡演讲》中,他还特别强调了自由献身的精神。1963 年美国黑人民权领袖马丁·路德·金以《我有一个梦》的演讲,感动并影响了千千万万的美国人民,他明确提出非暴力抵抗原则,同时倡导种族平等,也正是这次演讲而导致了席卷美国的平权运动。罗斯福在《四大自由思想》中阐述的:思想言论的自由、宗教信仰的自由、免于匮乏的自由、免于恐惧的自由,等等。以上所提及的政治和思想理念,至今也没有真正实现,但作为西方标榜和宣扬的内容却一直处于进行中,并且也确实影响了民众的价值观念。

核心价值观是一个国家和民族价值体系中最本质、最具决定作用的部分,它支撑和影响着所有价值判断,因而应当是对整个人类发展历史和未来走向的总概括。正在形成的中国特色社会主义核心价值观将整个人类文明积淀的优秀价值准则结合进去,将各民族相通相溶的要素结合进去,具有转化为世界共享的,具有普世性的价值观,能吸引和号召更广泛的人们遵循和坚守,具有不会因时因事因人而随时更易的特性。一旦这种价值观进而溶于大众的思想深处,血液之中,就会无形中建立起符合中国特色社会主义核心价值观话语体系,抢占世界话语权,更进一步彰显中国特色社会主义体系的优势,从这个角度讲中国特色社会主义核心价值观的形成和建立,是实现中国梦的重要战略支点。

2. 社会主义核心价值观的概念

党的十八大报告在谈到加强社会主义核心价值体系建设时明确指出:"倡导富强、民主、文明、和谐,倡导自由、平等、公正、法治,倡导爱国、敬业、诚信、友善,积极培育和践行社会主义核心价值观。"提出"三个倡导"是我们党顺应全党和全国人民的共同期待、总结社会主义核心价值体系建设经验得出的重要结论,是党中央立足社会主义先进文化建设尤其是社会主义核心价值体系建设实践作出的重大理论创新,对进一步推进社会主义文化强国建设、促进社会主义核心价值体系教育,具有十分重要的现实意义和长远的历史意义。

价值是体现主体与客体关系的一个范畴,它反映的是客体满足主体需要的关系。马克思早就说过:"'价值'这个普遍的概念是从人们对待满足他们需要的外界物的关系中产生的"。从哲学意义上讲,价值体现的是现实中人的需要与事物属性之间的一种关系。我们说某种事物或现象具有价值,就是因为该事物或现象能满足人们的某种需要,成为人们的兴趣或目的所追求的对象。价值观是人们关于什么是价值、怎样评判价值、如何创造价值等问题的根本观点。价值观的内容,一方面表现为价值取向、价值追求,凝结为一定的价值目标;另一方面表现为价值尺度和准则,成为人们判断事物有无价值及价值大小的评价标准。价值观作为一种社会意识,它集中反映一定社会的经济、政治和文化精神,体现人们对生活现实的总体认识、基本理念和理想追求。价值观对人们自身行为的定向和调节起着非常重要的作用,它决定人的自我认识,并由此影响和决定一个人的理想、信念、生活目标和追求方向的性质。

价值观一般分为两大类,一类是一般价值观,另一类是核心价值观。在一个国家和社会的价值观体系中,各种价值观的地位并不是完全相同的,有些价值观在整个社会价值体系中居于从属地位,它仅仅体现社会某个方面或领域的价值取向和追求,这种价值观我们就称之为一般价值观;另一种是处于主导和支配地位的价值观,它引领和统率着其他处于从属地位的价值观念,是一种社会制度和社会公民普遍遵循的基本原则,体现着这个国家或社会所特有的文化精神追求和基本价值理念。这种居于社会主导地位的价值观就叫核心价值观。

社会主义核心价值观是指那些在社会主义价值观体系中居统治地位、起决定性指导作用的价值理念,是反映社会主义基本的、稳定的社会关系及价值追求的价值观,它是社会主义价值观体系中最基础、最核心部分,是我们民族长期秉承的反映社会主义本质和建设规律的根本原则和价值观念的结晶,是中国共产党人和全体中国人民在社会主义革命、建设和改革过程中逐步形成和发展起来的核心价值目标和价值观念,这种核心价值理念支撑着我们在建设社会主义伟大实践中的行为指向和行为准则,从更深层次影响着全体国民在建设中国特色社会主义伟大实践中的思想方法与行为方式。

社会主义核心价值观与社会主义核心价值体系是两个既有联系、又有区别的概念。从根本上来说,社会主义核心价值观与社会主义核心价值体系在本质上是一致的、统一的,它们都体现了社会主义的核心价值追求,是建设中国特色社会主义不可或缺的重要价值遵循。但从严格的意义上来说,它们又是相互区别的。社会主义核心价值体系指的是社会主义意识形态中那些反映社会主义经济、政治和文化制度要求、体现社会主义发展趋势的核心思想意识、价值观念的总和,而社会主义核心价值观则是对社会主义核心价值体系核心内容和精神实质的高度凝练及抽象概括。社会主义核心价值体系的内容比较系统全面,具有理论化、系统化的特点,而社会主义核心价值观的内容则比较抽象概括,具有高度凝练性、简洁性的特点。也正因如此,我们党虽然提出了社会主义核心价值体系,但各界人士仍然多次呼吁尽快概括出富有中国特色的社会主义核心价值观。

3. 社会主义核心价值观的基本内涵

党的十八大适应当代中国社会发展需要和广大人民群众的共同期盼,以社会主义核心价值体系为基础,明确提出了以"三个倡导"为主要内容的社会主义核心价值观,从不同层面规范了我们国家、社会和公民的核心价值追求。

核心价值观是社会核心价值体系基本理念的统一体,直接反映核心价值体系的本质规定性,贯穿于社会核心价值体系基本内容的各个方面。社会主义核心价值观是社会主义核心价值体系最深层的精神内核,是现阶段全国人民对社会主义核心价值观具体内容的最大公约数的表述,具有强大的感召力、凝聚力和引导力。党的十八大报告关于社会主义核心价值观的表述,对社会主义核心价值体系基本内容进行了凝练,是重要的理论创新成果。

第一,"富强、民主、文明、和谐"体现了中国特色社会主义的价值目标,是立足国家层面概括出的社会主义核心价值观。

"富强、民主、文明、和谐",是我国社会主义现代化国家的建设目标,也是从价值目标层面对社会主义核心价值观基本理念的凝练,在社会主义核心价值观中居于最高层次,对其他层次的价值理念具有统领作用。富强即国富民强,是社会主义现代化国家经济建设的应然状态,是中华民族梦寐以求的美好夙愿,也是国家繁荣昌盛、人民幸福安康的物质基础。民主是人类社会的美好诉求。我们追求的民主是人民民主,其实质和核心是人民当家作主。它是社会主义的生命,也是创造人民美好幸福生活的政治保障。文明是社会进步的重要标志,也是社会主义现代化国家的重要特征。它是社会主义现代化国家文化建设的应有状态,是对面向现代化、面向世界、面向未来的,民族的科学的大众的社会主义文化的概括,是实现中华民族伟大复兴的重要支撑。和谐是中国传统文化的基本理念,集中体现了学有所教、劳有所得、病有所医、老有所养、住有所居的生动局面。它是社会主义现代化国家在社会建设领域的价值诉求,是经济社会和谐稳定、持续健康发展的重要保证。

中国特色社会主义现代化建设的总体布局是:经济建设、政治建设、文化建设、社会建设和生态文明建设五位一体,无论是经济建设、政治建设、文化建设、社会建设和生态文明建设,都有一个共同的价值追求目标,我们党在过去曾经把这个共同价值追求表述为"民族独立,人民解放""国家繁荣,人民幸福"。在社会主义现代化建设时期,我们的主要任务就是要通过经济建设、政治建设、文化建设、社会建设和生态文明建设,实现全面建成小康社会和社会主义现代化的宏伟目标,这个宏伟目标从价值追求角度来说就是要达到"富强、民主、文明、和谐",也就是说经济上要越来越富强,政治上要越来越民主,文化上要越来越文明,社会和生态上要越来越和谐。"富强、民主、文明、和谐"的核心价值观集中体现了中国特色社会主义现代化的价值目标和价值追求,符合当代中国共产党人和全体中国人民寻求民族复兴的共同愿景,是一个凝聚人心、鼓舞士气、激发活力、振奋精神的价值目标。

第二,"自由、平等、公正、法治"体现了中国特色社会主义的基本社会属性,是立足社会层面概括出的社会主义核心价值观。

"自由、平等、公正、法治",是对美好社会的生动表述,也是从社会层面对社会主义核心价值观基本理念的凝练。它反映了中国特色社会主义的基本属性,是我们党矢志不渝、长期实践的核心价值理念。自由是指人的意志自由、存在和发展的自由,是人类社会的美好向往,也是马克思主义追求的社会价值目标。平等指的是公民在法律面前一律平等,其价值取向是不断实现实质平等。它要求尊重和保障人权,人人依法享有平等参与、平等发展的权利。公正即社会公平和正义,它以人的解放、人的自由平等权利的获得为前提,是国家、社会应然的根本价值理念。法治是治国理政的基本方式,依法治国是社会主义民主政治的基本要求。它通过法制建设来维护和保障公民的根本利益,是实现自由平等、公平正义的制度保证。

自由、平等、公正、法治是马克思主义的基本要求,也是中国共产党人的一贯价值追求。马克思主义追求的终极目标就是人的自由而全面的发展。我们党自成立起,就把带领人民实现自由、民主、平等写到自己的旗帜上,并为之而不懈奋斗。新中国成立后,我们党又把这些目标写到社会主义旗帜上,使之成为激励人们发愤图强,建设社会主义的强大精神动力。改革开放以来,随着我国社会主义市场经济体制的建立和社会主义民主政治的深入发展,广大人民群众的民主法治意识越来越强,自由平等观念日益深入人心,维护公平正义的要求也越来越高。正是适应广大人民群众这种新期待、新要求,我们党更加自觉地把自由、平等、公正、法治等理念深入扎实地体现到党的各项理论和实践之中。党的十七大报告强调要"树立社会主义民主法治、自由平等、公平正义理念",十八大报告则把"倡导自由、平等、公正、法治"作为"积极培育和践行社会主义核心价值观"、推进社会主义核心价值体系建设的一项重要内容。由此可以看出,自由、平等、公正、法治是当代中国共产党人坚持科学发展、坚持以人为本、坚持执政为民、坚持依法治国伟大实践的集中价值体现,也是我们坚持和发展中国特色社会主义的核心价值追求。

第三,"爱国、敬业、诚信、友善"体现了社会主义国家公民的基本价值追求和道德准则要求,是立足公民层面概括出的社会主义核心价值观。

"爱国、敬业、诚信、友善",是公民基本道德规范,是从个人行为层面对社会主义核心价值观基本理念的凝练。它覆盖社会道德生活的各个领域,是公民必须恪守的基本道德准则,也是评价公民道德行为选择的基本价值标准。爱国是基于个人对自己祖国依赖关系的深厚情感,也是调节个人与祖国关系的行为准则。它同社会主义紧密结合在一起,要求人们以振兴中华为己任,促进民族团结、维护祖国统一、自觉报效祖国。敬业是对公民职业行为准则的价值评价,要求公民忠于职守,克己奉公,服务人民,服务社会,充分体现了社会主义职业精神。诚信即诚实守信,是人类社会千百年传承下来的道德传统,也是社会主义道德建设的重点内容,它强调诚实劳动、信守承诺、诚恳待人。友善强调公民之间应互相尊重、互相关心、互相帮助,和睦友好,努力形成社会主义的新型人际关系。

加强对全体公民的价值观、道德观教育是一项长期而紧迫的任务,尤其是面对当前社会经济利益和分配方式多样化的趋势,面对全面建成小康社会和人民群众精神文化需求的不断增长,面对世界范围各种思想文化的相互激荡,如何形成社会的主流价值观、如何把公民价值观道德观教育提高到一个新水平,成为摆在全党和全国人民面前的一个重要课题。2001年,中共中央印发的《公民道德建设实施纲要》提出,要坚持以为人民服务为核心,以集体主义为原则,以爱祖国、爱人民、爱劳动、爱科学、爱社会主义为基本要求,在全社会倡导"爱国守法、明礼诚信、团结友善、勤俭自强、敬业奉献"的基本道德规范。2006年3月,胡锦涛同志在参加全国政协讨论会时提出了以"八荣八耻"为主要内容的社会主义荣辱观,要求提倡热爱祖国、服务人民、崇尚科学、辛勤劳动、团结互助、诚实守信、遵纪守法、艰苦奋斗。2006年10月,党的十六届六中全会审议通过《中共中央关于构建社会主义和谐社会若干重大问题的决定》,明确提出了建设社会主义核心价值体系的战略任务,并把社会主义核心价值体系的基本内容作了规范性阐述。所有这些都为我们党从社会公民层面概括社会主义核心价值观奠定了坚实的理论基础。

党的十八大正是在继承和发展我们党关于社会主义核心价值体系思想的基础上,紧密结合全面建成小康社会和发展中国特色社会主义的新需要,从公民层面提出了"爱国、敬业、诚信、友善"的社会主义核心价值观。"爱国、敬业、诚信、友善"的社会主义核心价值观,集中体现了中华民族传统美德、中国共产党人革命道德和社会主义道德的精华,是中国共产党人对马克思主义公民道德和价值理念的新发展。

4. 社会主义核心价值观的重要意义

在全面建成小康社会、坚持和发展中国特色社会主义的伟大实践中,积极培育和践行社会主义核心价值观具有重要而深远的意义。

积极培育和践行社会主义核心价值观是推进社会主义核心价值体系建设的基础工程。自中央提出社会主义核心价值体系的重要命题以来,社会主义核心价值体系就成为社会广泛关注的重大理论和实践问题。近年来,社会主义核心价值体系建设在理论和实践层面都取得了突破性进展,特别是在社会主义核心价值体系的本质、基本内容、功能与作用、建设途径等方面形成了社会共识,社会主义核心价值体系的力量在中国特色社会主义建设事业中得到彰显。随着对社会主义核心价值体系认识的深化,对社会主义核心价值观的研究、凝练成为完善社会主义核心价值体系的着力点。党的十八大从价值理念视角对社会主义核心价值体系基本内容进行抽象概括,为社会主义核心价值体系奠定了价值观基础,使社会主义核心价值体系更具理论逻辑魅力,也能够更好地为社会、为群众所掌握。

积极培育和践行社会主义核心价值观是维护我国意识形态安全的迫切需要。长期以来,西方敌对势力对我国实施西化分化的图谋从没停止过。当今我国正处于改革发展的关键阶段,社会矛盾多发,价值观念多元多样多变,西方敌对势力乘机加紧对我国实施价值观渗透战略。世界上从来就不存在抽象的民主,也不存在绝对的自由。实际上,民主、自由和人权并不是西方国家的专利,而是人类社会的美好追求。面对价值观领域的渗透与反渗透斗争,我们不能掉以轻心,必须坚守好价值观领域这块阵地,确保意识形态安全。这就需要我们坚持以马克思主义为指导,大力加强社会主义核心价值体系建设,在凝魂聚气、强基固本上下足功夫。应清醒地认识到,价值观领域的博弈是激烈的、长期的、复杂的。提炼社会主义核心价值理念,逐步培育社会主义核心价值观,是有效应对西方敌对势力对我实施价值观渗透战略的客观要求。

积极培育和践行社会主义核心价值观是实现全面建成小康社会奋斗目标、坚持和发展中国特色社会主义的内在要求。当今世界正处在大发展、大变革、大调整时期,思想文化交流、交融、交锋更加频繁,文化在综合国力竞争中的战略地位越来越凸显,核心价值体系在社会发展和国家安全中的生命线作用越来越突出。当前,我国已进入全面建成小康社会的关键时期,仍处于可以大有作为的重要战略机遇期。抓住机遇、应对挑战,实现全面建成小康社会奋斗目标、坚持和发展中国特色社会主义,必须用社会主义核心价值体系引领社会思潮、弘扬社会正气、培育文明风尚,塑造崇高人格和民族精神品格,培育和谐人际关系,在全党全社会凝聚起团结奋斗的共同意志。社会主义核心价值观是社会主义核心价值体系基本价值理念的集合体,是社会主义核心价值体系最深层的精神内核。党的十八大报告提出的具体表述,是对社会主义核心价值体系基本内容的简洁凝练,是对社会主义核心价值体系的基本价值尺度、基本价值理念的概括,应将对其的教育宣传活动融入国民教育和精神文明建设全过程,同改革开放的实践经验和伟大成就联系起来,同全面建成小康社会的奋斗目标联系起来,让广大人民群众深切体会到社会主义核心价值理念是"共同富裕""人民幸福"价值诉求的集中体现,不断形成更加广泛的价值认同,成为凝聚13亿人民为全面建成小康社会、实现中华民族伟大复兴的中国梦而奋斗的共同思想基础和精神纽带。

5. 社会主义核心价值观的现实必要性

第一,人民有信仰,国家才有力量。

中华民族的伟大复兴,不仅要在经济发展上创造奇迹,也要在精神文化上书写辉煌。"倡导富强、民主、文明、和谐,倡导自由、平等、公正、法治,倡导爱国、敬业、诚信、友善,积极培育和践行社会主义核心价值观。"党的十八大从国家、社会和公民三个层面概括了社会主义核心价值观的价值目标、价值取向和价值准则。这三个"倡导",勾绘出一个国家的价值内核、一个社会的共同理想、亿万国民的精神家园。

物质贫乏不是社会主义,精神空虚也不是社会主义。发展起来以后的中国,对精神信仰、伦理道德、社会风尚的关注更甚以往,对主流价值和共同信念的归属感尤为强烈。倒地老人"扶还是不扶"的热烈讨论,折射出人们对道德良知的珍视与焦灼;教育公平、就业公平、司法公正一再成为舆论焦点,道出了人们对社会规则的态度和期望;构建现代文明的国家理念,体现了为公民营造踏实的幸福感、让国家铸就更强软实力的理想和追求。人生需要信仰驱动,社会需要共识引领,发展需要价值导航,三个"倡导"的指导要求,正对应这三个层面的时代要求,可谓大势所趋、正当其时。

一个国家和民族,贫弱落后固然可怕,但更可怕的是精神空虚。失去了理想信仰,内心没有约束,行为没有顾忌,再多的外部要求,也会"法令滋彰,盗贼多有";丢失了主导价值,没有了明确准则,冲破了道德底线,再丰裕的物质生活,也难免"金玉其外,败絮其中"。近代以来,中国人民的奋斗目标、中国梦的重要内涵,就是在寻求国家的价值内核、实现社会的共同理想、构建国民的精神家园。在这样的意义上,社会主义核心价值观是人生奋斗的梦想之舵,是中华民族的精神之钙,是当代中国的兴国之魂。从知与行的角度,发掘每个人心底蕴藏的善良道德意愿、道德情感,让社会主义核心价值观,内化为社会群体和个人的意识,外化为群体和个人的行为规范,才能产生凝聚力、焕发战斗力,夯实全面深化改革的思想基础。

人民有信仰,国家才有力量。将社会主义核心价值观的教育宣传活动,融入国民教育和精神文明建设全过程,同改革开放的实践经验和伟大成就联系起来,同全面建成小康社会的奋斗目标联系起来,我们就能不断形成更加广泛的价值认同,不仅为国家发展助力,更为民族进步铸魂。

第二,追求矢志不移的强国梦想。

转型期中国,最需要的是共识的凝聚、精神的引领。党的十八大报告将"倡导富强、民主、文明、和谐",作为我们国家的价值目标,并将之置于"积极培育和践行社会主义核心价值观"的首要层面。无论革命、建设还是改革,在岁月长河中形成的以爱国主义为核心的民族精神,成为当代中国人骨气与底气的源泉。接过历史的接力棒,我们这一代人,理应自觉承续中华传统文化精髓,不断汲取开拓创新、昂扬向上的精神力量。

"大河没水小河干",朴素的道理告诉人们,国家好、民族好,大家才会好。正因此,倡导富强、民主、文明、和谐,从国家层面标注社会主义核心价值观的时代刻度。"求木之长者,必固其根本;欲流之远者,必浚其源泉;思国之安者,必积其德义。"这就是说,要想使树木生长得茂盛,必须稳固它的根部,因为根深方能叶茂;要想水流潺潺,经久不息,必须疏通它的源头,源远才能流长。同样的道理,如果想使国家安定,统治稳固,就必须积聚道德和仁义,缓和与百姓间的矛盾。从这个意义出发,处于前所未有大变革、大发展时期的中国,尤其离不开这一理想信念来引领思潮、凝聚共识,守望共同精神家园。

第三,坚守公平正义的共同信念。

崇尚自由、平等,市场经济才有源源不断的内生动力;追求公正、法治,社会生活才有崇德向善的道德风尚。

当今中国,取得了举世瞩目的成就,也面临着更高层次的挑战。经济发展起来以后,社会领域的利益纠葛、无序竞争、行为失范等问题日益凸显;物质生活逐渐丰盈,人们的权利意识水涨船高,对公平正义有新的诉求。这就是为什么我们在培育和践行社会主义核心价值观过程中,如此强调社会层面的价值共识,将"倡导自由、平等、公正、法治",作为社会的共同价值取向。

细数改革面临的硬骨头,多数都与人们的"公平焦虑"有关。教育公平、医疗改革屡屡拨动心弦,诉说着人们真诚向往平等的发展机会;收入差距、身份歧视动辄引发关注,折射出人们满心渴望公正的社会环境;司法案件频频成为舆论热点,反映着人们热切期盼法治政府和司法公正。发展起来以后,多元思想不断交流交锋交融,越是众声喧哗,越要坚守公平正义的共同信念,用自由、平等、公正、法治的价值取向引领思潮、凝聚共识、整合社会。

　　每个社会的核心价值,决定着这个社会的行为准则和努力方向。市场经济本就崇尚身份平等和规则公平,现代社会更以公正和法治为价值核心。如果公平的阳光变得晦暗、正义的空气逐渐稀薄,市场经济就可能异化为茹毛饮血的"霍布斯丛林",现代社会可能陷入你争我斗的"零和游戏",社会主义本质就难以彰显和体现。相反,社会生活中,当机会的大门向所有人敞开,每个人都享有人生出彩的机会,社会信任才会蓬勃生长,公民美德才会蔚为风尚,个体的绚丽人生才能绘入中国梦的美好图景。

　　在全面深化改革的语境中追求社会公平正义,不仅需要价值共识的弘扬,更需要利益格局的调整、制度文明的建设。十八大提出"逐步建立以权利公平、机会公平、规则公平为主要内容的社会公平保障体系",三中全会强调"紧紧围绕更好保障和改善民生、促进社会公平正义深化社会体制改革",这是全面深化改革的重要目标,更是社会主义核心价值观的内在要求。拿出逢山开路、遇水架桥的改革勇气,突破利益固化的藩篱,消除体制机制的积弊,才能为公平正义的价值生长创造更好的制度土壤。

　　社会主义市场经济的持续繁荣,有赖于释放社会活力、激扬内生动力。当自由、平等、公正、法治成为共同追求,当公平正义的阳光洒向每个角落,社会活力才会竞相迸发,内生动力才会充分涌流,改革发展和民族复兴才能获得用之不竭的精神源泉。

　　第四,培育昂扬向上的公民品格。

　　形成健康的社会风尚,需要每个公民的协力;打造奋发的时代气质,离不开亿万人民的参与。今日中国,"到此一游"触动的深刻反思,"扶起老人"引发的热烈讨论,无不折射国人对道德良知的珍视、对高尚品格的向往。社会主义核心价值观倡导的"爱国、敬业、诚信、友善",正是从公民层面提出的价值准则,涵盖了社会公德、职业道德、家庭美德、个人品德等各个方面,是每一个公民都应当树立的道德规范和价值追求。

　　个人的价值选择,是社会价值观念的基础所在、根本所系。涓流汇海、积土成山,每个人秉持怎样的道德意愿、践行怎样的理想信念、追求怎样的人格品质,决定着一个社会的面貌、形塑着一个时代的气质。积小我为大我、聚个体为群体、集小气候为大气候,才能绘就社会主义中国的美好价值图景。回顾历史,"中国奇迹"的书写、"中国故事"的讲述,都离不开万千胸怀报国理想、坚持道德操守、激扬蓬勃朝气的普通人。青春报国、托起飞天梦的科技功臣,扎根农村、带领乡亲致富的大学生村官,精益求精、为"中国制造"增光添彩的产业工人,殚精竭虑、为服务群众不辞辛劳的基层干部,一诺千金、宁肯散尽家财也决不拖欠农民工工资的"信义兄弟"……正是一个个有理想、有情怀、有担当的个人,支撑起共和国大厦的脊梁,筑牢了中国特色社会主义事业根基,催动着中华民族走向复兴的步伐。

当前,社会深刻变革、开放不断扩大,人们思想活动的独立性、选择性、多变性、差异性明显增强。有理想迷失、信念动摇者,有道德堕落、观念扭曲者,有腐朽落后思想文化沉渣泛起,也有拜金主义、享乐主义、极端个人主义暗中滋长。但越是纷繁复杂,越要站得住脚跟,越需以社会主义核心价值观为思想的压舱石、价值的定盘星,培育昂扬向上的公民品格。有怎样的价值观念,就会有怎样的行动。有"天下兴亡,匹夫有责"的爱国精神(清．顾炎武),才能承担时代赋予的使命;有"善学者能,多能者成"的敬业作风,才能把握人生出彩的机会;有"以信立身、以诚处世"的诚信品格,才能赢得一个良好的发展环境;有"取人为善、与人为善"的友善态度,才能形成和谐的人际关系。这样的价值,让我们能更好地处理个人与他人、个人与社会的关系,将人生带入更高境界。

6. 如何践行社会主义核心价值观

中国进入转型发展期,整个社会遇到很多矛盾、纠葛。这个时候,我们需要从传统文化中汲取精华,找到精气神。树立社会主义核心价值观,唯有这样才能适应转变。有评论说:"市场经济改革颠覆了中国传统的价值观,而新的价值观建立又需要一个过程"。在大转型期,对个人现实利益的追求成为很多中国人的人生目标,而很多人在追求或者维护个人现实利益的过程中,不惜说谎、造假、欺骗,心中没了信仰,道德没了底线,对一切都缺少敬畏之心。面对"假"和"伪"四处横行,中国人同时选择"怀疑一切",并成为思维定式。尽管这不能反映当今社会本质,但很多人崇尚"金钱"、"权力"、"关系",误认为这是时下流行的价值观,不得不引起人民深深的思考。

要构建社会主义核心价值观,需着力落实十八大精神,在国家、社会、群众三个不同层面,由"倡导"变为具体落实,积聚正能量。没有中华民族整体能量的提高,复兴中华民族就只是一个美好的愿望。而要提高中华民族的整体能量,首先要扶正中华民族的集体意识。而要实现这一整体性的扶正工程,需要国家强有力的倡导和推动,让基因性的中华民族优秀传统文化进决策、进教材、进学校、进企业、进机关、进媒体。中央"反对舌尖上的浪费"、"八项规定"等倡导和政策相继出台后,中国进入一种节爱的生活工作状态,官风归亲,民心归敬,就是真文化归位的成功实践,也是核心价值的有效落地。

那么作为高校如何践行社会主义核心价值观?

高校是培养社会主义建设者和接班人的地方,要在弘扬主旋律,弘扬中华传统优秀文化,坚持社会主义办学方向,培育、树立和弘扬社会主义核心价值观方面身体力行,走在前头,做出表率。但是目前高校出现一些不良现象:做人没底线,做事没原则,做学问不规范。

教师要立德树人,要以人格魅力、学识魅力、榜样示范先行先做,教育引导学生牢固树立社会主义核心价值观,践行社会主义核心价值观,做社会主义核心价值观的弘扬者、践行者、开拓者。学为人师、行为世范,做学生健康成长的指导者和引路人。

学生要增强中华民族伟大复兴的使命感、责任感,增强责任意识和担当精神,自觉学习和继承中华传统优秀文化和传统美德,自觉养成好风气、好习惯、好品质,自觉践行社会主义核心价值观,自觉担当起弘扬社会主义核心价值观的宣传任务,于细微处见行动,于细微处见精神。做社会主义核心价值观的坚定维护者、传播者和实践者。发挥学生党员、学生党团组织的积极作用,在学生中起到学习和践行核心价值观的带头作用。

学校要积极创造条件搭建平台提供阵地把培育和弘扬社会主义核心价值观作为长期抓的重要政治任务。使学校成为培育和弘扬社会主义核心价值观的重要基地,成为辐射社会的传播中心和实践中心。比如:开展礼节礼仪教育,在重要场所和重要活动中升挂国旗、奏唱国歌,在学校开学、学生毕业时举行庄重简朴的典礼,举行重大灾难哀悼纪念活动等,使礼节礼仪成为培育社会主流价值的重要方式。把社会主义核心价值观的学习教育纳入全校师生学习计划,纳入全校各级党、团组织和学生社团组织经常性的学习内容。

党员、干部要做培育和践行社会主义核心价值观的模范。党员、干部特别是领导干部要在培育和践行社会主义核心价值观方面带好头,以身作则、率先垂范,讲党性、重品行、作表率,为民、务实、清廉,以人格力量感召群众、引领风尚。加强理想信念教育,引导党员、干部着力增强走中国特色社会主义道路、为党和人民事业不懈奋斗的自觉性和坚定性,做共产主义远大理想和中国特色社会主义共同理想的坚定信仰者。加强党性教育,引导党员、干部贯彻党的群众路线,弘扬党的优良传统和作风,以优良党风促政风带民风。加强道德建设,引导党员、干部始终保持高洁的生活情趣,坚守共产党人的精神追求。

六、"三严三实"

2014年3月9日,习近平总书记在中华人民共和国第十二届全国人民代表大会第二次会议安徽代表团参加审议时,关于推进作风建设的讲话中,提到"既严以修身、严以用权、严以律己,又谋事要实、创业要实、做人要实"的重要论述,称为"三严三实"讲话。2015年4月10日,中共中央办公厅印发《关于在县处级以上领导干部中开展"三严三实"专题教育方案》,对2015年在县处级以上领导干部中开展"三严三实"专题教育作出安排。

1. "三严三实"的历史时代背景

习总书记提出的"三严三实"是党的建设的最新思想成果,是党的建设理论的一次重大丰富和发展,为加强新形势下党的思想政治建设和作风建设提供了重要遵循。从现实看,反对"四风"为重要内容的党的群众路线教育实践活动,使各级领导班子和领导干部作风明显好转。出实策、鼓实劲、办实事,不图虚名,不务虚功,这是一大进步。但是有些地方与党员干部仍然存在"四风"问题。

违反"三严三实"是形式主义、官僚主义、享乐主义和奢靡之风的思想与实践层面的主要表现。少数领导干部顶风作案,还存在着以下的问题与现象:理想信念动摇,宗旨意识淡薄,精神懈怠;贪图名利,弄虚作假,不务实效;脱离群众,脱离实际,不负责任;铺张浪费,奢靡享乐,甚至以权谋私、腐化堕落。这些问题与现象,尽管是少数,但依然损害党在人民群众中的形象,损害党群干群关系,不仅与党的宗旨格格不入,也是党性不强、纪律不严的体现。

当前我国面临的形势依然错综复杂,支撑发展的要素条件也在发生深刻变化,我国经济正处于结构调整阵痛期、增长速度换挡期,到了爬坡过坎的紧要关口,改革"险滩"等着去涉,"硬骨头"等着去啃。因此,各级领导班子和领导干部,必须以"三严三实"来要求和对照自己。习总书记指出,严以修身,就是要加强党性修养,坚定理想信念,提升道德境界,追求高尚情操,自觉远离低级趣味,自觉抵制歪风邪气。天下大事必作于细,古往今来必成于实。任何时候,都要坚信空谈误国,实干兴邦。任何时候都要明白"搭一次花架子,就把群众心伤一回;走一次过场,就与群众的距离远一分"。

2. "三严三实"的内涵与逻辑关系

党的十八大以来,习近平总书记多次强调,党员干部特别是各级领导干部要严以修身、严以用权、严以律己,谋事要实、创业要实、做人要实。

从内涵上看,严以修身,就是要加强党性修养,坚定理想信念,提升道德境界,追求高尚情操,自觉远离低级趣味,自觉抵制歪风邪气。严以用权,就是要坚持用权为民,按规则、按制度行使权力,把权力关进制度的笼子里,任何时候都不搞特权、不以权谋私。严以律己,就是要心存敬畏、手握戒尺、慎独慎微、勤于自省,遵守党纪国法,做到为政清廉。谋事要实,就是要从实际出发谋划事业和工作,使点子、政策、方案符合实际情况、符合客观规律、符合科学精神,不好高骛远,不脱离实际。创业要实,就是要脚踏实地、真抓实干,敢于担当责任,勇于直面矛盾,善于解决问题,努力创造经得起实践、人民、历史检验的实绩。做人要实,就是要对党、对组织、对人民、对同志忠诚老实,做老实人、说老实话、干老实事,襟怀坦白,公道正派。要发扬钉钉子精神,保持力度、保持韧劲,善始善终、善作善成,不断取得作风建设新成效。

从逻辑关系看,"三严"与"三实"既互为因果,又相辅相成,是一个统一而严密的整体,体现了内在自觉与外在约束的辩证统一。"三严"是"三实"的前提和基础。作为一名党员干部,干工作首要的就是讲党性、严守规矩。"三实"必须以"三严"为基础、为条件、为保障,只有不断加强党性修养和道德修养,才能做到权为民所用,情为民所系,利为民所谋。"三实"是"三严"的体现和目标。"实"是脚踏实地的干劲、求真务实的精神、注重实效的方法,是为官一任、造福一方的具体体现。"三实"是"三严"的具体体现和最终归宿,做不到"三实","三严"就成了空洞的东西。

3. 践行"三严三实"的要求

中国人历来崇尚气节、崇尚严谨、崇尚务实,讲良知、守信用,严和实是中华民族传统美德的基本内容,是传承民族品性、倡导社会新风、培育和践行社会主义核心价值观的重要内容。在引领社会风尚上,党员干部要按照"三严三实"鞭策自己,当好旗帜和标杆,发挥先锋模范作用,在全社会弘扬严和实的精神。

第一,践行"三严三实",强化外在约束与内在自觉的统一。把党和人民的要求固化于身,是"三严三实"的基本指向,这一指向在今天具有很强的现实针对性。中国共产党对自己的党员干部不但要有遵纪守法要求,而且有更高的理想信念、更严的遵规守矩和高尚的道德情操要求。对于领导干部来说,尤其要有更为严格的从政规则。只有践行"三严三实"、全面从严治党,才能保证党的先进性和纯洁性,保证我们党长期执政和国家长治久安。①

"三严三实"是制度规则、纪律规矩、组织的要求,既需要从组织和制度层面保证贯彻落实,也需要党员干部自觉领悟践行。党员干部只有把"三严三实"内化于心,才能自觉将其外化于行,实现外在约束与内在自觉的高度统一。具体到党员干部个人,就是要做到固化于身。固化于身是内化于心与外化于行的统一。党的理想信念、路线方针和党纪国法、制度规矩,只有落实到每一个党员干部身上,化外在的约束(他律)为个人内在的自觉(自律),才能真正落到实处。这就要求党员干部加强自我修养,坚决防止和克服各种灵肉分离、人格分裂现象,下功夫修身律己、健全人格、完善自我。

"三严三实"强调修身律己、做事用权两大内容,前者是对党员干部的品德要求,后者是对党员干部做事的作风要求,两个方面内容的关键都是"严"和"实"。"三严三实"的基本要义,是党员干部要在修身律己、做事用权上有更严更实的要求,要更严格、更实在地做个好人好官、做更多更实的好事。对于党员干部来说,一时一事做到"三严三实"比较容易,但言行一致并一以贯之地做到"三严三实"并非易事。可以说,党员干部领悟并践行"三严三实",最难也最可贵的是时时事事都体现"三严三实",终身都自觉践行"三严三实"。

第二,践行"三严三实",用好手中之权。权力是一把高悬头顶的"双刃剑"。对领导干部来说,是否真正践行"三严三实",最大的考验是如何正确对待和使用手中的权力,为谁用权、如何用权。权力用得好,造福人民;权力用不好,就会损害党的事业、人民的利益。

---

① 王宽、秦书生:《落实"三严三实"与践行社会主义核心价值观》,《理论导刊》,2015 年第 3 期。

　　领导干部手里大多握有权力，要决策行事。领导干部决策行事就会涉及不同人、不同群体的利害关系，自己也会面对各种诱惑考验，遇到大小泥潭陷阱。对领导干部来讲最主要的考验，就是如何决策用权。一个人走上领导岗位，源于党组织的培养、信任和重用，必须牢记权力是人民赋予的。领导干部如果滥用职权、以权谋私，其他方面做得再好也难以弥补、难以挽回。领导干部践行"三严三实"，就要敬畏权力、慎用权力，时刻警醒自己权力是一把"双刃剑"，努力用手中的权力为人民多做好事实事，决不滥用权力谋取私利。作为领导干部，不以权谋私只是起码的底线要求，仅仅满足于不想、不敢、不去以权谋私是远远不够的。践行"三严三实"，还必须运用手中的权力，积极主动有作为，尽心尽力履好职，更多更好地干事创业，为党和人民建功立业。

　　第三，践行"三严三实"，把"三严三实"落在实事实处。每个党员干部践行"三严三实"的方式各不相同，但大道至简，践行"三严三实"是有基本规律可循的。一要守住底线，即要有底线思维，绝不越雷池半步。遵守党纪国法，坚守党性的"底线"绝对不能松动，这是党员干部践行"三严三实"最起码要做到的。二要干出亮点，即党员干部需要不断修身养性、提升自己，与自己有限的人生赛跑。不能满足于做不犯错误、无过就是功的"太平官"，还要有更高的目标追求，使自己的人生有些"亮点"。党员干部必须踏实努力，坚持人生以事业为重、为官以民利为先，努力锻造自己的有为人生。三要追求高分，所谓"高分"，就是在尽心履行好岗位职责、为党和人民尽力做好工作的基础上，有牺牲奉献精神，把自己的时间和精力更多地花在做事创业上。

专题三

当前社会治理

当前,中国社会总体运行状况良好,反腐引向纵深、八项规定深入人心、经济发展持续稳定、生活规范有序,社会治理进入新阶段。但由于中国正经历急剧的社会转型,社会结构、生活方式、行为方式和价值观念等各方面交叠变化,民众的心态、个体与组织的行为难免会产生诸多不适应、不协调,社会生活中不可避免地出现了一些问题与矛盾,同时这些问题与矛盾也亟待需要正确认识与加以解决。

一、社会治理进入新阶段

社会治理主要是指政府、社会组织、企事业单位、社区以及个人等诸行为者,通过平等的合作型伙伴关系,依法对社会事务、社会组织和社会生活进行规范和管理,最终实现公共利益最大化的过程。以习近平为总书记的党中央审时度势,改革创新,以新的理念、新的方式推进社会治理创新,要求坚持系统治理、依法治理、综合治理和源头治理,社会治理进入新阶段。

1. 更加重视维护民众权利

人民群众享有公共服务是公民的基本权利,为公民提供基本公共服务、着力保障和改善民生是政府的职责。党的十八大以来,党和政府在教育、就业、收入分配、医疗卫生、社会保障等诸多方面出台了一系列改革发展新举措,使改革发展的成果更多更好地惠及人民。当前,我国大量社会矛盾属于人民内部矛盾,而且绝大多数社会矛盾和社会问题是由利益矛盾引起的。利益矛盾主要涉及两个方面,一是基本利益得不到满足,例如,就业难、上学难、看病难、住房难;二是利益差距扩大,分配不公。保障人民群众基本民生权利既要坚持发展,又要坚持改革,努力做到权利公平、机会公平、规则公平,在发展和改革中促进基本民生权利的保护。习近平总书记指出,从人民内部和社会一般意义上说,维权是维稳的基础,维稳的实质是维权。这就要求,一方面要高度重视维护好人民群众包括基本民生在内的各方面基本权利,从源头上防止和减少社会矛盾和社会问题的产生,而不是等矛盾和问题出现之后再去当"消防队员"和"救火队长";另一方面,健全依法维权和化解纠纷解决的机制,及时妥善处置化解各类社会矛盾纠纷,依法维护好、解决好人民最关心最直接最现实的利益问题,促进社会和谐稳定。

2. 更加重视依法治理

党的十八届四中全会对全面推进依法治国进行了新的部署,要求推进多层次多领域依法治理,提高社会治理法治化水平。社会治理创新需要运用法治思维和法治方式,做到科学立法、严格执法、公正司法、全民守法,在建设法治国家、法治政府和法治社会中促进社会既充满活力又和谐有序。根据十八届四中全会精神,社会领域的立法工作力度将会进一步加大,法治政府建设力度将会进一步提高,普法教育和全社会的法治意识将会进一步得到加强。一方面,更加强调国家机关工作人员严格执法和公正司法,严守法治底线,坚决纠正"摆平就是水平、搞定就是稳定、不出事就是本事"的错误做法。另一方面,引导群众依法理性表达诉求,依照法律、按照程序维护自己的合法权益。2013 年以来,为了保障信访群众的合法权益,维护信访秩序,国家对信访制度进行了改革,鼓励群众利用现代信息技术手段和互联网"多上网、少上访",引导和规范群众逐级走访,坚持就近、依法、及时表达诉求、解决问题,把涉法涉诉信访事项纳入法治化解决轨道,坚持诉访分离,改革和完善信访考核办法等,推动信访工作步入法治化轨道。

3. 更加重视基层治理

基层治理是社会治理的重要组成部分。在工业化、城市化和市场化过程中,我国社会的组织方式发生了重大变化,城乡社区已经取代传统的"单位制"和"人民公社",成为基层社会治理的主要形式。习近平总书记多次到社区进行考察,并发表了一系列重要讲话。他在福州军门社区考察时指出,"社区虽小,但连着千家万户,做好社区工作十分重要"。近年来,各地对基层社会治理进行了积极探索,积累了不少有益的经验,取得了良好的成效。十八届三中全会提出,以网格化管理、社会化服务为方向,健全基层综合服务管理平台,及时反映和协调人民群众各方面各层次利益诉求。基层社会治理的体制机制、人才队伍、资源保障、工作方法等问题得到重视,社区居民自治将会深入推进,政社良性互动成为基层治理努力的方向。

4. 更加重视互联网治理

互联网既是社会治理的对象,也是社会治理可以利用的重要手段。当前网络已经成为绝大多数中国人离不开的工作手段和生活内容,它为人们的社会参与和社会表达提供了极大的便利,改变了传统的生产、生活和社会交往方式。正如 2016 年 2 月习近平总书记主持召开中央网络安全和信息化领导小组第一次会议中指出,信息化和经济全球化相互促进,互联网已经融入社会生活方方面面,深刻改变了人们的生产和生活方式。我国正处在这个大潮之中,受到的影响越来越深。我国互联网和信息化工作取得了显著发展成就,网络走入千家万户,网民数量世界第一,我国已成为网络大国。同时也要看到,我们在自主创新方面还相对落后,区域和城乡差异比较明显,特别是人均带宽与国际先进水平差距较大,国内互联网发展瓶颈仍然较为突出。

习近平强调网络安全和信息化对一个国家很多领域都是牵一发而动全身的。网络安全和信息化是一体之两翼、驱动之双轮,必须统一谋划、统一部署、统一推进、统一实施。做好网络安全和信息化工作,要处理好安全和发展的关系,做到协调一致、齐头并进,以安全保发展、以发展促安全,努力建久安之势、成长治之业。

习近平指出,对广大网民,要多一些包容和耐心,对建设性意见要及时吸纳,对困难要及时帮助,对不了解情况的要及时宣介,对模糊认识要及时廓清,对怨气怨言要及时化解,对错误看法要及时引导和纠正。创新改进网上宣传,运用网络传播规律,弘扬主旋律,激发正能量,大力培育和践行社会主义核心价值观,把握好网上舆论引导的时、度、效,使网络空间清朗起来。

互联网与其他任何新生事件一样,是一把"双刃剑",有利有弊。网络信息是跨国界流动的,信息流引领技术流、资金流、人才流,信息资源日益成为重要生产要素和社会财富,信息掌握的多寡成为国家软实力和竞争力的重要标志。网络上鱼龙混杂、泥沙俱下,存在网络欺诈、网络谣言,利用网络盗取个人的和公共的信息,在网络上发表不负责的言论,利用网络进行犯罪活动,等等。十八届三中全会以来国家正按照"积极利用、科学发展、依法管理、确保安全"的原则,建立和完善互联网管理体制机制。在加强互联网管理方面的立法工作的同时,构建政府、企业与公众共同参与的互联网管理体制,整合相关机构职能,强化互联网行业监管,运用支持手段建立科学有效的监管机制,形成从技术到内容、从日常安全到打击犯罪的互联网管理合力,确保网络正确使用和网络安全。除此之外,我国还努力加强互联网领域的国际合作和斗争,争取在互联网发展中拥有更多的话语权,打破美国一家独大的互联网格局,联合世界上友好国家特别是广大发展中国家一道,推动建立既体现共同要求又适合本国国情、既兼顾各自关切又确保自身利益的互联网治理规则体系。

5. 更加重视公共安全和应急管理

当前我国自然灾害进入多发频发期,重特大事故灾难时有发生,食品药品安全事件经常发生,公共卫生事件防控难度增大,反恐形势严峻等。随着城市化加速推进,大城市越来越多,城市高层建筑、油气水电等生命线工程,以及一些大型关键设备所潜藏的重大危险源在增多,一旦发生事故或者遭到损毁,可能导致重大损失甚至导致社会秩序局部瘫痪。一些大型基础设施建设工程处于自然灾害频发、群发地区,不仅对施工安全构成潜在威胁,还存在诱发次生灾害的可能。高技术和信息产业的高速发展,在为国家和个人提供全新的发展机遇和生活空间的同时也带来了新的安全危险。党的十八届三中全会要求,健全公共安全体系,一是健全食品药品安全监管机制,二是完善安全生产监管制度,三是健全防灾减灾救灾机制,四是创新立体化社会治理防控体系。党的十八届四中全会提出要深入推进社会治安综合治理,依法打击暴力恐怖、涉黑犯罪、邪教和黄赌毒等违法犯罪活动,依法强化危害食品药品安全、影响安全生产、损害生态环境等重点问题治理。根据依法治理的精神,应加快健全食品药品安全、环境污染防治、安全生产、社会治安等公共安全领域的立法,进一步健全应急管理体制机制,增强广大干部和人民群众公共安全意识,提高领导干部和人民群众应对各类突发事件的能力。

6. 更加重视人民团体和社会组织作用

党的十八届三中全会提出,建立科学有效的社会治理体制,要加强党委领导,发挥政府主导作用,鼓励和支持社会各方面参与,努力实现政府治理和社会自我调节、居民自治良性互动。社会组织是政府与市场之间、政府与社会之间、政府公民之间的桥梁和纽带,是社会治理新的重要主体。我国目前在民政部注册登记的各类社会组织达到60多万个,覆盖科技、教育、文化、卫生、体育、扶贫、环境保护、经济发展、权益保护等多个领域。

7. 更加重视社会治理人才培养

领导干部要学习社会治理知识,了解社会治理规律,熟悉社会治理的相关法律法规,在实践中注意积累和提高社会治理能力。党的十八大以来,各级党校、行政学院和干部院校加强了对领导干部相关知识和能力的培训,着力提高领导干部发展社会事业、化解社会矛盾、维护群众利益、社会动员、网络社会管理等方面的能力。社会治理需要一批专门人才,社会工作人才队伍就是其中的主力。社会工作以专业化方式提供社会服务,在服务弱势人群、预防和化解社会矛盾、协调家庭和社会关系等方面发挥着独特的作用。我国的社会工作人才不仅十分紧缺,而且得不到合理使用。社会治理创新为社会工作开展和社会工作人才培养使用提供了难得的机遇。各地正在按照《社会工作专业人才队伍建设中长期规划(2011—2020年)》的要求,加快建立和完善社会工作人才培养、使用、评价、激励保障的制度体系,以人才培养和岗位开发为基础,以中高级社会工作人才为重点,培养造就一支职业化、专业化的社会工作人才队伍。近年来志愿服务正在兴起,越来越多的人参与志愿服务。志愿服务不仅需要热情和奉献精神,还需要配套的政策和制度支持。十八大以来,各级政府正在加紧建立健全社会服务志愿者法规、政策、制度体系,加快志愿服务平台建设,畅通志愿者参与社会服务的渠道,营造人人愿为、人人能为、时时可为的社会服务志愿者发展环境。同时,积极推动建立专业社会工作者与志愿者联动机制,努力构建社会工作者引领志愿者、志愿者协助社会工作者的服务格局。①

二、社会治理推动社会体制改革

中国社会体制已经发生了深刻变革,但是相对于经济体制,社会体制改革还是滞后的。社会体制改革涉及的领域非常广泛,包括就业、收入、分配、教

---

① 以上参见龚维斌:《社会治理新常态的八个特征》,《中国党政干部论坛》,2014年12期。

育、医疗、住房等方面的改革,也包括事业单位体制改革和社会管理的体制改革。

1. 市场经济的发展与社会转型需要社会体制改革

当代社会发展过程中出现的矛盾和问题既是经济转轨和社会转型的产物,同时与我国社会体制改革的滞后也是分不开的。社会体制是指在当前社会中,民众之间社会关系的模式,它以利益格局和参与方式为边界条件,通过志愿机制配置资源,充分激发个人和集体的参与热情。

第一,高度集中的计划经济体制向社会主义市场经济体制的转变。从20世纪50年代中期至70年代中期,我国实行计划经济的时间长达20余年,在当时物资匮乏而需求紧迫的严峻形势下,计划经济体制基本适应了当时中国的生产力发展水平,并且在一个时期内明显推动了生产力的发展。但高度集中的计划经济体制发展到后来,越来越无法促进生产力发展。民众的各种利益需求得不到满足,生活水平较低,经济体制改革势在必行。

在城市,经济改革的主要内容是扩大企业自主权。试点企业不仅可以自主采购计划外部分生产资料、自行安排部分产品的生产和销售,而且还有一定的浮动定价权。企业开始有了自己独立的经济利益。在农村,改革开始于包产到户,各种联产承包责任制相继出现,改革率先在农村取得突破。城市改革在所有制方面取得突破是在大批知青返城之后。在计划体制下,政府统一安排就业,人员基本由公有制企事业单位接收。"文化大革命"结束后,知青蜂拥回城,就业压力激增,按照计划体制下的办法无法解决就业问题。1979年,全国待业人员达2000多万,其中回城青年700万,留城待业青年320万。许多城市发生请愿事件,影响到社会安定。为解决待业青年的就业问题,唯一办法就是放宽政策,广开就业门路,允许人们自谋职业。于是一批个体劳动者和私营(民营)经济由此产生。

在经济体制改革过程中,由计划向市场逐渐过渡采用了双轨制的办法,即一方面培育和发展市场,另一方面改革原来的计划体制。经过多年改革,随着各种新兴经济力量的出现,经济体制改革的思路出现了一个重要变化,即"体制外先行"。按照这一战略,改革的重点由国有企业转移到非国有部门,在非国有部门创建以市场为导向的企业,以实现经济增长,对计划体制的改革,主要是为体制外的增长创造条件。1997年召开的中共十五大,进一步推动了经济体制改革,明确指出,公有制为主体、多种所有制共同发展是我国的一项基本经济制度,非公有制经济是社会主义市场经济的重要组成部分。党的十八届三中全会更加明确地指出,公有制经济和非公有制经济都是社会主义市场经济的重要组成部分,都是我国经济社会发展的重要基础。

计划和市场不仅仅是资源配置的方式,同时也是政府与民众之间权利关系的调整。党的十八届三中全会强调,经济体制改革是全面深化改革的重点,核心问题是处理好政府和市场的关系,使市场在资源配置中起决定性作用和更好地发挥政府的作用。但在市场经济发展进程中,我们片面地追求发展速度,忽视社会体制的改革,使得我国的市场经济体制还处于不成熟阶段,市场经济所需要的法律体系、社会文化观念等还不完善,现代市场体系尚未完全形成,从而导致各种社会问题出现。

第二,农业的、乡村的、封闭半封闭的传统社会向工业的、城镇的、开放的现代社会转变。经济体制改革为中国经济的快速发展提供了充足的动力,但在经济发展的过程中也出现了许多社会矛盾和问题,其根源一方面在于经济体制的转轨,另一方面又与我国的社会转型有密切关系。社会转型是指社会形态的变迁,即"意指社会从传统型向现代型社会转型的过程,说详细一点,就是从农业的、乡村的、封闭的半封闭的传统型社会,向工业的、城镇的、开放的现代型社会的转型。"[1]

我国社会转型的最大特点是经济结构与社会结构不平衡。从经济产出结构来看,我国的工业化进程已接近完成,农业增加值在 GDP 中比重已低于10%,但就业结构转变滞后,农业劳动者的比重在劳动力结构中竟高达36%,城乡结构转变又进一步滞后于就业结构,城镇常住人口占总人口的比重只有53%,城镇户籍人口占总人口的比重更是只有36%,从而呈现出工业化、非农化、城镇化逐次滞后发展的局面。目前我国已经从一个传统的农村社会转变为城市社会,这种转变绝对不是一个单纯的人口比例的变化,而是社会结构在变化。总的来说,经济结构已经是工业化中期阶段的结构,而社会结构还处于工业化初期阶段,存在着经济结构与社会结构的矛盾,这是产生诸多经济社会

---

①　郑杭生:《改革开放三十年:社会发展理论和社会转型理论》,《中国社会科学》,2009年第 2 期。

矛盾问题的结构性根源。

社会转型为社会发展带来了积极的影响,但也不可避免地出现了各种社会问题,有学者认为这是"社会进步与社会代价共存、社会优化与社会弊病并生、社会协调与社会失衡同在、充满希望与饱含痛苦相伴。"物质财富增长了,贫富差距扩大了,拜金主义、急功近利的行为增多了。经济发展中忽视了诸如民众对公平正义、民主法治的要求正在迅速提高,没有把保障民众的基本社会权利作为社会政策的重点等。正如美国著名学者亨廷顿在《变动社会的政治秩序》一书中指出的:现代性孕育着稳定,而现代化过程滋生着动乱,从传统到现代的过渡时期就是一个社会动荡和政治衰朽的历史阶段。我国在社会转型过程中出现的若干问题应该引起全社会重视。

2. 社会体制改革滞后于经济体制改革

改革开放三十多年来,随着市场经济体制的建立和完善,社会体制也发生了深刻的调整、变化和发展,就业、教育、医疗、社会保障等民生事业获得长足发展。但在提高经济发展水平的同时,社会领域的变化与经济领域的发展还是不太协调,社会体制改革明显落后于经济体制改革,致使社会体制方面仍然面临许多挑战。

一是基本公共服务体系仍需完善。就业方面,未来几年内,我国劳动力无论是农村还是城镇仍处于供大于求的状态,就业形势依然严峻;就业结构转化滞后于产业结构的转化,就业结构性矛盾较为明显,劳动力市场竞争越来越激烈,弱势群体和高校毕业生的就业问题仍很突出。有关数据表明,在农村,农业部门仅能容纳1.4亿左右的劳动力,农村潜在的剩余劳动力在1.8亿以上,而每年新增劳动力人口达到1500万,城镇还有超过1000万人的失业者和未实现就业的下岗职工。随着越来越多的大学毕业生加入就业队伍,就业压力日益增大。但是自2004年以来,用工荒在国内多地蔓延,一边是招不到人的用工荒,一边却是找不到工作的就业难,企业完成转型升级并非一朝一夕的事情,用工荒和就业难将长期并存。

教育方面,目前教育不公平问题依然存在,教育资源不均衡是其突出表现,2014年政府已经开始采取政策逐渐加以解决这个问题,另外,教学内容脱离实际、教学难度过高,尤其是教育体制的行政化甚至官本位化等等,都在一定程度上束缚着教育的健康发展;医疗方面,医疗资源分布不均,约80%集中在城市,其中2/3又集中在大医院,基层卫生服务严重不足,农村卫生资源匮乏;以药养医的问题仍然严重。这些问题都构成了我国医患关系紧张的诱因。

二是社会保障体系需要在实践中加大突破力度。社会保障体系是基本公共服务的主干,是政府保障和改善民生的制度保证和重要着力点。当前,我国建立起了一个全覆盖、保基本、多层次、可持续的社会保障体系,在促进社会公平正义、增进民生福社等方面取得了巨大成效,但社会保障能力和水平与人民群众日益增长的社会保障需求仍有较大差距,这主要表现在两个方面。首先,社会保障制度安排具有群体差异。这种差异主要表现为城乡之间和企事业之间,无论是养老保险还是医疗保障都有很大差别,既包括制度上的差别,也包括待遇上的不同。社会保障针对不同的居民实施不同的政策制度,强调"权利与义务对等""多缴多得",缺乏兜底和互济功能,使得收入水平较低、最需要政府救助的困难群体所享受的社会保障与福利待遇反而很低。其次,社会保险实际覆盖率不高。由于制度和观念等原因,我国还有一部分劳动者的社会保险权益尚未实现。如私营企业职工和个体工商户的雇工,建筑、商贸类企业职工,个体劳动者、灵活就业人员以及国家机关、事业单位和企业以及民办非企业单位中的外地农民工的社会保险参保率很低。①

三是社会管理体制存在某些问题。近年来,在科学发展观的指导下,我国社会管理体制改革取得了一定的成效,但是,由于社会结构深刻变迁,社会需求结构深刻变化,我国社会管理体制仍然存在许多问题,影响社会和谐稳定。首先,社会管理理念不够准确。主要还是片面重视经济建设,轻视社会管理;缺乏服务意识,管控思想严重;其次,社会管理主体较为单一。政府包揽大部分社会管理事项,在管理过程中重行政管控,未将管理与服务有机结合,管控多服务少;有些社会组织主动参与社会管理与服务的积极性不高,习惯于"有事找政府"。再次,社会管理人才缺乏。社会管理工作专业性较强,对于从业人员的专业要求较高,而我国社会工作人才缺乏。2012 年,我国各行各业约有社会工作者20 多万。参照国家 18 部委最近联合制定的社工专业队伍建设规划,到 2015 年,我国拥有 200 万专业社会工作者,我国社工尚缺口 180 万人。

---

① 孙卫春、苗芳:《多措并举深化社会治理体制改革》,《中共山西省委党校学报》,2016 年第 2 期。

四是收入分配体制改革面临新的挑战。我国的收入分配体制改革取得了很大的进展,但改革的任务远远没有完成。目前,收入分配领域仍面临着许多新的问题与挑战。突出表现在以下几点:合理的收入分配格局尚未形成,居民收入在国民收入中的比重减少,劳动报酬较低;收入分配差距过大,包括居民收入差距、城乡收入差距、地区收入差距、行业收入差距和财产收入差距;初次收入分配不规范,存在大量灰色收入,越发导致利益格局不合理和阶层分化加剧。

五是社会组织发育滞后。当前社会组织得到了一定程度的发展,2014年底,全国共有60.6万个,涉及工商服务、科技研究、教育、卫生、社会服务、文化、体育、生态环境、法律、宗教、农业及农村发展、职业及从业组织类、国际及其他涉外组织等领域,吸纳社会各类人员就业682.3万人,形成固定资产1560.6亿元,社会组织增加值为638.6亿,占第三产业增加值比重为0.21%,接收各类社会捐赠524.9亿元。① 社会组织在提供公共服务、解决就业、维护群众正当权益等方面发挥了积极的作用。但是当前社会组织规模还是偏小,且发展面临着体制机制、经费保障、人力短缺等方面的制约和瓶颈,独立性不强,公信力不高,管理不完善,服务社会的能力弱、效率低,不能真正成为承接政府职能转移的载体、参与社会治理的主体。

三、正视与看待当前社会问题

中国进入改革发展的关键时期,空前的社会变革给中国发展进步带来巨大活力,同时也带来各种矛盾和挑战。例如城乡、区域、经济社会发展很不平衡,人口资源环境压力加大;就业、社会保障、收入分配、教育、医疗、住房、安全生产、社会治安等方面的问题比较突出;民主法制还不健全,体制机制尚不完善;社会成员诚信缺失、道德失范,一些领导干部的素质、能力和作风与新形势新任务不相适应;一些领域的腐败现象仍然比较严重。因此,我们必须正确看待与理性面对这些矛盾、问题与挑战。

---

① 民政部发布2014年社会服务发展统计公报,http://www.mca.gov.cn/article/zwgk/mzyw/201506/20150600832371.shtml。

1. 贫富差距与阶层分化依然存在

根据国家统计局公布的数据,我国居民收入的基尼系数 2012 年为 0.474,
2013 年为 0.473,2014 年降为 0.469,尽管基尼系数在回落,但仍然大大超过国
际公认的 0.4 的警戒线。基尼系数在一定程度上说明了我国当前居民收入分
配方面存在的问题,贫富差距依然存在。贫富差距的存在既有历史原因,如新
中国成立后长期实行优先发展重工业,农业支持工业,农村支持城市的政策,
导致农村发展明显落后于城市。另外,社会体制改革滞后也是造成贫富差距
较大的原因。如经济转轨过程中,有些领域改革不到位,造成机会不均等、资
源分配不合理,比如说劳动力市场不统一,户籍制度导致农民工和城镇职工在
收入、社会保障等方面在很长一段时间内双轨制运行,这些都属于体制因素造
成的贫富差距。

在贫富分化加剧的基础上,我国阶层分化与流动也呈现出新的特点。阶
层分化是社会发展过程中的必然现象,但目前我国阶层流动却日益出现固化
趋势。现在被社会广泛关注的以"穷二代"、"富二代"、"官二代"为代表的"二
代"现象足以说明阶层流动受阻这一现象。各阶层之间缺乏必要的了解和尊
重,也缺乏必要的沟通交流的平台。

2. 社会冷漠和焦虑现象

"阶级社会的推动力"可以用一句话来概括:我饿! 风险社会的驱动力则
可以用另一句话来概括:我怕!"我怕"成了精神危机下"安全焦虑"的典型反
映。当代社会,人们的物质生活水平日益提高,但精神领域却出现了诸如社会
冷漠和心理焦虑的现象,并影响着社会的健康发展。当代社会也被称为消费
社会,这正是当代人精神危机的体现,享乐主义的欲望使人们更加求诸外物,
人们寻求安全感往往以追求金钱、消费的方式来进行,人们总是以消费美学的
方式来看待这个世界。当代社会是媒介社会,有什么样的媒介就有对世界、对
社会、对人生什么样的看法。面对突如其来的媒介影响力,整个社会并不具备
与之匹配的约束、管理对策,这就导致媒介力量几乎以一种失控的状态极度膨
胀,在媒介给人类提供海量信息的同时,其巨大的安全隐患和危机埋藏其中。
媒介在激烈的竞争中生存发展,适应大众的消费需求是必然的现实选择,而绝
大部分的大众消费需求是一种虚假需求,是大众化、社会化的需求,是一种"眼
球"需求,其特征是娱乐性、猎奇性的消费需求。因此,大众消费的热点都是非

规范化的、非常态化的媒介信息,那些社会中的负面信息乃至破坏性信息都被媒介集中化、海量化、夸张化地搜罗到大众眼前。而这样的信息会在有着互联网身份的"大众主体"之间传递,负面信息被一再放大,社会危机被一再加剧,大众心理被人为放大的"危机"所左右,大众行为被失范的"媒介"所左右。这种破坏性信息在媒介的传导下,真实的、客观的信息被媒介人为的过滤、屏蔽,而精心设计、筛选甚至"制造"出来的非主流信息成为大众交往的"中介"在主体之间传递。这样的后果使处于次要矛盾的危机在群体性的"安全焦虑"中转化为现实的危机,给社会安全造成极大的危害。[①]

2009 年长江大学学生为救人而不幸遇难,其遗体在打捞过程中竟遭"挟尸要价"。2011 年,小悦悦事件刺痛了国人的神经。人们不禁要问,社会为何会如此冷漠?首先,市场经济肯定了追求个人利益的合理性,从而导致对个人利益的过分追求,以至于金钱至上,利己主义成为部分民众的动力;其次,社会环境的影响,尤其西方反动势力对我国的文化渗透、腐朽生活方式的宣传,不断影响着人们的价值观,在追求自身利益的同时,丢失了道德底线;再次,道德教育的乏力,我国现行的教育制度仍然是重高分重学历,而忽视道德品行的教育和培养。

中国青年报社会调查中心曾经做过一次 2134 人参与的调查:34.0% 的受访者经常产生焦虑情绪,62.9% 的人偶尔焦虑,只有 0.8% 的人表示从来没有焦虑过。据报道,相比五年前,有 47.8% 的人"更焦虑了"。引起社会焦虑的原因,大致有这样几个方面:一是社会利益格局发生全方位、大幅度而且是急剧的调整,这对社会成员形成了巨大的压力。二是社会不确定因素空前增加,现代化发展过程中,机遇与风险共存。三是信仰缺失,没有信仰的人在身处变局之中时会缺乏安全感,患得患失,容易被焦虑所困扰。四是民众自我意识觉醒。在经济转型过程中,人们观点发生变化,逐渐关注自我,当现实与理想出现较大差距时,就容易陷入焦虑之中。

3. 群体性事件

近年来,每年因各种社会矛盾而发生的群体性事件多达数万起甚至十余

---

① 翟安康:《社会治理视域下"安全焦虑"的化解》,《云南大学学报社会科学版》,2016 年第 1 期。

万起。规模较大并在社会上造成较大影响的,如 2011 年的乌坎事件、2012 年
的启东事件、2014 年的海口三江镇群体事件……。当前群体性事件是我国经
济和社会变革过程中各种矛盾和问题的综合反映,从深层次社会原因看,主要
有以下几个方面:一是社会贫富差距加大,社会公正原则遭破坏。当弱势群体
的利益受到损害或忽视时,不满和对抗情绪往往以群体性事件的形式表现出
来。二是官僚主义作风和腐败现象造成干群关系紧张。有些领导干部坚持上
层路线,不关心群众疾苦;脱离具体实际,大搞政绩工程,忤逆民意,劳民伤财;
有些干部工作方式方法粗暴,仍然习惯于行政命令,甚至强迫群众,导致矛盾
激化。三是人们的思想意识和价值观念日趋多元化、复杂化。一些人法制观
念淡薄,在遇到矛盾纠纷时,不善于通过正当手段理性地维护自身合法权益,
往往采取一些极端甚至违法手段。四是公民权利意识增强,但社会管理方式
落后,群众利益诉求渠道不畅通,群众无法有效地表达自己的心声。无论这些
群体性事件采取了何种激烈的形式,是何种诱因引发的,归根结底还是群众的
利益问题,是在经济发展的过程中百姓的利益没有得到根本保证,各种诉求没
有得到满足。因此解决群体性事件关键是要了解群众的需求,满足群众的
利益。

4. 医患关系紧张

2013 年 10 月温岭一患者刺伤医生并导致一医生死亡,2014 年 2 月 25 日,
因住院床位纠纷,病人家属暴打护士致使其瘫痪……。当下我国社会医患关
系较为紧张,尽管硬医闹有所控制,但"软医闹"仍然存在,构建和谐的医患关
系迫在眉睫。医患关系紧张的原因主要有以下几点:医疗卫生资源的配置不
合理,城乡医疗卫生资源在配置方面差距过大;医疗费用过高,以药养医的医
疗机制刺激医生为利益而诱导患者过度消费,遭遇的潜规则更令民众无奈而
痛恨;医疗保障水平有待提高,尽管我国的医疗保险体系已初步建立,但保障
水平仍较低,弱势群体在遇到极端事件诸如花了钱而病又没好,较易产生医疗
纠纷;医患之间存在认知差距,有些医生态度较为粗暴,也容易引发医患纠纷;
有些医疗机构管理不规范,不健全。

最近出现的"魏则西事件",引起了强烈的社会关注。魏则西听信了百度
搜索中关于"滑膜肉瘤"的广告信息,在武警北京总队第二医院尝试了一种号
称与美国斯坦福大学合作的肿瘤生物免疫疗法。在花费了 20 多万医疗费后,

才得知这个疗法在美国早已宣布无效被停止临床。这期间,肿瘤已经扩散至肺部,魏则西终告不治。国家网信办会同国家工商总局、国家卫生计生委成立联合调查组进驻百度公司,对此事件及互联网企业依法经营事项进行调查并依法处理。同时,国家卫生计生委、中央军委后勤保障部卫生局、武警部队后勤部卫生局联合对武警北京市总队第二医院进行调查。根据凤凰网调查,多数网友认为政府对网络平台与医疗主体监管缺位。具体来看:

一是大学生魏则西被"忽悠"接受高价无效治疗,你认为主要原因是:

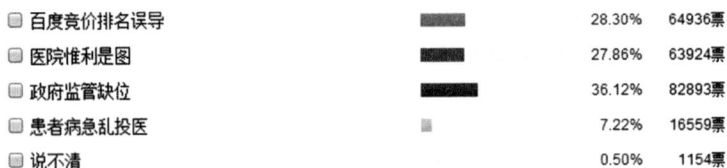

选项	比例	票数
☐ 百度竞价排名误导	28.30%	64936票
☐ 医院惟利是图	27.86%	63924票
☐ 政府监管缺位	36.12%	82893票
☐ 患者病急乱投医	7.22%	16559票
☐ 说不清	0.50%	1154票

二是你如何看待百度竞价排名行为?

选项	比例	票数
◉ 通用商业模式,无可厚非	8.68%	8962票
◉ 有些东西,是不能按给钱多少作为排位标准的	88.58%	91480票
◉ 说不清	2.74%	2830票

三是目前百度竞价排名并未被认定是广告,因此百度不需要为推荐结果承担连带责任,你如何看待?

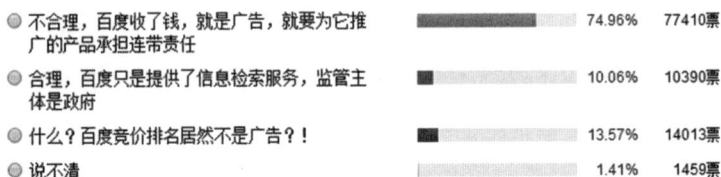

选项	比例	票数
◉ 不合理,百度收了钱,就是广告,就要为它推广的产品承担连带责任	74.96%	77410票
◉ 合理,百度只是提供了信息检索服务,监管主体是政府	10.06%	10390票
◉ 什么?百度竞价排名居然不是广告?!	13.57%	14013票
◉ 说不清	1.41%	1459票

四是魏则西事件,你认为暴露的最大问题是什么?

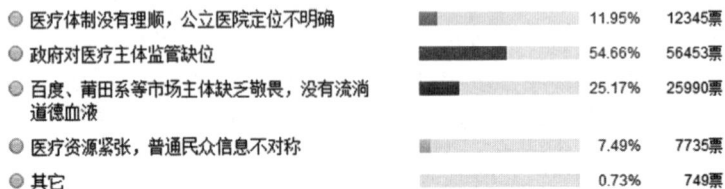

选项	比例	票数
◉ 医疗体制没有理顺,公立医院定位不明确	11.95%	12345票
◉ 政府对医疗主体监管缺位	54.66%	56453票
◉ 百度、莆田系等市场主体缺乏敬畏,没有流淌道德血液	25.17%	25990票
◉ 医疗资源紧张,普通民众信息不对称	7.49%	7735票
◉ 其它	0.73%	749票

"魏则西"事件反映了网络推广与"莆田系"民办医疗机构承包公办医院所

产生的腐败与虚假治疗以及政府监管责任问题,实际上这就涉及了社会治理问题,即公民、企业、政府与社会组织等在关系到民众身心健康的医疗发展中,各方应该担负的何种职责以及如何参与。

四、社会治理与社会体制创新

创新社会治理体制是党的十八届三中全会提出的新要求、新部署。党的十八届三中全会将"社会管理"改为"社会治理",由"管理"到"治理",只有一字之差,但含义更深刻、内容更丰富、要求更明确。这标志着由传统的社会体制向适应时代发展要求的现代社会体制转变,也就是要通过深化体制改革和管理创新逐步实现国家社会治理的现代化。

1. 从社会管理走向社会治理

与社会管理相比,社会治理具有以下比较突出的特点。

第一,虽然社会管理包括政府作为主体的管理行为和公民社会组织作为主体的管理行为两个主要方面内容,但社会管理仍然侧重于政府对社会进行管理,政府是社会管理合法权力的主要来源;而社会治理则强调合法权力来源的多样性,社会组织、企事业单位、社区组织等也同样是合法权力的来源。社会治理的主体是多元的,任何一个单一主体都不能垄断规范和管理的实践过程。

第二,社会管理很容易表现为政府凌驾于社会之上,习惯于包揽一切社会事务,习惯于对社会进行命令和控制,习惯于扮演"全能型选手";而社会治理更多的是在多元行为主体之间形成密切的、平等的网络关系,它把有效的管理看作是各主体之间的合作过程,它表明在现代社会,原先由国家和政府承担的责任正在越来越多地由各种社会组织、私人部门和公民自愿团体来承担。

第三,社会管理更好的是表现为从自身主观意愿出发管控社会,想当然地自上而下为民做主;而社会治理是当代民主的一种新的实现形式,它更多的强调发挥多主体的作用,更多地鼓励参与者自主表达、协商对话,并达成共识,从而形成符合整体利益的公共政策。

第四,社会管理的实践主要依靠政府的权力,依靠发号施令;而社会治理则在运用权力之外,形成了市场的、法律的、文化的、习俗的等多种管理方法和技术。社会治理行为者有责任使用这些新的方法和技术来更好地对公共事务进行控制和引导。例如,政府应更多地引导和更少的管制,社会组织及公民社会更多地承担社会治理的责任,市场力量在社会治理创新中发挥日益重要的作用,社会创新和社会企业成为改善社会治理的重要因素,等等。

社会治理变革还有很长的路要走,还会遇到这样那样的困难和挑战,尤其需要努力避免一些错误的观念和做法。一是故意将"社会治理"扭曲为"治理社会",将"社会"作为管理和实践对象。社会治理,完全不同于我们已经习惯的"治理腐败"、"治理污染",不能用"治理社会"来理解"社会治理"。二是将社会治理的目标仅仅理解为维护稳定。稳定是社会治理变革的一个条件,稳定的形成,不是靠堵,而是要疏;不是靠强力、压制和打击,而是靠协商、对话与合作。社会治理变革,更多的是要实现公共利益的最大化。三是社会建设只是为了促进民生。社会建设,社会治理变革,既是服务于民生,同时也是为了促进民主。只有用民主的办法,才能多谋民生之利,多解民生之忧,解决好人民最关心最直接最现实的利益问题。只有解决好了民生问题,才能更稳定、更有序地推进民主发展。①

2. 形成社会治理格局——国家与社会共治的多元化格局

党的十八届三中全会提出,创新社会治理,必须着眼于维护最广大人民根本利益,最大限度增加和谐因素,增强社会发展活力,提高社会治理水平。长期以来,我国政府一直扮演着全能型的公共管理者角色。随着改革开放的深入和社会主义市场经济的发展,目前这种角色已经无法有效适应多样化的社会现实,无法满足现代社会发展的需要,社会治理从政府单一主体向多元化社会治理的转变已成为必然。

构建多元化的社会治理格局,理顺国家与社会的关系,明晰政府与社会的责任边界,使政府在社会建设过程中既到位又不缺位错位。由于社会事务纷繁复杂,社会需求又千差万别,政府不可能包打天下,而应更多地承担起服务保障的职责,将目标集中在公共服务和社会基本建设等方面,如教育、基本住房、医疗、养老等领域。在社会治理实践中,政府要积极转变传统的行政观念,彻底根除各种形式的行政傲慢,努力建设服务型政府,为其他社会治理力量科学有效地治理社会保驾护航。

---

① 陈家刚:《从社会管理走向社会治理》,《学习时报》,2012 年 10 月 22 日。

构建多元化的社会治理格局，最重要的是促进各种社会力量参与社会治理，这也是我国建立多元化社会治理必须要努力解决的根本问题。现代国家多元化的社会治理需要三大主体，即政府、企业和社会组织。目前我国这三大部门力量及其不均衡，国家非常强大，市场不是很健全，社会很弱小。要实现多元化社会治理，必须使这三大部门得到平衡发展。在社会治理过程中，政府、市场与社会组织要携手共赢，共同承担社会责任。

因此，我们应该深入推进社会治理变革，首先应该进一步解放思想，促进观念的转变。解放思想，就是不墨守成规，不瞻前顾后，要有胸怀容差异、有勇气干事业、有智慧闯新路，要敢于摆脱僵化的、教条的思想，路线和政策要根据实际的需要来决定，而不仅仅依靠前人的言论、已有的经验和固有的模式。社会治理变革，要求执政党必须充分认识到，国家和社会治理，是由多元主体共同构成的治理结构来完成的，应重新树立"社会本位"的理念和原则。在政府与社会的力量对比中，重心必将向社会倾斜，原来政府控制和管理社会的观念必须让位于调控、引导、服务和整合社会的观念，政府对社会的统治观念必须让位于政府与社会的合作治理。

深入推进社会治理变革，必然要求在政府、社会、市场、公民个人之间的合作与良性互动，形成新型的伙伴关系。政府必须放下身段，学会尊重，懂得平等对待合作伙伴、管理对象；善于放权，学会"弹钢琴"，学会为自己减负；同时，政府必须增强自信，信任社会，理解社会，为社会组织创造良好的制度环境，鼓励社会组织的发展，努力为其能力提升创造条件。

深入推进社会治理变革，需要最广泛的公民参与，以及最主动的、最自觉的参与精神。改革开放，社会进步，靠的是公众的参与；今后的发展、全方位的发展，同样需要公众广泛地参与到政治、文化、社会建设的各个方面。进一步改革发展的动力，就存在于民众之中。有序的和有效的公民参与，需要相应的制度保障，需要有足够的合法渠道。与公民政治参与的需求相比，我们的制度建设明显滞后，参与渠道远远不够。应当尽快建立和完善公共参与的制度框架，让更多的公民通过合法的方式、制度化的渠道有序地参与公共生活的管理。

深入推进社会治理变革，必须坚持民主、法治的原则。民主和法治是人类社会治理的基本路径，是推进社会治理发展的制度性保障。缺乏民主的法治，容易走向集权与专制,而没有法治的民主,则容易走向混乱和无序。不坚持民主和法治,社会治理变革就无法有效地规范社会秩序,无法积极促进社会和谐发展。

深入推进社会治理变革,必须将学习借鉴现代文明的优秀成果与尊重自身实际结合起来。在社会管理、社会治理、公民社会发展等方面,人类已经创造了诸多好的经验,我们应该有勇气和智慧从中学习和借鉴其适合我国国情的要素,同时,结合本土的经验,在实践中创造社会治理变革的中国路径。"摸着石头过河",就是要从"此岸"到"彼岸",从"必然王国"到"自由王国"。

3. 实现社会治理产生的积极影响

——以南平医患纠纷调解为例

社会治理强调要发挥党、政府与社会组织及公民个体的作用,大大拓宽了社会问题与社会矛盾的解决思路与方法,以解决医患关系问题为例,南平市创新医患纠纷第三方调解机制发挥社会治理的作用,取得积极成效。

近十年来,真正让"医闹"引起新一轮关注的是始于2009年,中国医疗界的"黑色六月"——南平这个小山城"6·21"医闹事件的爆发。因一患者在医院术后突发病症死亡,死者家属对医生大打出手,要求索赔80万。医院被迫赔款后,80余名医务人员聚集到市政府门口,打出"还我尊严、维护正常医疗秩序"的横幅。随后,南平市多家医院的医务人员也加入其中。为了探索解决医患双方矛盾纠纷问题。南平市委市政府从2009年开始,痛定思痛下定决心从创新体制机制入手,从群众最关心、最紧迫的基础工作认真抓起。当年7月,出台了《南平市医患纠纷预防与处置暂行办法》;8月,成立了福建首家医患纠纷第三方专业性调解处理中心,各县(市、区)也相继成立机构。随后,江苏、重庆、湖北、江西及福州、厦门等地前来学习考察。2012年5月,时国务院副总理李克强充分肯定"南平解法",做出批示要求卫生部"注重总结地方经验"。国家卫生部专家调研组到南平调研后认为,"南平解法"值得总结借鉴,并将向全国进一步推广。"南平解法"主要从三个方面考虑:

一是为了消除患方"疑惑"。"医闹"现象往往因患方对医方不信任,对现有解决机制不信任而造成。思想上,对就医死亡原因怀疑、对医疗行政部门解决纠纷公正性怀疑、对合法渠道维权效果怀疑;行动上,认为"告不如闹",不选择合法渠道解决,以"闹"来避免"人财两失",暴力性"私了"成为首选。实质上,这种变异性"私了",是一种与法律法规背道而驰的行为,也反映出缺少被公认的第三方性质中立医疗纠纷调解机构;医院简单"给钱了事",激励了患方对暴力方式的选择,助长"职业医闹"寻租空间,让医患双方关系进入恶性循环漩涡中。

二是为了解除医方"顾虑"。"医闹"采用暴力过激行为对医院施压,严重干扰了医院正常秩序,会让医生在乎自己安全,在处理疾病、医疗救助上产生顾虑。有甚者容易对患者服务不够周到,患者因无安全、亲切、舒适感,容易把服务与诊疗效果相联系,一旦治疗效果达不到其主观期望,就容易引发纠纷。但事实上,医学本身是一门风险性学科,其复杂性、不可预期性和技术的局限性使得不能治愈所有疾患,如果发生医患纠纷,其处理也有天然的障碍,但越是这样,患方疑虑就越深。加之患方医学知识相对缺乏,信息难以对称,医方面对患方等同"秀才遇到兵"、难以说清,自然医患纠纷就易发。同时,大众一提起医患关系,总认为患方是弱势群体,导致医方在舆论压力上更显为弱者。

三是为了构建双方"公信"。"医闹"就像是一种社会病症,是社会机体问题的爆发和预警,如不及时"医治",恐怕会让病情加重。2009年的"黑色六月",让全国各地逐渐意识到医患双方处在一种信任缺失状态,用"息事宁人""花钱买太平"方法解决问题,客观上助长了"大闹大赔、小闹小赔、不闹不赔"现象。于是,各地有如春秋战国一般,开始一场第三方调解的探寻。南平也从"6·21"医闹事件的风口浪尖中,开始尝试"破冰",成立调处中心,搭建医患双方"公信"平台,实现第三方调解目的。

主要做法:

第一,注重顶层规格,体制机制"双管齐下"。

一是创新领导体制。建立"党委政府统一领导、领导小组指导协调、部门协同配合、中心依法调处"的工作格局,形成"县(市)、乡镇、村居"三级参与,调处中心与关联性部门形成互动联动的组织领导体制。其中,重大医患纠纷应急和调解工作领导小组,由南平市委副书记担任组长,5位厅级领导任副组长,下设应急处置小组。各县(市)参照市级的做法,形成横向到边、纵向到底的网络体系。

二是科学配备架构。成立"四大委员会":(1)"人民调解委员会",由懂医懂法、会调解的代表委员、妇联工会、纪委和检法人员组成,增强调解公信力水平;(2)"医学专家咨询委员会",聘请经验丰富的军地、公检法医学专家,组建医学专家库,在全国率先建立医学视频网络系统,提高咨询专业化水平;(3)"法律专家咨询委员会",聘请资深律师和法律工作者,提供便利化法律援助;(4)"心理咨询委员会",聘请国家心理咨询师资格的专家,形成以市本级为中心,辐射闽北心理咨询的网络,为开展提供心理咨询。同时,为保证日常运转,以"八进中心"内设服务机构,即调解指导部、医学专家部、法律援助部、心理咨询部、医学咨询室、警务室、仲裁室、审判法庭等职能科室,为医患双方提供一站式服务平台。

三是高效运转服务。创新"三级联调、四方联动、五位一体"工作机制。"三级联调",即"县(市)、乡镇、村居"三级联合参与医患纠纷调处;"四方联动",即以调处中心为主,卫生、公安、司法等相关部门密切配合;"五位一体",即医院内部沟通调解、医患纠纷应急处置联动、医患纠纷第三方调解、医疗责任保险和社会救助机制。具体实践中,灵活运用"模块化管理",实行"一事一策"。比如防范上,将政法委、综治办、公安局、法医、卫生院等领导小组成员部门作为最基本"单元",根据任务需要,重新组合形成合适模块、新的系统,促进各部门既各尽其责、又形成最大效应。同时,形成覆盖全市的基层调解信息网,充分发挥出基层司法所、调解员的作用。

四是加快职能转变。为转变政府职能,深化社会治理改革的需要,2013年8月,成立全国首家医患纠纷调解协会,采取政府购买服务的方式,将公共服务交由社会组织承担,今后将医患纠纷预防和处置的工作转由协会管理,突出第三方性质,这样协会成为处置矛盾纠纷的缓冲带,避免了党政机关与群众发生直接冲突。这种做法是政府回归行业监管本位的改革上迈出了可喜的一步。中华全国人民调解员协会贺信称:"南平市发动成立全国首家医患纠纷调解协会,具有重要的意义,希望南平市医患纠纷调解协会为全国医患纠纷人民调解工作提供新鲜可借鉴的经验。"

第二,注重综合施策,预防处置"双轨并重"。

一是突出宣传预防,重在关口前移。坚持"预防为先,发现在早,化解在小"原则,改变调处中心只能事后调处,事前无能为力状况。一是做活宣传。坚持送法下乡、进村入户、专题讲堂、人员培训、模拟演练等预防宣传工作。二是做好预警。建立纠纷排查预警制度,组织定期走访,集中排查易发环节,指导完善预防措施;建立医疗责任追究制度,对过失责任科室和个人,采取法律、行政、经济等手段处罚,发挥责任追究的警示作用;建立"急、难、危、重"病人谈话报告制度,提高患者对疾病诊疗的风险性认识,减少因信息不对称而产生纠纷问题。三是做实预防。拓展源头,编制简报、宣传手册,建立舆情通报制度,及时反映工作动态;建立医患纠纷预防处置预案、工作分析会和调处回访制度,提升对医患纠纷的发生规律,医院在医疗质量、医院管理、服务过程中问题的综合分析水平。

二是强化现场应急,实现分级处置。医患纠纷现场中,坚持"现场处置三原则",即在医院不谈责任;在医院不谈价钱;移尸至殡仪馆,确保医院正常秩序和医护人员安全。针对现场不同类型纠纷情况,实施分级现场处置预案。即医患纠纷发生后,医院立即启动投诉调解机制,力求把医患纠纷化解在初始阶段;在医院劝导无效情况下,调处中心立即组织调解员赶赴现场,指导医院按要求封存病历,引导当事人到中心依法调解;出现患方不愿到中心,聚集医院发生群体性事件时,按属地管理原则,应急小组立即调集公安、卫生等部门,以及患方所在单位、所在乡镇(街道)主要领导赶到现场,共同开展工作,同时发挥全市调解员网络优势,及时收集当事人信息,为调解工作提供参考依据;倘若发生重大群体性事件时,公安部门将依法予以果断处置,对借机挑头闹事的"医闹"人员,依法予以严惩。

第三,注重公平公正,力争医患"双方满意"。

一是坚持阳光操作,提供专业化服务。为医患双方实行无门槛专业化服务,提供咨询、受理、调解等过程全免费。具体采取"点调制":(1)医患双方可自主选人民调解、仲裁调解、行政调解、司法调解等方式;(2)医患双方可自主选择调解员,患方调解中,只要理由正当,可更换调解员;(3)医、患、调处中心三方可自主选择医学专家,体现咨询意见公正性;(4)医患双方可自主选择法学专家。同时,对影响调解公正性的有利害关系,实行调解员回避制度;在立案审批、初查报告、调解意见、结案报告等环节,建立报告、集体讨论决定制度,保证调解依法公平公正进行,提高调处中心公信力和调处效率。

二是坚持"四项原则",依法依规调解。调解中严格按照《人民调解法》、《侵权责任法》,坚持"四项原则":(1)分清责任原则,在发生纠纷时,根据不同情况科学界定过错责任:一般纠纷由医学专家对责任情况做出初步评判,在此基础上做好医患双方的解释劝服工作;较疑难的纠纷,组成专家组提供咨询意见,作为调解员查明事实和区分责任的参考;重大纠纷时,即对请求赔付金额在10万元以上的,通过医疗事故技术鉴定,并根据鉴定结论进行调处;(2)过错赔偿原则,按照《侵权责任法》规定,坚持"大错大赔、小错小赔、无错不赔"原则,在查清事实、分清责任后,依过错大小决定赔偿金额。自中心成立以来,大约有23%案件没有赔偿;(3)依法赔付原则,查清事实,分清责任后,按照规定的范围、项目、标准,计算赔偿数额,在此基础上组织进行调解,使调解协议有充分事实和法律依据;(4)公平赔偿原则,对造成医院公共财物损坏,危及人员安全的,由物价部门评估鉴定、出具公函,作为医院损失证据,要求患方赔偿。自中心成立以来,患方因打砸医院赔偿16起。

三是创新赔付方式,及时履行协议。设立医患纠纷理赔专项资金和应急资金制度,根据医疗机构等级、门诊量、床位数、三年来的年平均赔付额,合理确定医院上缴额度。中心开设专账管理,赔付做到当天调结,立即支付赔款,保证协议及时落实。对特困患者,启动应急资金,视具体情况开展辅助性手段救助。经双方调解达成一致后,参照司法部人民调解文书格式制作调解协议。同时,人民法院对医患纠纷人民调解协议书予以司法确认,提高了调解法律效力。

上述尝试取得了显著成效。

一是推进了"平安医院"的建设。中心以第三方性质介入调解医患纠纷,形成"缓冲区",把医患纠纷从医院内冲突转移到中心调解,避免"医闹"现象发生,为医患双方搭建"公信"服务平台,既保护患方合法权益,也缓解医院的压力,保证正常秩序;对医务人员来说,有了调处中心,避免了与患方直接冲突,有力维护医务人员的合法权益和人格尊严。六年来,全市接受来电来访咨询2.4万余人次,经沟通疏导,不需要受理而化解矛盾的5361件,受理立案979件中,已调解950件,调解成功率和协议履行率均为100%。在全国医患纠纷时有发生中,我市却呈逐年下降的趋势。

二是维护了医患双方的合法权益。"南平解法"解开了医患纠纷死结,在参与医疗纠纷调处过程中,调处中心始终坚持依法、公平、公正原则,注重调解程序,做到快则三天内调结,慢则不超过一个月,受到广大患者和医院的欢迎和肯定。截至目前,在调解中,未发生患方有过激行为;已调解结案中,医患双方也均无一例提出反悔,实现"案结事了人和"局面。医方普遍对此表示认同,患方也表示信服,有的医院和患方还给调处中心送来锦旗、牌匾,以示感谢。在政风行风热线评议中,广大市民群众对调处中心和医院的工作给予满意评价。

三是促进了依法调处纠纷的氛围形成。从调处中心成立以来,市委、市政府高度重视,各地各部门和广大群众积极配合,有利推动医患纠纷调处工作。这六年来,当地党委、政府主动投入专项经费近1000万元,划拨专门办公场所、配备应急车辆、解决专项编制和职级,先后从调解一线提任处级干部5名。可以说,成立的领导小组规格之高、中心力量配备之强、提拔任用力度之大。中心围绕宣传引导,印发份手册和图片资料28万余,《医患纠纷调处简报》136期,出动宣传车85车次;对医院负有责任纠纷累计处罚达到6.6万元,延迟晋升1人,暂停执业1人;对扰乱医院正常秩序的,立案查处21件,打击处理85人,医院停尸设堂、摆花圈、拉横幅等不文明行为明显减少。全市24家医院按照有场所、有牌子、有人员、有制度、有设备"五有"标准,建立投诉调解工作室,及时做好与中心对接工作。经各方面的共同努力,广大患方对"南平解法"第三方调解工作机制有了更深刻了解,改变了以往"不闹不赔、小闹小赔、大闹大赔"的错误思想,目前85%以上的纠纷都是患方主动到中心要求调解,形成了依法调处医患纠纷的良好社会氛围。①

4. 社会体制创新的基本原则

社会体制创新,一方面就是要进一步优化社会治理主体格局,从单纯重视党委政府作用向党委政府与社会多元主体共同治理转变,既发挥党委、政府的领导和主导作用,又要鼓励和支持社会各方面参与,包括各类社会组织、企事业单位和公民个人参与社会治理,充分发挥多元主体各自应有的功能和作用,使多元主体良性互动,形成社会治理整体合力。另一方面就是加强社会保障与公共服务体系、利益协调体制、社会组织体制等方面的支撑体制建设。

第一,坚持以人为本,促进社会治理理念更新。创新社会治理模式,维护社会稳定,首先要坚持以人为本的理念,这样才能最大限度地凝聚心力,更好

---

① 《南平市创新医患纠纷第三方调解机制》,http://leaders.people.com.cn/n/2015/0724/c395832-27357112.html。

地推动改革开放和现代化建设事业,才能使改革开放的成果惠及最广大人民群众。社会发展依靠谁、发展成果由谁享、发展成果怎么享是社会建设治理的基本问题,改革发展要以人为导向,努力释放社会发展空间,使公民不断得益于改革发展的红利,不断促进人的自由全面发展。

第二,坚持社会公正,反对两种"倾向"。社会公正是社会管理的一个基本命题,是对社会结构、社会制度和政策、社会行为及其结果合理性的基本评价。社会公正体现了制度和政策的原则性,以社会公正的原则性(刚性)来守护社会管理的软环境。如果说以人为本理念是培养社会群体心理和营造社会管理软环境的宏观指导,那么,社会公正就是中观设计和取向。社会公正是社会治理领域的"中庸"思想,要预防和反对两种极化思想:一种是极化、偏富的思想;一种是平均主义、民粹主义的思想。

第三,构建"五位一体"的大社会治理体系。党的十八大报告提出:"全面落实经济建设、政治建设、文化建设、社会建设、生态文明建设五位一体总体布局。""五位一体"是现代化建设的总布局,是现代化建设蓝图的展开,也是大社会建设框架的搭建。社会是一个大系统,创新社会治理模式,不能局限在单纯的社会建设方面,应确立大社会观念,构建大社会治理体系,以社会建设为主轴,以经济建设为基础,以政治建设和文化建设为两翼,以生态文明建设为支撑,通过经济、政治、文化和生态文明建设为社会建设创造条件,以社会的和谐稳定为其他方面搭桥筑基,促进小社会建设和大社会建设的协调发展。①

5. 社会体制创新的基本举措

第一,加快形成党委领导、政府负责、社会协同、公众参与、法治保障的社会管理体制。

社会管理体制是社会体制的重要组成部分,是围绕社会管理活动所建立的一系列制度、规范和措施,目的是为了处理社会事务,协调社会利益关系,解决社会问题,化解社会矛盾,满足公众正当的社会需求,保障社会有序运行,维护社会和谐稳定。按照党的十八大报告的要求,要围绕构建中国特色社会主义社会管理体系,加快形成党委领导、政府负责、社会协同、公众参与、法治保障的社会管理体制,其关键是要正确处理党、政府和社会之间的关系。党和政

---

① 张永杰:《建构与转型时期相调适的社会治理模式》,《党政论坛》,2016年第3期。

府首先要转变社会管理的行政理念与方式。行政理念要从管制向服务转变，管理手段要从人治向法治转变，行政执法要从运动式执法向制度执法转变，管理队伍要从职业化向专业化转变。同时，党和政府还要明确自己在社会管理过程中的职责权限。政府要为公众创造和扩展参与社会管理的空间，并切实做到不与民争利，这也是实现公众参与社会管理的前提。

在这社会管理格局中，党委领导是根本，政府负责是前提，社会协同是依托，公众参与是基础，法制保障是制度前提。通过政府与社会的良性互动，实现政府、社会、公民的共治，已成为当代重要的社会治理模式。在社会建设和管理中，党委领导主要是坚持党委领导的核心作用，表现为统筹兼顾，在经济和社会发展中总揽全局、把握方向、整合力量、兼顾各方，提高引领社会、组织社会、管理社会、服务社会的能力。

政府主导，强化政府社会管理和公共服务职能，建设服务型政府，提高服务型管理能力。政府在社会治理中的主导作用主要体现在：制定相关社会治理规制、政策和标准体系，制定与实施社会建设总体规划和专项规划，提供社会治理基础设施和公共产品服务，依法行政和依法监管，维护社会良好秩序、保障公共安全等。目前，我国政府治理存在的突出问题是："全能型政府""管制型政府"在地方还大量存在，政府社会治理缺位现象还较为普遍；公共权力运行不够规范，依法监管意识和能力薄弱。为此，要全面正确履行政府职能，加快转变政府职能，推动政府职能向创造良好发展环境、提供优质公共服务、维护社会公平正义转变；政府向市场放权，在更大程度内和更广范围内发挥市场在资源配置方面的决定性作用，要进一步减少和规范经济领域的行政审批，打破行政垄断；改进政府提供公共服务方式，推广政府购买服务，凡属事务性管理服务，原则上要向社会放权，都可以通过合同、委托等方式向社会购买。还要建设效能型政府，增强政府公信力、执行力和服务力，建设人民满意政府。

社会协同与公众参与，就是要发挥社会力量与公民个体的作用。社会组织是社会力量的重要主体，是解放和激发社会发展活力的重要能量。政府要向社会放权。现代社会治理需要更加重视充分调动和发挥社会组织的桥梁作用，实现政府与社会组织的合作共治。现阶段我国社会组织管理体制存在不少弊端，解决这些问题，一要加快实施政社分开，规范发展现代社会组织体系，推进社会组织明确权责、依法自治、发挥作用。其中要加快社会组织"去行政化"改革,建立完善的法人治理结构,使之成为"公益性、专业性、独立性"的社会组织,提高其提供公共服务的效率。二要加快形成现代社会组织体制,改革社会组织管理制度,降低社会组织登记门槛,使之做到权责明确、依法自治。三要营造良性社会生态,发展合作关系。在国家与社会、政府与社会、社会组织与社会组织、社会组织与公众之间建立一种广泛、平等的合作关系,构建开放型现代社会组织生态系统。四要强化各类企事业单位的社会治理责任,使它们发挥在社区建设、安全生产、处理劳资关系、发展公益事业、促进社会和谐稳定方面的重要作用。公众参与就是要发挥群众参与社会管理的基础作用,法治保障就是要坚定不移地落实依法治国的基本方略,确保社会在法治的轨道上良性运行。① 最后还要赋予社区更大的自治权,将社区打造为基层公共服务和社会管理的重要平台。

第二,加快推动社会治理的法治化进程。

一是完善社会主义法治体系建设,使社会治理运行在法治的轨道上。社会治理首先依赖于完善的法律体系,依赖于良好的法律运行环境。完善的法律为社会治理提供明确的规则与制度安排,良好的法律运行环境使得制度与规则能够切实地发挥作用,通过良好的制度与规则的运行,国家能力才能有效地转化为现代化的治理能力。同时,在赋予国家足够的治理能力时,还应限制公权力对法律的僭越,进而侵害私权,以实现国家治理能力与公民权利保护之间的理性平衡,促使权力向善,达致社会的安定与和谐。

二是通过法治实现多元化社会治理的顶层设计。第一要加强协商民主建设。《中共中央关于全面推进依法治国若干重大问题的决定》(简称《决定》)明确提出,要加强社会主义协商民主制度建设,推进协商民主广泛多层制度化发展,构建程序合理、环节完整的协商民主体系。尤其应当强化政协的协商民主实践功能,更好地发挥其沟通政府与公民的中介作用。第二要建立多元化的治理构架。通过制度性设计,保障多元社会主体有序参与社会治理。第三要加强立法。《决定》提出要加强社会组织立法,规范和引导各类社会组织健康发展。应借此契机,加快推进《社会组织法》的制定,通过《社会组织法》简化社会组织设立程序,赋予社会组织在社会治理中的作用,使社会组织参与到社

---

① 魏礼群:《积极推进社会治理体制创新》,《光明日报》,2014 年 6 月 20 日。

会治理当中来。同时应在法律中明确公民在社会治理体系中的主体地位,赋予公民主体性表达权、主体性创设权、主体性参与权以及主体性监督权,增进公民主体性地位保障设计,以法治推进以公民为主体的社会治理体系进程。

三是通过法治引导社会走向成熟与稳定。成熟与稳定的社会能够为社会组织的发展提供必要的土壤,也能为公民个人权利意识的提高,参与公共事务能力的提升提供必要的条件。从某种程度上说,多元化社会治理的成败,最终取决于公民个人的参与能力和参与水平。要促进社会的成熟与稳定,首先应保障平等与自由,实现社会的良性、有序竞争,同时应合理差别对待,加强对弱者的保护,防止两极分化;其次应简政放权,减少政府的审批权,赋予市场更大的自主性,以释放更多的活力;最后需要提升法治教育水平,提高公民权利义务意识。①

简而言之,以法治来实现多元化的社会治理结构与制度安排,多元主体在统一、权威的法律规则之下分工协作、运转自如,是通过法治的社会治理的理想局面。

第三,形成全覆盖、保基本、多层次、可持续、激励性的社会保障体系。

社会保障制度是现代国家一项重要的社会经济制度,主要包括社会保险、社会救助、社会福利和慈善事业等内容。社会保障制度建设关乎基本民生改善和社会公平正义,是实现基本公共服务均等化的重要体现。

党的十八大把社会保障全民覆盖作为全面建成小康社会的重要目标,要求坚持全覆盖、保基本、多层次、可持续方针,以增强公平性、适应流动性、保证可持续性为重点,全面建成覆盖城乡居民的社会保障体系。全覆盖,就是要加快建立覆盖城乡居民的社会保障体系;保基本,就是要确定适度的保障水平,要与经济发展水平相适应;多层次,是指社会保障要包括基本保障和补充保障。基本保障是指政府提供的各保障项目,诸如生活保障、住房保障、生育保障、教育保障、就业保障、养老保障等只是为社会成员提供基本保障,不可能是太高水平和层次的保障;补充保障是指在基本保障基础上,充分利用市场机制和社会力量包括家庭、用人单位、社会团体和民间组织等发展的保障事业;可持续,指社会保障的各项制度要能够长期持续健康地运行。

---

① 张红、王世柱:《通过法治的社会治理》,《中国高校社会科学》,2016 年第 2 期。

要构建现代社会保障体系,必须坚持从基本国情出发,以实现社会保障全覆盖、保基本为优先目标。目前决定我们社会保障制度的基本国情,是"人口多,底子薄,差距大,老得快,历史长"①。具体来说,我国正处于并将长期处于社会主义初级阶段,生产力发展水平总体上不高,因此我们的社会保障制度只能从低水平起步,保障人民群众的基本需求;我国人口较多,这就要求在社会保障体系中要注重公平原则,要推进公共服务均等化;我国地域广阔,城乡差别和地区差别较大,这就要求政府采取灵活的政策,在确保社会保障制度的总体性和统一性的基础上,充分考虑城乡、地区之间经济发展水平的不平衡性并采取适宜的政策,在保障基本需求之外,允许并鼓励较高层次的保障;我国已进入老龄化社会,因此在社会保障方面要大力发展适合老龄社会的服务业;长期以来,我国都是由政府统一治理社会,这一历史背景决定了现代社会保障制度同样不能完全脱离政府,而是要坚持政府主导与社会参与相结合。政府既要在社会保障制度建设上发挥主导作用,同时要充分调动社会各方面的积极性,发挥社会组织自我管理和自我服务的作用。

借鉴新加坡经验,构建具有激励性的社会保障体系。新加坡的社会保障体系主要由社会保障和社会福利两大块组成。在构建社会保障和社会福利政策上新加坡政府坚持以民为本,注重民生导向,政府在确保不会有任何人被社会所遗弃的同时,协助人们自力更生,不推行无限制的福利制度。按照"效率优先,机会平等"的价值理念而设计的,在以关注公平为主的传统社会保障模式中增加了更多的效率机制。在社会福利政策上,政府推行了以工作福利导向的社会福利政策而非福利救济,例如"就业入息补助计划",鼓励就业自力更生,收入越低,年龄越大,补助就越高。对低收入家庭不以救济金的形式补助,而是在水电费、就业等方面予以补助和帮扶。在社会保障政策上,政府实施以"预防为主"的社会保障政策。包括新加坡的立国之本,即"中央公积金制度和居者有其屋"计划,除此之外还有就业奖励花红和培训计划,并称新加坡社会保障的四大支柱。以社会福利政策托底,社会保障政策支撑,构建起新加坡完善的全方位的可持续的社会保障体系。在极具特色的社会保障体系

---

① 胡晓义:《快建立覆盖城乡居民的社会保障体系》,《中国发展观察》,2010 年 7 月 7 日。

的成功实施之下,民众的生活环境有了极大的保障和改善,同时客观上起到了鼓励和激发民众自力更生勤奋工作的作用,是新加坡实现社会和谐的内在稳定器。①

第四,加快形成政府主导、覆盖城乡、可持续的基本公共服务体系。

保障和改善民生,是社会体制改革的出发点和落脚点,要使社会成员学有所教、劳有所得、病有所医、老有所养、住有所居,必须加快形成政府主导、覆盖城乡、可持续的基本公共服务体系,这是完善社会管理体制的重要途径。基本公共服务范围,一般包括保障基本民生需求的教育、就业、社会保障、医疗卫生、计划生育、住房保障、文化体育等领域的公共服务,广义上还包括与人民生活环境紧密关联的交通、通信、公用设施、环境保护等领域的公共服务,以及保障安全需要的公共安全、消费安全和国防安全等领域的公共服务。

当前,我国城乡公共服务水平差距较大,农村教育、医疗、社会保障等公共服务投入不足,水平仍比较落后,要形成政府主导、覆盖城乡、可持续的基本公共服务体系,重点应该缩小城乡公共服务水平差距,努力实现城乡基本公共服务均等化。首先要健全农村公共服务投入机制。在充分发挥市场配置资源决定性作用的同时,更好地发挥政府在农村基本公共服务供给方面的主导作用。要调动民间资本、社会组织参与农村公共产品供给的积极性,加大农村公共财政投入力度,增强农村公共产品供给能力;其次,建立健全以医疗保险和养老保险为主的农村社会保障制度,消除农民的后顾之忧,这也是农村公共服务发展的重点。目前,中国人口老龄化加速发展,老年人口基数大、增长快并日益呈现高龄化、空巢化趋势,而老龄问题的重心和难点又在农村。由于农村物质基础比较薄弱,农村老人的社会福利和保障待遇较低,农村人口老龄化面临的问题更为严峻。因此要逐步提高新型农村合作医疗保险和新型农村养老保险的水平和标准,并逐步与城镇基本医疗和养老保险制度相衔接;根据农村不同群体的实际,设定不同的保障标准,让务农农民、农民工、失地农民、城镇非正规就业群体等均可依据自身筹资能力和保障意愿选择参保档次;完善城乡社会保险的转移接续制度,促进劳动力自由和有序流动。

---

① 曾巧:《新加坡社会治理的经验及其对重庆的启示》,《重庆行政(公共论坛)》,2016年第1期。

第五,加快形成促进社会和谐、维护公平正义、激发社会活力的社会利益调节机制。

公平正义自古以来就是人类追求美好社会的一个永恒主题,是社会发展进步的一种价值取向,是建设现代公民社会的重要基石。但社会发展过程中出现的某些问题,恰恰反映出社会公平与正义的缺失。现代社会,人民的利益观不断增强,利益对每个公民都至关重要,利益分配不合理是诱发社会矛盾和问题的主要原因,建立科学合理的利益协调机制,对于维护社会稳定具有重要意义。要形成科学有效的社会治理体制,就必须创造公平正义的社会环境,加快形成促进社会和谐、维护公平正义、激发社会活力的社会利益调节机制。科学合理的利益协调机制应该包括利益诉求表达机制、利益协商机制、利益保障机制、利益调节机制。要构建涵盖初级分配、再分配、社会保障等多层次的利益分配协调机制,着重做好社会再分配和社会保障。疏浚利益分配渠道方能疏通心理渠道,利道通、心道畅,社会治理之道自然成。

健全社会利益协调机制,协调不同利益主体之间的利益关系,需要从以下几个方面着手:一是政府部门在决策时要坚持统筹兼顾、公平公正,把广大人民群众的利益作为实际工作中的出发点和落脚点,了解民意,集中民智。二是建立和完善民意表达和利益诉求机制。要继续完善各项民主制度,保障广大人民群众的话语权,及时了解、处理群众反映的问题;发挥广播、电视、报纸、杂志、互联网等大众媒体对利益诉求表达的作用,拓宽社情民意表达渠道;要建立健全工会、妇联、行业协会等社会组织,充分发挥其在利益诉求表达和权益维护方面的作用。三是建立健全公平正义的利益分配机制。要以公平正义为价值取向,无论是初次分配还是再次分配,都要处理好效率和公平的关系,要突出按劳分配的主体地位,提高劳动报酬在初次分配中的比重,并不断提高职工的最低工资标准。四是建立健全利益约束引导机制,教育引导群众树立正确的利益观和价值观,正确处理个人利益与集体立体、当前利益与长远利益的关系。五是加快司法建设,筑牢社会公平正义的最后防线。党的十八届四中全会《决定》指出:"公正是法治的生命线。司法公正对社会公正具有重要引领作用,司法不公对社会公正具有致命破坏作用。"为此必须规范司法行为,加大对司法活动的监督力度。要实现法律面前人人平等,让每位社会成员都平等地享受权利,平等地履行义务,平等地承担责任,平等地受到保护。

第六，加快形成政社分开、权责明确、依法自治的现代社会组织体制。

传统社会体制的最根本特点就是政府通过各行政化、层级化的单位对社会事业大包大揽，无所不管，要么政府不堪重负，要么社会管理领域空白，长时期内影响了我国社会管理力量的形成。因此要构建有特色的社会体制，必须要加强各种社会力量的培育，加快形成政社分开、权责明确、依法自治的现代社会组织体制。现代社会组织体制的提出，其核心要义是规范政府与社会组织的关系，确立社会组织的主体地位。

政社分开是现代社会组织体制的基本前提。社会组织要充分发挥其社会治理的职能，关键是要彻底实现其独立性。我国社会组织多数都是官办背景，是准政府组织，要使其发挥社会治理职能，必须实现政社分开，实现社会组织去行政化，政府要尊重社会组织独立的法人地位。在治理实践中，政府与社会组织都要明确自己的权责边界。在构建新型社会治理体系过程中，政府和社会组织要按自身特点和规律运作，在社会治理过程中政府与社会组织均不能错位、缺位和越位。党的十八届三中全会出台的《中共中央关于全面深化改革若干重大问题的决定》指出：正确处理政府和社会关系，加快实施政社分开，推进社会组织明确权责、依法自治、发挥作用。适合由社会组织提供的公共服务和解决的事项，交由社会组织来承担。政府向社会力量购买公共服务已成为社会治理体制创新的一种新形式。政府在社会治理中主要负责的是宏观方面的公共事务：国家安全、社会安全，为老百姓提供基本的公共服务，建立法律法规协调各方面关系。社会组织负责的是微观层面的，有些社会事务是政府无权或无力完成，就需要由社会组织去做。社会组织能做的就要放权给它去做，市场能做的就让市场来做，而政府承担的社会事务即市场和社会都无法承担的。政府和社会组织在社会治理过程中还要实现良性互动。政府对社会组织有服务监管的义务，要为其创造较好的发展环境，同时社会组织对政府也起着敦促和监督作用，促使政府对社会的各种需求负责，提高其公共服务的能力。政府与社会组织之间要加强了解，增强信任，双方均在法律制度框架内进行社会治理。

社会组织是现代社会管理的重要主体，我们要重视社会组织的培育。《中共中央关于全面深化改革若干重大问题的决定》提出要支持和发展志愿服务组织，限期实现行业协会商会与行政机关真正脱钩，重点培育和优先发展行业协会商会类、科技类、公益慈善类、城乡社区服务类社会组织，成立时直接依法申请登记。

专题四

国际形势发展的总体趋势

一、世界经济发展概况与趋势

1. 经济全球化是世界经济发展的大趋势

经济全球化(Economic Globalization)是当代世界经济的重要特征之一,也是世界经济发展的重要趋势。国际货币基金组织(IMF)认为:"经济全球化是指跨国商品与服务贸易及资本流动规模和形式的增加,以及技术的广泛迅速传播使世界各国经济的相互依赖性增强。"而经济合作与发展组织(OECD)认为,"经济全球化可以被看作一种过程,在这个过程中,经济、市场、技术与通讯形式都越来越具有全球特征,民族性和地方性在减少。"据此,可以认为,经济全球化是指世界经济活动超越国界,通过对外贸易、资本流动、技术转移、提供服务、相互依存、相互联系而形成的全球范围的有机经济整体,是商品、技术、信息、服务、货币、人员等生产要素跨国跨地区的流动。

具体可以从三个方面理解经济全球化:一是世界各国经济联系的加强和相互依赖程度日益提高;二是各国国内经济规则不断趋于一致;三是国际经济协调机制强化,即各种多边或区域组织对世界经济的协调和约束作用越来越强。

总的来讲,经济全球化以市场经济为基础,以先进科技和生产力为手段,以发达国家为主导,以最大利润和经济效益为目标,通过分工、贸易、投资、跨国公司和要素流动等,实现各国市场分工与协作,相互融合。通过经济全球化,世界经济日益成为紧密联系的一个整体。

导致经济全球化迅猛发展的因素主要有:

首先,科学技术的进步和生产力的发展,为经济全球化提供了坚实的基础。生产力作为人类社会发展的根本动力,极大地推动着世界市场的扩大。以互联网为标志的科技革命,从时间和空间上缩小了各国之间的距离,促使世界贸易结构发生巨大变化,促使生产要素跨国流动,它不仅对生产超越国界提出了内在要求,也为全球化生产准备了条件,是推动经济全球化的根本动力。特别是20世纪70年代以来的信息技术革命,不仅加快了信息传递的速度,也大大降低了信息传送的成本,打破了种种地域乃至国家的限制,把整个世界空前地联系在一起,推动了经济全球化的迅速发展。

其次,跨国公司的产生和发展为经济全球化提供了适宜的企业组织形式。它们在全球范围内利用各地的优势组织生产,大大促进了各种生产要素在全球的流动和国际分工,并由此极大地推动了经济全球化进程。

最后,各国经济体制的变革为经济全球化提供了土壤。20世纪90年代以来,传统的计划经济国家纷纷放弃计划经济体制,转而向市场经济过渡。发达资本主义国家为了摆脱经济滞胀而减弱了国家对经济的控制,加强市场机制的自发调节作用。在国际范围内,随着世界贸易组织的成立,其成员对本国或本地区市场的控制大大放松,贸易自由化和投资自由化的进程不断加快。所有这些都为国际资本的流动、国际贸易的扩大、国际生产的大规模进行提供了适宜的体制环境和政策条件,促进了经济全球化的发展。①

经济全球化的表现主要包括:

一是生产国际化。主要是指国际生产领域中分工合作及专业化生产的发展。现代生产分工已经不是国家层次上的综合分工,而是深化到部门层次和企业层次的专业化分工。这种分工在国际间进行,形成了国际生产网络体系。

二是产品国际化。也就是生产总额中出口生产所占的比重大大提高,直接表现为现代国际贸易的迅速增加。世界上几乎所有的国家和地区以及众多的企业都以这种或那种方式卷入了国际商品交换。现在的国际贸易已占到世界总生产额的1/3以上,并且还在稳步增长。国际贸易的商品范围也在迅速扩大,从一般商品到高科技产品,从有形商品到无形服务等几乎无所不包。

---

① 百度百科"经济全球化"词条:http://baike.baidu.com/link? url＝iBXZKmmdwsW－U_Br8YE1AKbWiUxuW3uDQ9xMDXT_4BfD7EBuz5HGjlNKqfhIUNIZ。

三是贸易自由化。随着全球货物贸易、服务贸易、技术贸易的加速发展，经济全球化促进了世界多边贸易体制的形成，从而加快了国际贸易的增长速度，促进了全球贸易自由化的发展，也使得加入到 WTO 组织的成员以统一的国际准则来规范自己的行为。

四是金融国际化。生产和产品的国际化使得国际资金流动频繁，大大促进了投资金融的国际化。为适应国际化的潮流，各国放宽了对投资金融的管制，甚至采取诸多措施鼓励本国对外投资的发展。金融投资的国际化反过来又会促进生产和产品的国际化。

五是技术全球化。一方面，由于各国在科技发展水平上的不平衡，企业为了获得先进的科技成果，各国间设立研究与开发据点便成了一种趋势，以至于许多企业形成了全球范围内的研究与开发网络，从而促进了研究与开发组织体系的国际化。另一方面，由于现代科技发展以高科技开发为中心，而高科技研究开发投入高、风险大，使很多企业感到力不从心，所以形成了越来越多的国际联合开发，这是现代技术开发活动国际化的又一显著特征。[①]

经济全球化有利于资源和生产要素在全球的合理配置，有利于资本和产品在全球流动，有利于科技在全球的扩张，有利于促进不发达地区经济的发展，是人类发展进步的表现，是世界经济发展的必然结果。它推动了全球生产力大发展，加速了世界经济增长，为少数发展中国家追赶发达国家提供了一个难得的历史机遇。

与此同时，经济全球化也加剧了国际竞争，增多了国际投机，增加了国际风险，并对国家主权和发展中国家的民族工业造成了严重冲击。更为严重的是，在经济全球化中，由于实力不同，发达国家和跨国公司将得利最多，而发展中国家所得甚少。因此，发展中国家与发达国家的差距将进一步拉大，一些最不发达国家将被排除在经济全球化之外，越来越被"边缘化"，甚至成为发达国家和跨国公司的"新技术殖民地"。

经济全球化已显示出强大的生命力，并对世界各国的经济、政治、军事、社会、文化、思维方式、生活方式等方面都造成了巨大的冲击。这是一场深刻的

---

① 　MBA 智库百科"经济全球化"词条：http://wiki. mbalib. com/wiki/% E7% BB% 8F% E6% B5% 8E% E5% 85% A8% E7% 90% 83% E5% 8C% 96。

革命,任何国家也无法回避,唯一的办法是尽可能去适应它,积极参与其中,在历史大潮中接受检验。经济全球化是一把"双刃剑",既是机遇,也是挑战。特别是对经济实力薄弱和科学技术比较落后的发展中国家,面对全球性的激烈竞争,所遇到的风险、挑战更加严峻。经济全球化中急需解决的问题是建立公平合理的新的经济秩序,以保证竞争的公平性和有效性。

2. 当前世界经济呈持续低速增长态势

2007—2008 年全球金融危机(Financial Crisis of 2007 - 08),又称世界金融危机、次贷危机、信用危机,是一场在 2007 年 8 月开始浮现的金融危机。这场危机使全球金融系统面临了自 1929 年以来的最大挑战。导致这次全球性金融危机最直接的原因是美国房地产市场泡沫的破裂,具体原因包括宏观调控不当、房地产市场失衡、贫富差距加大、消费信贷迅速膨胀等。

美国金融危机爆发后,大量金融机构遭受巨额损失,股价惨跌,直接对股市大盘造成冲击。受危机影响,2008 年 7 月,美国房贷两大巨头房利美、房地美被政府接管;9 月,世界最大公司美国国际集团公司寻求政府保护;紧接着,美国五大投资银行均遭到重创,雷曼兄弟公司破产,这标志着 2007 年开始的次贷危机终于将美国拖入自 1929 年以来罕见的严重金融危机。①

美国金融危机全面爆发后,从美国纽约到英国伦敦,从法国巴黎到德国法兰克福再到日本东京,西方主要经济主体的股市动荡不已,总体持续下跌势头。到 2008 年 9 月,美国次贷危机愈演愈烈,并逐步升级为全面的金融危机,西方主要经济体的股市遭到更大压力,频频出现暴跌。并且,危机已从金融领域扩展到实体经济领域。受出口需求减少、信贷紧缩等不利因素影响,发达国家的经济已全面进入衰退。因此,有学者将这次金融危机与上个世纪 30 年代的"大萧条"相提并论。

随着西方国家经济危机的逐步加深,对我国出口的影响也越来越大,我国制造业因国内外经济形势的变化受到较大冲击。制造业的投资环境恶化,大批资本进入正红火的房地产市场,最终进入了加速房地产泡沫,排挤制造业的恶性循环之中。

为缓解危机,挽救岌岌可危的经济形势,各国政府均采取了不同程度的救

---

① 维基百科,http://zh. wikipedia. org/wiki/2007 年 - 2008 年環球金融危機。

市措施,取得了一定成效。如今,距国际金融危机的爆发已过去七八年时间。当前呈现在我们面前的世界经济总体图景是,全球经济维持低速增长,而推动增长的力量格局在改变。世界经济在继续向下滑行了一段时间后,终于进入整体复苏阶段,但前景喜忧参半,发达国家和发展中国家之间的增速差距将进一步缩窄。

从当前形势及发展态势看,美国经济好转迹象增多,房地产市场持续回升,就业形势继续有所好转,美联储继续实施宽松货币政策,总体有利于经济继续复苏。欧元区经济走出衰退的难度依然较大,虽然欧债危机趋于缓解、金融市场信心有所增强,但失业率持续攀升、重债国金融机构资产负债状况恶化、削减财政赤字和实施结构性改革仍将拖累经济复苏。日本经济复苏虽然仍会受到诸多因素制约,但在扩大公共开支、量化宽松货币政策不断加码,以及政府诱导日元贬值等因素作用下,有望维持低速增长。新兴经济体仍将受到外需低迷和内生动力减弱的制约,但主要国家加大结构调整力度和积极扩大内需,经济增速持续放缓态势有望得以扭转。

在世界经济出现回暖的背景下,全球金融形势明显好转。同时,也应当看到,世界经济复苏基础仍不稳固,金融市场缺乏实体经济的有力支撑。这些因素都会影响投资者信心和金融市场稳定,全球金融市场再度出现动荡的可能性仍然较大。

目前,美国经济继续复苏,主要表现在私人消费增加、就业持续改善、房地产市场进一步复苏、制造业景气指数回升等几个方面。除上述积极因素外,量化宽松货币政策仍将助推经济增长。然而,自动减支仍将对经济增长产生负面影响。一是政府支出减少将直接拖累经济增长;二是政府裁员将影响就业;三是公共服务减少和税收增加将影响私人消费和企业投资;四是两党围绕"增税""减支"和债务上限问题的博弈可能冲击市场信心。但总体而言,美国经济仍处于持续复苏通道。

欧元区经济段时间内仍难摆脱负增长。一是占欧元区经济总量1/3的德国经济尚未明显复苏,对欧元区经济的带动作用明显减弱;二是欧元区失业率屡创历史新高,居民实际可支配收入下降,将继续制约私人消费增长;三是银行资产负债状况仍在恶化,德、法银行资产负债表有待进一步修复,企业融资仍面临较大困难。

欧债危机总体有所缓解。欧盟委员会授权欧央行自2014年中期开始监管欧元区银行业,从而促进欧盟银行业监管统一化进程进一步加快,有利于改善欧元区金融机构的资产负债状况。欧元区金融市场趋于稳定,也有利于增强消费者和投资者信心,使金融机构对实体经济的信贷规模也将逐渐回升,加之欧央行货币政策也有利于刺激经济复苏,欧元区经济还是有可能逐步企稳回升。

日本经济有望维持缓慢增长态势。首先,私人消费仍是拉动经济增长的主要动力;其次,公共投资仍将持续增长;第三,世界经济形势有所好转、日元大幅贬值,有利于扩大出口,贸易逆差扩大趋势有望得到控制;第四,"双宽松"政策有利于经济扩张。目前看,日本经济增长依然面临一些制约因素。一是通货紧缩仍将抑制消费和投资。二是产业对外转移步伐加快,产业空洞化程度加剧。三是电力短缺尚无根本解决办法,能源进口刚性需求导致贸易收支难以显著改善。四是人口老龄化和财政负担过重,制约财政政策的实施空间。

与此同时,新兴经济体有望企稳回升。印度、巴西、俄罗斯等主要新兴经济体将继续通过降低企业税负、扩大基础设施投资、维持较为宽松的货币政策等措施促进经济增长。外部市场环境的缓慢改善亦有利于拉动新兴经济体出口增长。但是,新兴经济体仍面临高通胀、结构性矛盾突出等诸多挑战。[1]

2014年,世界经济复苏形势基本得以巩固,劳动力市场持续改善,物价稳中有降,公共债务水平总体稳定。与此同时,各经济体经济增速分化加剧,国际贸易与对外直接投资仍处于低速增长通道,大宗商品价格波动显著。多个有重要影响的事件引起了广泛关注,包括国际油价暴跌、俄罗斯卢布贬值以及欧元区经济疲软等。值得注意的是,日本、俄罗斯和欧元区经济在这一年中乏善可陈,难以走出经济困境;而美国的复苏势头非常明显,引发各界瞩目。[2]

2015年世界经济增长低于普遍预期,发达经济体增速继续回升,但回升势头减缓,新兴市场与发展中经济体增速加速下滑,全球经济增长率比2014年有所下降。美国、欧元区和日本三大主要发达经济体增速有所上升,其他发达经

---

① 毕吉耀等:《2013世界经济形势分析》,http://www.chinareform.org.cn/open/economy/201305/t20130523_167693.htm。

② 《2015世界经济形势展望》,http://www.qstheory.cn/zhuanqu/rdjj/2015 - 01/19/c_1114049295.htm。

济体增速显著下降。需要说明的是,美国金融危机以来,美国、欧元区和日本合计 GDP 在发达经济体 GDP 中的比重不断下降,主要是欧元区和日本的经济疲软造成的。2015 年,新兴市场与发展中经济体整体增速下滑程度加大,俄罗斯、巴西等国陷入负增长。新兴市场与发展中经济体 GDP 增速持续下滑,而且下滑幅度继续扩大。这主要是由俄罗斯、白俄罗斯、乌克兰等国和拉美和加勒比地区的绝大部分国家增速下滑造成的。新兴市场和发展中亚洲经济体仍然是世界经济增长最快的地区,但比 2014 年增速略有下降,这主要是由于中国、印度尼西亚和马来西亚等经济规模较大的新兴亚洲国家出现了不同程度的经济增速下滑。但是在增速下滑的亚洲,仍然存在着增长亮点,例如印度和越南。新兴市场和发展中欧洲地区增速有一定程度的提高,但是整体增长率不高,增速改善不明显。①

二、世界政治发展概况与趋势

1. 当前国际局势总体保持稳定,同时局部性冲突层出不穷

当前,大国关系继续以合作为主调并保持相对稳定,求和平、促发展成为世界主流。中美关系在台湾问题、经贸问题等方面面临新的考验,但双方的合作领域与共同利益仍在扩大,双边关系中的相互依存性进一步加强;中俄、中欧战略伙伴关系进一步巩固,合作关系继续加深;中日政治关系虽因日政界对二战态度、双方领土争端等问题而受到较大干扰,但双方经贸合作、文化交流和民间往来仍然高潮迭起;中印政治与经济关系均保持积极态势,对促进地区的和平与发展具有重要意义。相对稳定的大国关系,反映和平与发展作为当今世界的主流不可逆转。

然而,当前国际形势亦有相当严峻的一面,当今世界还很不太平。地区性的战争和暴力冲突此起彼伏,局部性的动荡与紧张有所加剧,和平与发展面临的问题愈加紧迫。局部性的战乱、动荡与紧张对世界和平、稳定与发展带来严重冲击。

其一,不同程度地破坏甚至摧毁了有关地区的和平与发展环境。这不仅使一些地区的人民置于水深火热之中,而且使这些地区与世界其他地区的发

---

① 《2016 年世界经济形势分析与预测》,社会科学文献出版社 2015 年版,第 3 - 5 页。

展水平拉大,导致世界发展不平衡问题进一步加剧。其二,间接影响了整个世界的发展环境。如今国际石油价格居高不下,相当程度上是由于国际冲突和国际地缘政治因素中的不确定因素引起的。其三,增添了大国关系中的隐患,从而威胁整个世界的和平与稳定。当今许多局部冲突和地区争端都发生在国际地缘政治和地缘经济的敏感地带,直接间接牵动世界主要国家在这些地区的战略利益。事实上,在当今多数地区性冲突的背后,都有不同大国之间的利益角逐。地区性冲突、战乱的增多和加剧,必然导致大国利益关系的复杂化,对大国关系构成负面冲击,在一定情况下甚至有可能引起大国之间矛盾的激化,不利于世界的和平与稳定。①

2. 世界整体局势一超多强,多极化趋势进一步发展

世界多极化是指在一定时期内对国际关系有突出影响的国家和国家集团相互作用而趋向于形成多极格局的一种发展趋势,是对主要政治力量在全球实力分布状态的一种反映。第二次世界大战后,世界格局的演变,经历了从两大阵营对立到美苏两个超级大国争霸全球,再到两极格局终结、走向多极化的曲折发展过程。冷战结束以来,世界格局走向多极化的趋势越来越清晰。一个超级大国和多种力量并存,是多极化格局最终形成前的较长过渡时期内世界力量对比的基本态势。

2008 年国际金融危机爆发后,国际力量对比发生新的此消彼长,世界多极化趋势更加明朗。大国关系新一轮调整的主线是既竞争又合作,大国之间的协调合作明显增多,相互关系的务实性和稳定性有所上升,但利益差异不会消失,矛盾与摩擦也不可避免。新兴大国崛起作为当今世界最重要的发展趋势之一,有利于推动国际力量对比朝着相对均衡的方向发展。但从总体上看,西方在经济科技上占优势,在国际体系中仍处主导地位,这一格局短期内还难以根本改变。

"第二次世界大战"极大地改变了世界范围力量的对比。自资本主义兴起以来一直处于中心地位的西欧被严重削弱,美国崛起,成为超级大国,爬上了资本主义世界霸主的地位。

---

① 《当前国际形势的特点和走势及其对我国的影响》,http://www.hbrc.com/rczx/shownews – 2977434 – 20. html。

　　大战期间,美国由于有两大洋作为天然屏障,战争远离本土,生产能力没有受到破坏。不仅如此,美国经济由于受到世界范围内大量军火和粮食需求的刺激而急剧增长。1940—1944年,美国工业增长速度每年平均达16.9%。1945年同1939年相比,美国工业生产能力扩大了约40%,国民生产总值从886亿美元上升到1350亿美元。战后初期,美国拥有资本主义世界工业生产产量的一半以上、黄金储备的3/4、谷物收获量的1/3,经济与政治影响大大加强。与此同时,其主要竞争对手被严重削弱,不得不仰仗于美国的援助。

　　美国作为二次大战的主要参战国之一,凭借强大的经济后盾,军事实力也急剧膨胀。战后初期,美国在56个国家驻有军队,在国外建立了484个军事基地,还垄断了原子武器。美国已成为全球性军事强国,它的军事力量不仅在资本主义世界,而且和苏联相比也处于明显优势。

　　在科学技术方面,美国也处于世界领先地位。二次大战期间,出于战争的需要,美国政府集中大量人力物力从事科学研究,1941—1945年间,受雇从事研究工作的科学家从8.7万人增加到19.9万人。同时,以爱因斯坦为代表的大批世界第一流科学家流亡美国,使美国拥有了空前的智力优势。代号为"曼哈顿计划"的原子弹研制工程就是来自各国的科学家通力合作的产物。1945年7月16日美国第一颗原子弹试验成功,标志人类大规模利用原子能时代的开始。1945年底,美国制成世界上第一台电子计算机,标志着世界应用电子计算机的开端。战争期间科学技术的发展奠定了战后美国作为世界科技中心的地位,也使美国成为世界上率先兴起第三次科技革命的国家。①

　　从20世纪的朝鲜战争挫败、苏联发射第一颗人造卫星、撤出南越、以美元为中心的布雷顿森林体系崩溃、日本和西德经济崛起,到本世纪的海湾战争、伊拉克战争,直到2008年的国际金融危机,期间曾多次出现"美国衰落"的论调,但至今美国仍是全球唯一超级大国。在可预见的未来,美国的唯一超级大国地位不会动摇。就其国家的自然禀赋和发展潜力而言,美国的国力还远远没有走到尽头。得天独厚的自然条件和地理位置是美国发展的"硬件";移民社会和人才优势、法治精神、创新机制、自由主义价值观、分权与制衡机制、主

---

　　① http://zhidao.baidu.com/link? url = 2Ebol_jH2ZktSUGGOYDGaejlmBrfNMJS4wu6F4zqK
　　_KZX5ZM_wZX − lmkC3tCor6xJk2NhVs2ceu8TrhKkcG42_。

流文化与多元文化互补、社会渐进改良、言论自由与批判精神、庞大的中产阶级、相对开放的国内市场和强劲的海外扩张等,是美国发展的"软件"。美国的硬条件和软环境都没有出现重大变化,决定了它仍然拥有巨大发展潜力。

目前,多极化势头虽已可见,但尚未出现"鼎立"尤其是美、欧、亚"三足鼎立"的局面。欧盟和亚洲虽是继美国之后综合力量最强的地区,但欧盟的整合还在进行中,单个欧盟国家的综合实力无法与美国匹敌;中国、日本和印度等亚洲各国更远远没有形成统一的区域性力量。至于包括金砖国家在内的新兴国家,它们尚不能对美国和西方世界形成足够有力的牵制,远不具备重塑世界秩序的实力和条件。中国经济总量可能在未来10年赶上美国,但其综合实力仍远远落后美国,而且发展道路上有比美国更多的不确定因素。①

当今世界,新生力量层出不穷,对原有的世界格局形成了挑战。"一超多强"中的"多强"主要指欧盟、日本、俄罗斯、中国,也有学者认为应包括印度和巴西。

冷战结束以来,欧洲统一和自主、自强的速度和规模令人关注。欧盟实施《马斯特里赫特条约》,扩充和完善共同市场,发行欧元,建立货币联盟,进而推行共同外交政策和防御计划,推行统一的宪制改革,以及欧盟和北约的扩大,使欧洲不事声张地切实地成为多元世界里的重要成员。它们发出自己的声音,提出自己的主张,树立起了一个力量整体的形象。但是,英国"脱欧"也显示了欧盟力量的内在局限性。

苏联与美国曾并肩为"超级大国"。1991年苏联解体,俄罗斯继承了苏联百分之八十的实力,俄罗斯是联合国安全理事会五大常任理事国,对安理会议案拥有否决权。俄罗斯是世界第二军事强国,拥有着强大的军事实力和强大的核武器库。现在俄罗斯亦为在全球范围内文化、经济、军事、政治以及科技等诸多领域拥有巨大影响力的世界性强国,亦是世界上最大最重要的经济体之一。

日本经济自1960年代开始了持续长达30年的高度增长,被誉为"日本战后经济奇迹"。日本是当今世界强国之一,科学研发能力领衔世界,还在在军

---

① 《中国社科院:今后二三十年美国超级大国地位难撼》,http://www.chinanews.com/gn/2011/06-09/3100885.shtml。

事、教育、医学、工业等方面始终位于世界前列。日本的国民拥有很高的生活水平,是全球经济发达和生活水平高的国家之一。

中国自实行改革开放政策以来,遵循邓小平开辟的中国特色社会主义道路前进,经济增长迅速,建设成就举世瞩目,综合国力显著增强,政治和社会保持长期稳定,使中国的国际地位有了很大的提高。

印度也是公认的大国,这些年的发展又很迅速,但是经济底子太过薄弱,在武器装备上又太过依赖他国,同时虽有核武器却缺乏足以威慑美国的战略打击能力,目前尚无力和欧盟、俄罗斯、日本、中国比肩。巴西在基本实体方面是比较有优势的,国土面积大,人口众多,资源较为丰富,但在经济、政治、军事、外交等方面远不如其他几国。巴西人口分布过于集中在东南沿海地区,长时间沦为殖民地造成了国民经济的畸形发展,都成为造成制约巴西发展的因素。①

三、世界安全形势概况与趋势

当前,经济全球化、世界多极化、社会信息化进程不可逆转,和平、发展、合作的时代潮流不可阻挡,但全球性挑战更加突出,国际安全形势的综合性、复杂性、多变性日益明显。国际金融危机的深刻影响已从经济领域向政治、社会领域蔓延,引发部分国家和局部地区动荡。恐怖主义、核扩散、信息安全、自然灾害等全球性挑战对各国安全威胁明显增大。以世界大势而论,传统安全与非传统安全问题的交织越来越深化,界限越来越模糊,相互抬升共振效应越来越突出,导致世界多数国家的危机感和不安全感都进一步上升。总体来说,当前世界传统安全与非传统安全威胁相互交织,国际安全局势日趋复杂。

1. 传统安全面临复杂挑战

传统安全威胁主要包括国家面临的军事威胁和威胁国际安全的军事因素。自从国家出现以后,国家间的军事威胁就一直存在,但将军事威胁称作传统安全威胁是20世纪七八十年代提出来的。为了区别于人类社会出现的新安全威胁,人们把军事威胁称为传统安全威胁。

---

① http://baike. baidu. com/link? url = ING4qgxW3hexePWG7duFkUqqYlu9K314Co7gwkUe
F0vrcZbzbCmE30MICPolOdgn。

第一,全球军备继续呈现上升态势。

由于世界正在经历转型,前景充满不确定性,主要国家为了确保各自战略安全,在经济形势恶化的情况下依然纷纷着力加强战略力量。斯德哥尔摩国际和平研究所的统计数字显示,2009年在统计涉及的120个国家中,65%的国家增加了军事开支,包括属于20国集团的16个主要发达经济体和发展中经济体。从地区看,几乎所有地区军费开支都在增长,亚洲和大洋洲的增长速度最快,年增长速度为8.9%。南亚的增速尤为突出,高达10.9%。

美国一直是全球军备增长的主导力量。2009年美军事开支增长占到全球总增长量的54%。从2000年至2009年美国防预算增长了约75%,占GOP的比例从3.1%增至4.9%。2011财年五角大楼获得708亿美元国防预算(不包括伊拉克和阿富汗战争的费用)。根据俄财政部门数据,2010年俄国防开支达到384亿美元,2011年提高到41亿美元,虽然经济不理想,但增速较前几年不降反升。印度更是连续几年大幅提高国防预算,2009年军费高达264亿美元,涨幅为21%。

第二,核裁军、防扩散形势不容乐观。

一是大国核裁军取得重要进展,但仍面临诸多变数。美俄目前拥有全球95%以上的核武器,双方于2010年4月签署了《进一步削减和限制进攻性战略武器条约》。条约规定生效之日起的7年内将把各自部署的战略核弹头数量上限从2200枚裁减至1550枚,部署的运载工具裁减至不超过700件,另外允许保留100件非部署状态的战略运载工具。

不过核裁军协议只是适度削减核力量,并不意味着美俄会放弃核武器。鉴于美国、俄罗斯等大国继续开发并更新核武库,短期内实现有意义的核裁军前景渺茫。美俄的核武器发展计划覆盖今后几十年,核武库现代化在两国国防政策中都占有优先地位。美国计划今后10年斥资920亿美元更新核武库基础设施,俄罗斯对弹道导弹系统实施现代化改造,并计划购买8艘新型核潜艇。

二是国际防扩散形势仍然严峻。据统计,1993年以来全球共掌控核走私事件约1600起,其中有20余起走私的核材料足以制造初级的原子弹,而且这些被掌控的核走私事件只占实际总数的5%—10%。在2010年4月华盛顿举行的首届核安全峰会上,与会各国代表签署了《华盛顿核安全峰会公报》和《华盛顿核安全峰会工作计划》，就全球范围内加强核安全和应对核恐怖主义威胁达成广泛共识，但要落实这些共识任重而道远。

三是朝核、伊朗核问题前景不明朗。有关各方立场差异加大，朝核问题六方会谈继续陷于僵局。2009 年上半年，朝鲜发射卫星和进行第二次核试验，先后遭到联合国安理会谴责与制裁。作为报复，朝声称将永远不再参加六方会谈也不再受六方会谈协议的任何约束。伊朗核问题的外交努力也停滞不前。2010 年 6 月联合国安理会通过第 1929 号决议，对伊朗实行新的制裁。随后，美国又伙同日本、加拿大、韩国及欧洲盟国对伊朗实施单边制裁。面对美国和以色列不时发出军事打击的威胁，伊朗拒绝执行联合国安理会要求其停止铀浓缩活动的决议，并以军演或试验新型武器等强硬方式加以应对。

第三，领土和领海争端日趋尖锐。

一是由于南海声索国(声称对南海有主权的国家)的争夺力度加大以及域外大国介入，南海区域安全面临更多不确定因素。2010 年 4 月，中国渔政船在弹丸礁附近海域遭遇马来西亚海军导弹舰艇和飞机骚扰。同年 5 月 15 日，中国海监 83 船在西沙开展地震考察活动，越南外交部发言人指责中国此举侵犯越南主权，要求中方"立即停止上述行为"。6 月，在南沙群岛附近海域，印度尼西亚警备艇扣押了进行海上作业的一艘中国渔船，经过交涉印尼方面才予以释放。2011 年 3 月，菲律宾石油勘探船在争议海域与中国巡逻船只发生对峙。同年 6 月，越南派遣武装舰船前往中国政府管辖的南沙万安滩海域驱赶正常作业的中国渔船，并于 6 月 13 日在中国南沙群岛毕生礁周边海域举行实弹演习，进行挑衅。在南海局势紧张的情况下，美国承诺支持菲律宾的防御，并提供其能够负担的武器，美国插手南海争端使问题更复杂。

二是北极争夺持续升温。北极地区战略地位十分重要，被视为"21 世纪的能源基地"。北极五国(美国、俄罗斯、加拿大、丹麦和挪威)等纷纷制定北极战略，加强对北极资源的控制和开发，还不断强化在北极的军事存在。2007 年 8 月，俄罗斯科考船队出动深海潜水器，将一面用钛合金制成的俄罗斯国旗插在4300 米深的北冰洋底，拉开了新一轮"北极圈地运动"的帷幕。此后，美国、加拿大、丹麦等国家纷纷增加在北极地区的科考活动，但更多地带有政治和军事色彩。相关国家在北极地区的军事投入逐步加大，潜艇频频出没。北极的战略价值正不断提高，北极国家实际上在为冲突做准备。

三是中日在钓鱼岛海域摩擦不断。2010年9月7日,中国拖网渔船在钓鱼岛附近海域进行捕捞作业时遭到日本海上保安厅巡逻船"与那国"号冲撞后,又与追踪的另两艘日本巡逻船中的一艘发生碰撞。日本海上保安厅派出海上保安官强行登上该中国渔船进行搜查,并以涉嫌"妨害公务罪"为名逮捕了中方船长。此次事件导致两国关系进入冰河期。2011年7月3日,日方再次在钓鱼岛进行挑衅。中国外交部严正要求日方渔船撤离相关海域,中国的渔政船也前往该海域。目前中日钓鱼岛之争尚无缓解迹象。

2. 非传统安全威胁不断涌现

非传统安全威胁,是相对传统安全威胁因素而言的,是除军事、政治和外交冲突以外的其他对主权国家及人类整体生存与发展构成威胁的因素。恐怖主义、核安全、网络安全、难民治理等新安全问题都属于非传统安全威胁范畴。

2011年5月1日,距"9·11事件"发生将近十年之后,"基地"组织领导人、世界头号恐怖主义分子本·拉登被美军击毙于巴基斯坦。美国称这是全球反恐战争的"重大事件",联合国秘书长潘基文也表示,这是"全球反恐努力的转折点"。本·拉登作为"基地"组织的首脑和精神领袖,实际上已经成为当代全球恐怖主义的象征,他的死会使恐怖主义遭受历史性挫折,对"基地"组织乃至所有以其为精神导师的恐怖组织都是个沉重打击,特别是削弱了恐怖主义的影响力和感召力。

但同时应认识到,拉登的死并不意味着"基地"组织就此消亡,更不是恐怖主义的终结。自从美国发动阿富汗战争以来,拉登遭美通缉多年,指挥能力受限,逐渐不再对"基地"组织进行直接领导。"基地"组织在伊拉克、也门、索马里等西亚北非地区有众多分支机构,均已建立起完善的组织结构,具备独立运作的能力。拉登之死并不会对"基地"的运转造成太大影响,恐怖主义活动也不会因拉登死而停歇。

短期内,国际社会须警惕"基地"组织和其他极端势力发动更多复仇行动。长远看,恐怖主义网络盘根错节,"后拉登时代"反恐形势仍然严峻。只要伊斯兰原教旨主义、民族之间的矛盾、西方国家大举文化入侵以及民族分裂主义等问题一天得不到有效控制和合理解决,恐怖主义威胁就会长期存在,任何一个国家都不能指望通过对恐怖组织头目的斩首行动来扫清恐怖阴霾。

近两年,全球恐怖主义持续肆虐,无论从数据统计还是发展态势来看,国际反恐形势都趋于恶化。"伊斯兰国""基地""博科圣地""塔利班"四大恐怖组织成为威胁世界和平与安全的四大毒瘤,尤其表现在"伊斯兰国"的势力范围扩大。2014年以来,"伊斯兰国"遭到以美国为首的国际联军的空袭和当地政府的地面进攻,但依然势头不减,并表现出更多的反人类、反文明行径,已成为当前世界安全的头号威胁。① 可以预见的是,恐怖主义将借助新的形式寻求发展,其结合地区内社会矛盾和政治经济困境而发动行动的可能性较大。这将使恐怖主义活动的突发性和随机性增强,给各国反恐带来新的挑战。国际反恐还有很长的路要走,需要世界各国持续不断地共同努力和密切合作。

2011年3月,日本福岛第一核电厂因9.0级大地震导致核泄漏,污染周边环境,辐射尘向全球飘散,造成国际恐慌和外交风波。国际原子能机构指出,国际社会应该对目前的全球核安全应对框架进行重新评估。欧洲国家已为146个核电厂拟定了共同的检测准则。德国宣布关闭17座核电站中的7座,提高了核电站安全监管标准,并决定于2022年前彻底放弃核能用可再生资源替代发电。在2011年5月举行的八国集团峰会上,法国提议由主要工业国家组建一支快速反应部队,授权其必要时动用发达国家的相关资源以应对突如其来的核危机,并建议制定更为严格的核安全国际标准。日本福岛核危机很可能催生新的国际核能安全机制。

如今,网络空间的军事化和政治化趋势加剧,并成为各国所看重的外交新战场。随着北约和美国网络空间国际战略的出台,网络战从暗中布阵走向公开较量上升到空前的战略高度。

美国谋求网络空间的"决定性优势",并大力准备网络战。美国正试图独占全球网络空间霸主地位,并一手制定网络战争游戏规则,以抢占未来网络战争制高点。2011年5月16日,美国白宫网络安全协调员霍华德·施密特联合美国联邦政府最具影响力的六大部门领导,发布美国首份《网络空间国际战略》。在这份长达30页的战略文件中,美国第一次把其国际政策目标与互联网目标结合在一起,将此项努力与二战后建立经济与军事安全的全球框架相提并论。这是美国第一次针对网络空间制订的全盘计划,被称为美国的"历史

---

① 邵峰:《全球恐怖主义与反恐怖斗争(2014-2015)》,《全球政治与安全报告(2016)》,社会科学文献出版社2015年版,第96-67页。

性战略"。

北约加紧落实其新提出的网络安全战略。根据 2010 年底的《北约新战略构想》,北约把加强网络战的力量作为其未来十年的重点之一,奉行对来自虚拟空间的互联网攻击采取集体防御行动的新战略思想,把网络防御作为新能力加以重点发展。此外,日本计划建立一支"网络空间防卫队",俄罗斯、以色列和伊朗等国的网络力量也屡屡见诸报端,各国网军之间的较量将日趋激烈。

据联合国难民署 2015 年最新数据,与之前相比,2014 - 2015 年全球难民形势更加恶化,呈几个特点:第一,被迫迁徙者新增数量再破新高,难民来源地相对集中,超过半数的难民来自叙利亚、阿富汗和索马里;第二,发展中国家收容难民负担与受重视程度严重不对称;第三,被迫迁徙路上死伤人数巨大。打击"非法移民"并不能有效遏制难民危机,减少难民数量也不能仅靠限制入境,关键是要维护难民原籍国的和平与稳定,同时制定相应国际制度,积极与专业国际组织合作,充分发挥区域治理机制的作用。①

四、世界科技文化概况与趋势

1. 多点突破、交叉汇聚成为世界科技发展的新特点新趋势

当今世界科技正呈现新的发展态势和特征,孕育着新一轮科技革命。科技发展呈现多点突破、交叉汇聚的态势,大数据科学成为新的科研范式,人类可持续发展的重大问题成为全球科技创新的焦点。世界各国更加重视利用科技创新培育新的经济增长点,一些重要科学问题与关键技术发生革命性突破的先兆已显。大数据浪潮、信息技术和制造业的融合,以及能源、材料、生物等领域的技术突破,将催生新的产业,引发产业革命性变革。具体包括:

能源与资源领域面临再次转型和革命。现代社会将实现由主要依赖化石能源向依靠核能、新能源的逐步转变。能源输送效率、稳定性、安全性和智能化技术将全面提升,多种能源将实现互补与系统融合,信息技术与新能源相结合将产生新型工业模式。

信息网络领域的新时代正在到来。新型信息功能材料、器件和工艺不断

---

① 杨靖旼:《全球难民现状与治理(2014 - 2015)》,《全球政治与安全报告(2016)》,社会科学文献出版社 2015 年版,第 109 - 119 页。

创新,智能传感器、大数据存储将取得突破。云计算、物联网、工业互联网等技术的兴起促使信息技术渗透方式、处理方法和应用模式发生变革,促进人机物融合,消费者将在更大程度上参与设计和制造过程,甚至成为生产过程的一个重要环节。

农业领域向确保粮食安全和农产品供给发展。高产稳产、高效安全、优质生产始终是农业科技创新的主题;生命科学重大理论创新成果推动农业基础科学快速发展,农业生物组学和动植物分子设计育种已成为农业科技的前沿和热点。

人口健康领域孕育重大理论突破和产业发展。人类基因组及其在生命过程中的功能调控,特别是细胞命运调控机制等基本问题面临重大理论突破;传统医学模式正在发生深刻变化,健康医学将迎来全新发展机遇。

材料与制造领域凸显绿色和智能。材料设计与性能预测科技发展迅速,环境协调和低成本合成制备技术受到重视,材料制造的工艺、流程以及结构与性能关系的研发面临新突破,材料更加绿色、高效、可循环利用。3D打印技术、人机共融的智能制造模式成为新的热点。

生态与环境领域形成全球监测与研究。全球范围的生态环境监测体系与系统模拟正在形成,全球生态与环境研究正逐步向可测量、可报告、可评价和可动态模拟的方向发展。

空间与海洋领域向纵深发展。空间探测向更深更遥远的宇宙迈进,持续探索宇宙起源、演化、暗物质暗能量的本质;国际空间站主体建造完成,将不断产生新的科学认知和效益;围绕国家安全与海洋权益、资源可持续利用和深海探索三大方向,建立基于生态系统的近海管理体系和走向深海大洋,海洋新技术突破正催生新型蓝色经济的兴起与发展。①

由美国次贷危机引发的国际金融危机的影响还没有完全消散。世界到底会变成什么样?经济学家并不乐观,而科学家却有着不同的观点。

刚刚过去一段时间,尽管经济领域阴霾重重,但科学研究领域却硕果累累,让人们看到了未来发展的巨大希望。比如,干细胞研究扫清了"伦理"上的

---

① 白春礼:《世界科技大趋势:孕育新突破》,http://money.163.com/13/0107/07/8KJM1J1T00253B0H.html。

障碍,日新月异的新能源技术具有极大发展潜力,硅替代材料的突破性发现,将使电子工业实现新的飞跃。

　　历史经验表明,全球性经济危机往往催生重大科技创新突破和科技革命,重大科技成果往往推动世界经济走向复苏与繁荣。1857年的世界经济危机引发了以电气革命为标志的第二次技术革命;1929年的世界经济危机引发了战后以电子、航空航天和核能等技术突破为标志的第三次技术革命;20世纪四五十年代计算机、合成材料等新科技的兴起,使得美国在战后迅速走向了经济繁荣;最近一次的互联网信息技术革命,也有力地帮助美国从1987年的经济危机中复苏过来。著名的"信息高速公路"计划伴随了克林顿时期持续8年的经济增长,其影响一直延续至今。科技创新应成为克服经济危机的突破口,各国在这一方面都已经有了意识和决心。美国总统奥巴马在发表有关经济政策的重要演讲时曾表示,美国有走出危机的信心,原因之一就是美国仍然有世界上最先进的科技和发明创新。国务院前总理温家宝也在2009年的国家科学技术奖励大会上表示:"知识和科技是可持续发展的重要因素,是克服经济困难的根本力量。"①

　　近年来,中国的基础研究和前沿技术创新能力显著增强。基础研究取得一批重大原始性创新成果。国际论文总数世界排名上升到世界第四位,在三大国际论文检索系统(SCI,EI,ISTP)论文总数中占7%,进入世界第二方阵,与英国、德国、日本相当;纳米科学论文数居世界第一,工程科学论文数居世界第二。前沿技术领域突破了一批核心技术,与世界先进水平差距不断缩小。非线性光学晶体、量子信息通讯、超强超短激光、高温超导等前沿技术研究居世界领先水平,涌现了载人航天、超级杂交水稻、高性能计算机、超大规模集成电路、第三代移动通信国际标准等一批自主创新重大成果。

　　产业技术创新取得多方面突破。近年来,中国在基础工业、加工制造业以及新兴产业领域的技术创新能力大幅度提高,石油、钢铁、船舶、电子信息、先进装备制造和生物技术等领域重大技术创新成果不断涌现,产业整体技术素质迈上新台阶。重大技术装备自主开发能力、成套水平以及综合工程化能力

---

　　① 《科技创新推动世界经济走向复苏》,http://news.sina.com.cn/o/2009-08-14/054816120560s.shtml。

明显提高,有力地支撑了三峡工程、西电东送、西气东输、南水北调、青藏铁路等国家重大工程建设。

科技走进千家万户、惠及亿万人民,科技进步为人口健康、节能减排、气候变化、防灾减灾、公共安全等提供了有力支撑。杂交水稻的培育和应用,粮食丰产科技工程的实施,为解决粮食安全提供了重要支撑。能源领域突破一批石油勘探、大型煤液化工程成套设备、大型水电设备、先进核电等关键技术,攻克一批燃料电池、风能、生物质能等新能源关键技术,为调整能源结构、保障能源安全奠定了基础。艾滋病、病毒性肝炎、SARS病毒、高致病禽流感等重大疾病、重大传染病防控技术取得重要进展,一批新药创制成功,传统中医药得到新的发展,为提高人民健康水平提供了重要保障。

国家创新体系建设取得重要进展。科技体制改革不断深化,企业在技术创新中的主体地位逐步增强,大学、科研机构在科技创新中的骨干和引领作用进一步发挥。高等院校研究开发人员取得了人类细胞衰老主导基因、下一代互联网示范工程、家蚕基因组等一批重大创新成果。科研院所创新能力显著提高,应用开发类科研院所面向市场的创新能力得到加强,公益类科研院所创新能力进一步增强,中国科学院知识创新工程取得一批重大创新成果,成为国家创新体系建设的一支重要力量。

国际科技合作的广度和深度进一步拓展。目前,中国已与152个国家和地区建立了科技合作关系,与96个国家签订了102项政府间科技合作协议,签订了1000多项部门间科技合作协议,形成了较为完整的政府间双边和多边国际科技合作框架。积极利用国际科技资源,中国参与了国际热核聚变实验反应堆(ITER)、伽利略全球卫星导航、国际对地观测、地球空间双星探测、人类肝脏蛋白质组、中医药国际科技合作等等国际大科学、大工程计划。中国科学家、科学技术人员参与国际科技合作的渠道进一步拓展,人员交流与合作更加紧密、便捷,方式更加灵活、多样。迄今为止,中国已参加了大约350个国际科技组织,有200余位科学家在国际科技组织中出任各级领导职位。①

经过30多年的改革开放,我国经济实力不断增强,但由经济大国跃升为经济强国还有很长的路要走。面对世界政治经济格局深刻复杂的变化,党的

---

① http://wenwen.sogou.com/z/q147613323.htm。

十八大明确提出"实施创新驱动发展战略",强调"科技创新是提高社会生产力和综合国力的战略支撑,必须摆在国家发展全局的核心位置"。这是放眼世界、面向未来的重大战略决策,是我国抓住发展机遇、应对环境变化的现实选择。

第一,以科技创新提升发展质量。当今世界,科技创新已成为国际竞争的决定性力量,许多国家都将创新提升到国家发展战略的核心层面。科技创新战略的选择决定着国家的发展前景和在世界政治经济格局中的地位。只有把科技创新作为提升发展质量和效益的主要引擎,才能真正实现经济增长由主要依靠增加物质资源消耗向主要依靠科技进步、劳动者素质提高、管理创新转变,由"生产大国"迈向"创新大国"。

第二,以科技创新加快转变经济发展方式。改革开放以来,我国经济快速增长,同时发展中积累的不平衡、不协调、不可持续的深层次矛盾和问题也日益突出。实现经济社会科学发展,必须大幅度提高自主创新能力,以科技创新加快经济发展方式转变和经济结构调整,增强发展的平衡性、协调性和可持续性。没有科技创新能力的大幅提升,就难以真正实现经济结构调整和发展方式转变的目标。

第三,以科技创新释放城镇化蕴藏的巨大内需潜力。我国约有 2 万个小城镇,承载着广大农村经济社会发展的支撑功能,目前进城农村人口的 50% 依靠小城镇吸纳。开发适应不同地区自然禀赋的非农产业,加快特色产业小城镇建设,是加快城镇化进程的重要途径。未来若干年,由于存在以城镇化为依托的巨大内需潜力,存在转型的巨大空间,我国仍将具有许多国家难以比拟的发展优势。通过科技创新使 2 万个小城镇的发展成为新经济增长点,不仅将创造农村地区低碳、绿色、可持续发展的新模式,而且有助于走上中国特色农业现代化之路。

第四,科技创新的关键是制度创新。应加快完善科技创新体制政策,把全社会的智慧和力量凝聚到创新发展上来。一是发挥政府在科技创新中的重要作用。各级政府应不断加大科技创新投入力度,深入推进科技创新体制机制变革,逐步形成较为完善的科技创新政策支持体系、激励机制,在科研立项、经费支持以及评价体系方面向自主创新和科技成果转化倾斜。二是加强创新人才队伍建设。坚持实施人才强国战略,突破当前我国科技领域普遍存在的"重物轻人"体制,形成对人才价值的充分尊重和认同。三是借助科技发达国家在人才、技术、资金、设备、创新环境方面的优势,与其建立互利共赢的协同创新网络、平台和机制,提升我国科技创新能力和国际化水平。①

2. 文化软实力成为各国瞩目之焦点

"软实力"(Soft Power)的概念是由美国哈佛大学教授小约瑟夫·奈提出来的。1990年,他分别在《政治学季刊》和《外交政策》杂志上发表《变化中的世界力量的本质》和《软实力》等一系列论文,并在此基础上出版了"*Bound to Lead：The Changing Nature of American Power*"(中译本《美国定能领导世界吗》)一书,提出了"软实力"的概念。书中,他将"软实力"集中归纳为四个方面的影响力,即文化影响力、意识形态影响力、制度安排上的影响力和外交事务中的影响力。他指出,一个国家的综合国力既包括由经济、科技、军事实力等表现出来的"硬实力",也包括以文化和意识形态吸引力体现出来的"软实力"。"……硬实力和软实力依然重要,但是在信息时代,软实力正变得比以往更为突出。"②"软实力"成为近年来风靡国际关系领域的流行关键词,它深刻地影响了人们对国际关系的看法,使人们从关心领土、军备、武力、科技进步、经济发展、地域扩张、军事打击等有形的"硬实力",转向关注文化、价值观、影响力、道德准则、文化感召力等无形的"软实力"。

纵观西方国家,文化软实力输出最成功的无疑当属美国。美国之所以能够将各种文化产品连同价值观念与生活方式行销全世界,除国力的支撑外,主要依靠的就是语言优势,这是美国的软实力强大的一个重要表征。语言是信息传播的基础,也是衡量一个国家软实力大小的重要指标。为了维护自己的语言文化利益,扩大在国际传播中的份额,许多国家都在有计划地实施各自的语言战略,并努力扩大语言的国际影响。

此外,文化传播机制也是一个重要因素。美国用三大片(薯片、芯片、影片)策略就征服了世界。从1996年开始,美国的文化产业已经超过航空、重工

---

① 迟福林:《科技创新成为提升发展质量主要引擎》,http://www.chinareform.org.cn/people/C/chifulin/Article/201301/t20130107_158732.htm。

② 百度百科"文化软实力"词条,http://baike.baidu.com/link? url = 08RSGdFOGeQDx – I6Risx1gVsVv968 – rAi7tsTsnuV _ sAi6qpIQpWjHSbWWn7MWajSg0qbL1kpvdY9vAOcX _ Aca。

业等传统领域,成为美国最大的出口产业,文化产业占 GDP 的 25% 左右。

韩国是新兴的文化产业大国。1998 年,韩国遭遇亚洲金融风暴之后提出了"文化立国"的方针,明确提出"两个五":力争五年之内把韩国在世界文化产业市场上的占有率从 1% 提高到 5%;力争五年内能培养出 10000 个内容创作者,其中 10% 有外销能力。为实施这一战略,韩国先后颁布了十几部法律法规,又于 2001 年成立了"韩国文化产业振兴院",并且每年获得政府 5000 万美元的拨款用于文化事业的发展。《大长今》《来自星星的你》等韩剧的热播,绝非一个电视剧而已,而是事关韩国的文化输出、文化战略。2004 年韩国文化产品已占世界市场份额的 3.5%,成为世界第五大文化产业强国。韩国成功地输出了自己的文化,拯救了韩国经济。为了塑造东亚大国形象,韩国新办的"世宗学院"将面向世界,尤其是东亚民众免费教韩国文字和文化,使得现有学习韩语的百万余人借"韩流"大潮迅速膨胀。

日本是世界第三经济强国。早在 1985 年经济持续增长之时,日本就试图从"经济大国"转向"政治大国",最终走向"文化大国"。日本的文化立国战略的目的就是要推出日本文化,试图确立日本文化在亚太地区的主导地位,使亚洲国家在接受日本援助的同时也接受日本文化。日本因为二战罪行国际形象一直不佳。为了塑造亲善的国家形象,同时为了同中国在世界各地的"孔子学院"相抗衡,日本政府计划在全球各地增设"日语学习中心"100 所以上,从文化深层次改善世界对日本的看法,并致力于"到 2025 年将在校留学生数量扩大至目前的 10 倍即 100 万人",通过吸引世界而传播日本文化。

印度在软件工业和区域特色文化方面已经拥有了世界性声誉,而其通过科技、军事、文化获得全球扩展的心思也不可不察。东亚崛起的文化格局预示着当今世界文化的重大转折:国际经济技术军事竞争正显现为文化竞争,或者说那种可见的国力"硬实力"竞争,已逐渐被更隐蔽的文化"软实力"竞争所遮掩。

在漫长的传统社会,中华民族缔造的文明曾长久领先于世界。但近代以来,政治、经济、科技上的落后导致了文化影响力的衰落,古老大国辉煌不再。随着近年来国力的崛起和国际地位的提高,我们在经济、科技、军事等方面都取得了举世瞩目的成就,但文化软实力尚未获得相应的提升,文化传播的观念和策略并没有跟进。新世纪中国的发展战略应该根据世界新格局有所调整,先让中国人信服自己的文化，然后再让世界人民欣赏。

中国对于传统文化的宣传和推介尚处于"原生态"状态，优秀的文化传统资源优势并未充分转化成为强大的现实生产力；文艺演出、语言文化、图书出版等文化领域面临着"文化赤字"；对于中国文化形象的认知存在一定的偏差，忽视了对传统文化资源的创新和改造。随着中国经济和政治地位的崛起，中国的文化产业应该在推进自己的文化、价值观和生活方式方面有更多的作为。

党的十七大报告首次提到"文化软实力"这一概念："提高国家文化软实力，使人民基本文化权益得到更好保障，使社会文化生活更加丰富多彩，使人民精神风貌更加昂扬向上"。报告这一新提法，表明我们党和国家已经把提升国家文化软实力作为实现中华民族伟大复兴的新的战略着眼点。文化软实力作为现代社会发展的精神动力、智力支持和思想保证，越来越成为民族凝聚力和创造力的重要源泉，成为综合国力竞争的重要因素。为此，要树立"文化软实力是重要国力"的观念，把文化产业列入国家战略，大力推动和扶植文化产业。要详细制定文化发展战略目标、战略措施和文化发展政策，加快发展文化事业和文化产业，推进文化体制改革，完善文化产业政策，推动其发展成为国家战略性产业，做到"国家硬实力"和"文化软实力"两手抓，两手都要硬。

中华民族文化博大精深，源远流长，是我国文化软实力的首要资源和重要基础。要充分发掘中华传统文化的优势，全面认识祖国的传统文化，取其精华，去其糟粕，使其与时代特征相适应，与现代文明相协调，与人民的生活和国家的行为相联系，自觉实现民族文化现代化的转换。大力推进民族文化创新工作，加大制度创新力度，加快构建文化传播体系，使我国悠久的历史、灿烂的文化通过各种媒体传递到世界各地。

专题五

中国与世界大国之间的关系

一、中国的外交战略

新中国成立以来,中国外交伴随着中共领导人对不断变化的国际环境的应对和对时代主题的认识,几次大幅度地进行过调整,但其核心立场始终是捍卫国家主权和领土完整,坚持独立自主,反对霸权主义的和平外交政策。60 多年的风雨历程,中国外交取得了举世瞩目的成就;60 多年中国外交的得与失,标志着中国外交战略在曲折中日益走向成熟。

1. 改革开放前新中国外交战略的演变

——新中国成立后到 50 年代末期"一边倒"的外交战略。

1949 年 10 月中华人民共和国成立之时,以美国、苏联为首的两大集团对抗的东西方冷战的国际格局已经形成,美苏在欧洲进行着激烈的对抗和较量,整个世界基本上划分为东西方两个阵营。中国确立什么样的外交战略,如何正确处理同世界其他国家的关系,是摆在新中国面前突出而紧迫的现实问题。美国不甘心在中国的失败,拒绝承认新中国,而作为新生的共和国,十分需要国际上的支持和肯定,为了站稳脚跟,新中国采取了"另起炉灶"、"打扫干净屋子再请客"和"一边倒"的三条外交方针,站到了以苏联为首的社会主义阵营中。

1949 年 6 月,毛泽东在《论人民民主专政》一文中,提出新中国成立后实行"一边倒"的外交战略。同年 12 月,毛泽东率领代表团首次访问苏联,就许多重大的国际国内问题与斯大林等领导进行了广泛深入的会谈,在此期间,中苏签订了《中苏友好同盟互助条约》,这标志着新中国"一边倒"的外交战略在实践中得以落实和形成。苏联和中国保证共同参加所有巩固和平的国际活动，对一切重大国际问题进行协商，遵照互相尊重国家主权和领土完整、互不干涉内政的原则，全力扩大经济和文化联系。与此同时，双方还签订了《关于苏联贷款给中华人民共和国的协议》、《关于中国长春铁路、旅顺及大连的协定》等协定。

从 1949 年新中国成立到 50 年代末，中国外交战略的基本特点就是中苏结盟，与社会主义阵营的其他国家一道，同以美国为首的西方帝国主义阵营进行斗争，可以简单概括为是"一边倒"的外交战略，"一边倒"是新中国成立后的第一个外交战略。

——60 年代"反苏修""反美帝""一片红"的外交战略。

新中国成立后，苏联是第一个承认新中国并与中国建立外交关系的国家。新中国成立后至 50 年代中期，由于中国采取了"一边倒"的外交战略，尽管在某些具体问题上与苏联存在摩擦和矛盾，但中苏关系总体发展趋势是良好的。自 50 年代中后期开始，中苏两党和两国关系开始退步，苏联一直企图在政治上控制中国，两国虽在表面上仍维护以苏联为首的社会主义阵营的团结，但实际上双方关系一年比一年冷淡。进入 60 年代，中苏分歧开始向着公开化、激烈化和关系破裂的方向发展。1960 年 6 月，赫鲁晓夫借布加勒斯特社会主义国家共产党和工人党"会晤"之机，对中共内政外交政策突然加以指责、攻击。1962 年中印边境自卫反击战，苏联作为中国的军事盟友，却指责中国、偏袒印度，公开站在印度一边。同年，苏联在中国新疆的伊犁、塔城地区制造边民暴乱。从 1960 年 8 月至 1969 年 3 月，中苏边境发生大量的冲突事件。其中，从 1964 年 10 月至 1969 年 3 月，由苏方挑起的事端即多达 4189 起。1969 年，中苏两国尖锐的矛盾直接爆发为珍宝岛流血事件，这一事件表明中苏两国的战略盟友关系已经荡然无存，中苏国家关系破裂，盟友变为了公开以武装对抗的敌人。

在中国政府放弃"一边倒"战略的情况下，美国敌视中国的政策并没有改变。1961 年 8 月，美国中央情报局情报指出，从中苏争论中各自所表述的全球战略观点看，中国似乎更具"侵略性"。① 美国政府主张要继续对中国进行遏制，在这样的情况下中美关系的缓和是没有任何可能性的。60 年代中期，广大

---

① 张秀华：《新中国国际战略——从结盟到不结盟》，吉林人民出版社，第 99 - 100 页。

亚非拉国家争取民族独立和解放的运动掀起了一个高潮。从第二次世界大战结束至1963年,已经有50多个亚洲和非洲国家获得了独立。中国共产党放弃了"一边倒"的外交战略,抛开意识形态,提出了团结广大的亚非拉国家,反对帝国主义、修正主义和各国反动派,推进世界革命的新战略。

纵观60年代中国的外交战略,"反两霸"是中国外交的主旋律和对外关系格局的特点,这个时期新中国的外交战略被形象地喻为"两个拳头打人","一手打美帝,一手打苏修",中国走上了同时与美苏两个大国对抗的道路。60年代中期开始主张世界"一片红",支持亚非拉各国民族解放运动和无产阶级革命的战略,中国在两极之间寻求自己的生存空间,通过支持被压迫民族和国家争取与维护民族独立的斗争和积极发展同周边国家的睦邻友好关系,来寻求支持自己的力量,这对中国外交摆脱两面受敌、寻找新的战略空间具有现实意义。

——70年代"一条线""一大片"的外交战略。

由于中苏两党的公开破裂,中苏关系进入了空前紧张的时期。苏联不仅在中苏边境、中蒙边境集结了大量军事力量,还与印度建立了特殊关系,从南面、西面与西南形成了对中国的新月形包围。1969年3月到8月,苏联向中国"珍宝岛"地区发动了五次较大规模的入侵。"珍宝岛事件"后,苏联又企图打击摧毁中国的核设施。由于苏联对中国的威胁,迅速推动毛泽东的国际政治理论和中国的外交战略进入了一个新的调整时期。

20世纪70年代世界地缘政治的最大变动是中美打开接触的大门并最终恢复外交关系。从1969年开始,中美关系开始有了解冻的迹象。中国领导人重新审视所面临的国际形势,最后判定:中苏矛盾大于中美矛盾,美苏矛盾大于美中矛盾。因此,当尼克松发出缓和美中关系的信号时,毛泽东立刻抓住时机,毅然决定打开中美关系、摆脱与美苏同时对抗的不利局面。1972年2月,尼克松访问中国,2月28日,中美在上海发表了《中美联合公报》,标志着两国关系正常化的开始,为之后两国关系的发展奠定了原则基础。中美关系的缓和在国际上引起了连锁反应,直接促进了中日建交。

1973年2月,毛泽东在会见美国基辛格博士时,提出了"一条线"的思想。所谓"一条线"是指从中国、日本经巴基斯坦、伊朗、土耳其、欧洲到美国都在这条线上。毛泽东认为"一条线"上的国家可以联合起来共同遏制苏联的全球称霸企图。1974 年 1 月 5 日毛泽东在会见日本外务大臣大平正芳时，又提出"一大片"的思想。"一大片"是指这条线周围的所有的国家。"一条线"和"一大片"的思想是毛泽东新的国际战略思想。其主旨就是要团结这"一条线""和一大片"中的所有国家，即包括美国在内的国际上一切可以团结的力量，共同反对苏联霸权主义。

"一条线"和"一大片"是中国在整个 70 年代执行的外交战略，这一战略对于促进中国同世界上更多的国家建立和发展外交关系，改善中国的国际环境意义重大。在这一时期，中国恢复了在联合国的合法席位，几乎改善了同所有西方国家的关系，继续发展了同第三世界国家的友好关系，有效地遏制了苏联的扩张势头，争得了外部环境的相对稳定，缓解了国家安全面临的威胁和压力。与美国的战略合作也给中国的国家安全带来了一定的保障。可以说整个 20 世纪 70 年代，是中国外交取得较大成绩的时期。

2. 80 年代以后"独立自主"外交战略的形成与发展

进入 20 世纪 80 年代以后，世界格局特别是美苏争霸的战略态势发生了很大的变化，美苏之间的争霸斗争趋于缓和，渐渐转入僵持状态，双方都没有实力完全击败对方。中美关系因为台湾问题发生曲折，1979 年中美建交时，迫于苏联的攻势和美国国内要求发展中美关系的呼吁，美国接受了中国提出的处理台湾问题的"断交、废约、撤军"三原则，但对台军售问题却一直没有解决。1982 年，美国政府不顾中国政府的抗议向台湾地区出售价值 6000 万美元的军事装备零配件，包括飞机部件。与此同时，中苏关系开始松动，1982 年 10 月在北京开始了副外长级特使磋商会谈，这预示着中苏之间结束了长期的对抗、不对话的局面，两国关系走向缓和。1982 年 10 月，在中国提议下，中苏就消除障碍、实现两国关系正常化等问题进行谈判。1989 年 5 月苏联最高领导人戈尔巴乔夫访问中国，双方发表联合公报，宣布两党两国关系实现正常化，在和平共处五项原则基础上建立了新型的国家关系。在中苏、中美关系发生变化的同时，世界其他地区的国际关系也发生着变化，日本、西欧以及东欧等国家都要求摆脱美苏的控制独立自主地进行发展，广大亚非拉国家也蓬勃发展起来，希望有一个更安全的国际局势以促进自身的进一步发展。

在国际局势发生变化的同时，中国的国内形势也发生了深刻的变化。十一届三中全会的胜利召开，标志着中国进入了改革开放的新的历史时期，三中全会确定了全党全国工作的重点从以阶级斗争为纲转移到以经济建设为中心上来,确定了新时期对内改革、对外开放的大略方针。面对新的国际、国内形势,邓小平对时代主题做出了新的判断:世界大战可以避免,在一个较长时间内不发生大规模的世界战争是有可能的,维护世界和平是有希望的,和平与发展问题逐步取代战争与革命成为时代的两大主题。他把经济建设确定为我国新时期的三大任务之一,认为"它是解决国际国内问题的基础"。新时期的外交战略要转为为经济建设服务,70 年代建立在对抗苏联威胁的"一条线,一大片"外交战略面临着调整。

1982 年 9 月,中共十二大召开。十二大报告以"坚持独立自主的对外政策"为题阐述了改革开放后中国的外交战略,标志着中国全面调整外交战略的开始。1986 年 3 月,六届全国人大四次会议《关于第七个五年计划的报告》第一次把中国外交政策概括为"独立自主的和平外交政策",并分十个方面阐述了这一政策的主要内容和基本原则。至此,外交战略的调整基本完成,"独立自主的和平外交政策"正式形成。这一战略自 1982 年至今一以贯之,虽然从字面上看 20 多年没有改变,但事实上随着国际、国内形势的变化,中国外交战略在"独立自主的和平外交政策"的大框架下不断地调整和发展。2013 年胜利闭幕的中国共产党十八次代表大会报告指出"中国将始终不渝走和平发展道路,坚定奉行独立自主的和平外交政策。我们坚决维护国家主权、安全、发展利益,决不会屈服于任何外来压力"。

3. 21 世纪中国外交战略的新特点

进入 21 世纪以来,世界形势发生了新的变化,中国的综合国力和对世界的影响日益增强,中国的外交也出现了新的变化与特点。

第一,坚持多边外交。

当今时代,随着全球化趋势的不断加强,国际社会相互依赖性增强,各国共同利益增多,同时跨国性问题突出,这就需要国际社会加强合作与协调,倡导多边主义,"多边主义成为战后国际关系实践的一项指导性原则,并且作为观念逐步深嵌于各国外交实践中"。① 中国政府在坚持"独立自主"外交政策的大前提下,越来越重视多边外交,在国际组织和机构中越来越活跃,力图通

_____

① ［美］约翰·鲁杰:《多边主义》,浙江人民出版社 2003 年版。

过多边渠道解决问题,积极倡导多边主义和新安全观,进一步融入国际体系,在多边国际舞台中的地位不断上升,影响不断扩大。中国政府利用多边平台,坚决维护国家领土主权与海洋权益,反对新干涉主义;中国领导人参加众多的多边会议和活动,全面参与联合国、反恐、裁军、国际军控、跨国问题等多边活动,同亚洲和国际社会一起谋求世界的和平与发展。通过开展多边外交,中国增强了国际话语权,维护了自身正当权益,彰显了负责任大国作用。今后,中国外交将继续坚持多边主义,扩大多边渠道,推动健全多边机制,积极参与国际多边外交活动,通过多边合作实现政治、经济、军事、文化、环境等方面的共同安全,发挥"维护世界和平、促进共同发展"的作用。

第二,突出大国外交和周边外交。

大国关系是中国外交的重点,中国与美国、俄罗斯、日本、欧盟等国的关系,都是当代最重要的双边关系。注重大国外交,妥善处理和把握大国关系,使中国与大国的关系总体平稳发展,对维护世界和地区的和平、稳定和发展,对中国争取一个良好的国际和周边环境、以集中精力实现中国的发展目标具有重要的意义。十八大报告在坚持和平共处五项原则的基础上,对处理不同类型的国家关系做了创新和发展,在与发达国家的外交上,提出"构建新型大国关系",旨在打破大国之间冲突、对抗的历史宿命,走出一条合作共赢、惠及各方的新路,体现了处理大国关系的新思维。中美两国就探索构建相互尊重、合作共赢的新型大国关系达成重要共识,中美战略与经济对话、人文交流高层磋商等对话磋商也取得积极成果,但是美国在台湾问题等涉及中国核心利益的问题上不断插手,美国重返亚太战略使中国的地缘政治和国家安全受到挑战,两国关系在曲折中发展。中俄确定了今后一个时期两国全面战略协作伙伴关系发展的原则、方向和重点合作领域,两国关系进入以互为重要发展机遇、互为主要优先合作伙伴为标志的新阶段。中欧就继续推进全面战略伙伴关系达成共识,中国积极支持欧洲解决欧债问题,中欧关系稳中有升,变中有进,各领域、各层次的合作深入发展。中日因为日方在"钓鱼岛"问题上坚持超强硬立场,堵死了谈判解决问题的出口;以冷战的方式展开对中国的围堵外交,双方走向对抗,短期内很难走出僵局。

中国一向重视周边关系,奉行"与邻为善、以邻为伴"的原则,尊重周边国家的多样性,加强与周边国家的友好合作关系,深化区域合作,以求地区的和平稳定与共同发展。2014年闭幕的两会上,李克强总理的政府工作报告指明了中国政府外交工作的六大重点,指出要把周边外交置于方向和领域外交的优先。中国大力发展深化同周边国家的务实合作,积极引导区域合作发展方向,努力维护朝鲜半岛和东北亚局势稳定,同泰国、阿富汗、乌兹别克斯坦提升为战略伙伴关系。近年,中国周边安全环境中的负面因素增多,领土争议升温,美国"重返亚太"战略对中国与周边地区国家关系形成干扰,地区恐怖主义抬头,不确定因素增多。2012年,中国首次召开了周边外交工作座谈会,明确周边是中国外交的首要,而且形成了一整套更加友善和包容的睦邻外交理念,提出了一系列旨在互利双赢的重大合作倡议,这充分体现了中国政府对周边关系的高度重视。十八大提出"努力使自身发展更好惠及周边国家"的外交理念,进一步展示了中国对邻国的诚意和善意。

第三,发挥负责任大国作用。

随着综合国力的增强,国际地位的不断提高,中国作为世界上最大的发展中国家,已经成为具有全球影响的地区性大国,中国正在和平崛起,中国对世界的影响越来越大。中共十八大第一次提出了"负责任大国"的表述,"中国将坚持把中国人民利益同各国人民共同利益结合起来,以更加积极的姿态参与国际事务,发挥负责任大国作用,共同应对全球性挑战。"60年国际风云变幻,中国为世界的和平与进步做出了自己的贡献。进入新的世纪,中国以前所未有的深度和广度,参与到反恐、防扩散、应对气候变化、核安全等全球性问题的讨论和解决中。1997年亚洲金融风暴、2008年华尔街的金融危机,在自身面临巨大困难的情况下,中国政府依然用实际行动帮助其他国家,为世界经济摆脱危机做出巨大贡献。中国积极参与发展中国家的建设,致力于共同发展。中国积极参与国际合作,为维护世界和平承担责任。中国政府派遣军舰前往亚丁湾索马里海域执行护航任务,积极参与国际维和行动。中国政府在国际交往中主持公道,伸张正义,践行平等,为维护和促进广大发展中国家的正当权益,推动国际秩序向着更加公正、合理的方向发展做出了贡献。今后,中国将更加积极参与国际和地区事务,为解决各种全球性问题和地区热点问题提出更多方案,发挥更大作用,在安全、经贸以及对外关系方面,保持高度自律,承担应有责任。

二、"波折中前进"的中美关系

从 1949 年中华人民共和国成立至今半个多世纪的时期内,中美关系的发展跌宕起伏,两国关系经历了多次的危机和起伏,但总体上是在曲折中向前发展。美国作为世界上最大的发达国家,无论是国际地位还是国际影响力都是不可估量的,美国在今后相当长的时期内仍然是世界上对中国最重要的国家,中美关系也被很多人认为是 21 世纪世界上最重要的双边关系。

中美关系十分复杂,两国的基本国情悬殊,社会理想迥异,对国家利益的理解、处理突发事件的态度以及彼此的制度体系和运作机制都迥然不同,各自按照行为逻辑和习惯运转,很难对两者的基本关系做出一个明确的判定。[①] 正是因为中美关系的复杂性,注定两国关系的发展不会是一帆风顺的,中国的崛起进加深了美国的疑虑,美国的"重返亚太"战略把中国由潜在对手变成现实对手;台湾问题,南海问题,钓鱼岛问题,西藏问题,新疆问题这些涉及中国核心利益的问题上都有美国在幕后指使;双方在经贸领域的合作越来越广泛但是摩擦和冲突也越来越剧烈;美国利用人权、宗教、民主等旗号攻击中国,通过文化的幌子对中国的核心价值体系进行渗透。作为世界上的两个主要大国,中美两国的未来有相当大的合作空间,但彼此的猜忌也很难消除。

1. 台湾问题

台湾问题是中美关系中最重要、最敏感的核心问题,是影响两国关系的最主要问题。台湾问题的产生和存在与美国的干涉有着密不可分的关系。自美国插手台湾开始,台湾问题就成为中美斗争的焦点,美国是中国解决台湾问题最大的障碍。台湾问题涉及中国国家主权、领土完整和民族感情,是中国的核心国家利益。

1972 年 2 月,美国总统尼克松访华,中美双方在上海发表了《中美联合公报》,美国承认"台湾是中国的一部分,美国政府对这一立场不提出异议"。但是美国在台湾问题上并未履行其在《中美联合公报》中的承诺,美国为了自身利益,屡屡在台湾问题上制造事端,以《与台湾关系法》为依据不断加大对台军售力度,违背不干涉中国内政的诺言,给两国关系的稳定与发展屡屡蒙上阴

---

① 倪世雄、赵曙光:《结构性互动:中美关系 60 年》,《美国问题研究》,2010 年第 1 期。

影。从 1979 年中美建交至 20 世纪末,美对台军售总额达 380 多亿美元;奥巴马政府向台湾军售近 64 亿美元。自 20 世纪 90 年代始,从李登辉分裂中国的活动到全力扶植陈水扁政权,美国对"台独"采取明批暗扶的政策,成为台独势力生存和发展的最主要的外部根源。美国大幅度提升美台实质关系,提升和台湾互访的层级,公开支持台湾参加某些国际组织,不断插手台湾问题。

台湾问题是中国内政,大陆和台湾虽然尚未统一,但两岸同属一个中国的事实从未改变,国家领土和主权从未分割,也不容分割。美国一直在中国这个最核心问题上干涉、挑战、损害中国的核心利益,支持台独势力、向台出售武器,这是对两国关系的挑衅,中国政府也绝不会向美国低头,任由美国在台湾问题上为所欲为。美国出于自身利益和防范中国的需要,也不会轻易放弃对台湾的干涉,布热津斯基说:"那不是为了一个分离的台湾,而是为了美国在亚太地区的地缘政治利益"。今后台湾问题依旧会给中美关系带来冲击。

2. 美国重返亚太战略对中国国家安全的威胁

随着亚洲的崛起,亚太地区的经济和战略价值凸显,在美国全球战略中的地位不断上升。2009 年,奥巴马就任总统后,迅速调整了美国对东南亚的政策,加大对东盟国家的投入,积极参与东盟多边机制,"重返"亚太成为奥巴马的主要外交政策,这一政策使中国的周边外交承受了较大压力,地缘政治和安全环境日趋恶化。

在奥巴马政府主张南海地区"航海自由权、航空自由权"的唆使鼓动下,菲律宾、越南等国不断挑起与中国的南海问题争端,将南海问题扩大化,美国借此获得公开介入南海的机会和借口。美国一边声明对主权问题不持立场,一边强化对菲律宾的安全承诺及军事援助,直接刺激了菲律宾借机推动其南海利益诉求以及应对争端的强硬态度,美国就谈判《南海行为准则》问题加大对中国的施压力度,偏袒菲律宾、越南等国,阻挠中国在南海的合理要求,进而恶化了南海地区形势。奥巴马政府的"重返亚太"战略,一方面是出于美国在亚太地区的利益需要,另一方面也是在亚太地区平衡和制约中国,将中国视为对手在战略和军事安全领域加以制约防范的需要。奥巴马政府在菲律宾苏比克湾部署两艘核潜艇,实现半永久性驻扎,向菲律宾出售"汉密尔顿级"巡逻舰、F—16 战斗机等军备;与泰国签署《泰美防务联盟共同愿景声明》,加强防务联盟关系;在新加坡部署濒海战斗舰等新的军事设施。发展与印尼的全面合作伙伴关系,恢复与印尼特种部队中断了12年的交流活动;在越南举行了越战以来的联合海军训练,双方签署了关于防务合作的谅解备忘录;与马来西亚、文莱开展海上安全合作。同时,美国还加强了对缅甸、柬埔寨和老挝的军事渗透,削弱中国同这些国家的关系或对它们的影响力,与缅甸恢复大使级外交关系,实现了两国总统的互访。奥巴马政府还通过一系列的动作,在政治、经济、安全等领域加强了与东盟各国的关系,正式成为东盟机制的一员。由于美国一直在中国周边不断设子布局,加大对中国的防范与遏制,在加强与澳大利亚、日本、新加坡、新西兰、菲律宾等传统盟友关系的基础上,不断强化与印度、越南、缅甸等国的关系,对中国形成C型包围态势,给中国周边安全带来了巨大挑战与隐忧。"台海、东海、南海"已经日益成为困扰中国东亚地区政策与海洋政策实施的巨大屏障。

3. 中美双方经贸领域冲突加剧

自1972年尼克松访华中美关系恢复正常化以来,中美经贸关系发展迅速,目前,美国是中国第二大贸易伙伴国和第二大直接投资国;中国是美国第二大贸易伙伴和最大的国债持有国,中国连续11年成为美国增长最快的出口市场。中美两国已经在全球贸易中成为彼此最重要的经贸伙伴,两国的经贸依存度不断加深,经贸关系是中美关系中最具共同利益和发展潜力的方面,也是稳定的中美关系的重要基础。

但是,随着中国世界贸易大国地位的巩固,美国政府针对中国企业设置的各种贸易壁垒越来越多,美国从自身利益出发,不断为中美经贸关系和相互投资的发展制造障碍。近年来中国企业赴美并购多次未果,中国民营企业中兴和华为在美国的业务拓展以对美国国家安全有潜在危险遭到阻挠;三一集团的投资以妨害美国国家安全为由遭到禁止;美国对中国光伏出口企业进行贸易制裁;美国多次对中国产品进行反倾销、反补贴和特殊保障措施调查,并征收高额惩罚性关税,不断恶化中美贸易环境。美国继续严格限制高技术产品的对华出口,不允许卫星产品在中国发射,禁止对中国出口或转移卫星及相关产品。美国多次提出要把中国列为"汇率操纵国"加以制裁,美国在市场准入、投资环境、知识产权和人民币汇率等问题上一再压中国让步,甚至屡屡以贸易制裁相威胁。纵观这些年美国的做法,美国贸易保护的内容不断升级。2012年,美国政府决定"动用联邦政府的所有资源来调查并打击全球各地不公平的贸易活动,其中包括像中国这样的国家。"①

　　金融危机之后,亚太地区成为全球经济发展最为活跃、最为稳定的地区。美国认为中国利用东亚峰会、东盟 +1、东盟 +3、东盟地区论坛、东北亚自由贸易区等试图缩小美国在东亚地区的影响,于是启动由美国主导、未邀请中国参加的 12 国"跨太平洋伙伴关系"(TPP),意在对抗由东盟发起、受到中国积极支持但未含美国的 16 国亚太"区域全面经济合作伙伴关系",美国此举一方面是要牵制东亚经济一体化的有序推进,同时也是通过主导、推动新一轮的地区经济合作,遏制中国的对外经济合作及自身经济发展,掌握亚太地区发展的主导权,实现其在亚太地区的战略布局,尤其是与周边国家建立自贸区等经济合作项目,从经济地理上构建对中国的战略包围圈,这对我国参与的东亚区域经济合作进程带来很大的负面影响。美国还增加了对印度—东盟互联互通项目的投资,将印度与缅甸及整个中南半岛相连,以削弱该地区对中国经济的依赖,切断中国走向印度洋的陆上战略通道。由中国倡导成立的亚投行是体现发展中国家特色与需求的新兴亚洲区域多边开发机构,美国与日本没有递交申请,成为全球前十大经济体中缺席的两国,美国也曾一度试图阻挠其盟国加入亚投行。

　　中美两国又相互成为主要的贸易伙伴和投融资市场,加强两国在经贸金融经济方面的合作不仅有利于中美两国,对世界经济的发展也有重要作用;但中美关系中存在复杂因素,除原有的一些固有矛盾外,还有一些新的因素随时可能起到负面作用。美方对中国的许多举措存在猜疑,有些难以消除。美方现在特别关注中国军事力量的增长;中国推动"一带一路"的战略意图;中国在南海问题上的动机;中国同俄罗斯会不会发展战略合作关系甚至结盟。美方认为这些问题影响到美全球战略的实施,中方的某些动作挑战美国的战略利益。

　　中美关系是 21 世纪最重要的双边关系之一,两国从 70 年代共同对抗苏联的单一安全战略利益需要到如今合作领域广泛、利益交叉的全面性建设伙伴关系,走过了近 40 年不同寻常的发展道路。可以说,世界上还没有哪两个国家的双边关系像中国和美国这样起伏波折但又一直艰难的向前发展着,也很少有哪两个国家像中美两国这样有这么多的共同利益但又有如此大的分歧。

---

① 　heep:www. fmprc. gov. cn/chn/gxh/tyb/fyrbt/dhdw/t958213. htm。

面对日益复杂的国际形势,中美双方只有增加战略互信,才能走出一条共赢的道路。2014年是中美建交35周年,中美关系进入了构建新型大国关系的新阶段,推动构建新型大国关系,是中美两国政府和领导人就中美关系长远发展目标达成的共识,符合中美两国的利益,双方应尊重彼此的核心利益,兼顾彼此的共同利益,使中美关系沿着健康的轨道发展。

三、"战略互补"的中俄关系

1991年苏联解体,俄罗斯继承了苏联在联合国安理会常任理事国的地位,中苏关系演变为中俄关系。中俄关系建立之初,两国都背负着沉重的历史包袱,相互了解不深,政治发展趋向也不相同。在此背景下,政治意志对两国关系的发展起到了关键作用,两国领导人审时度势,坚定不移地推行中俄友好政策。1992年俄罗斯总统叶利钦首次访华,中俄发表联合声明,将双边关系确定为"互相视为友好国家"。1994年两国关系定位升格为"面向21世纪的建设性伙伴关系",1996年确定为"面向21世纪的战略协作伙伴关系"。2001年中俄签署了《中俄睦邻友好合作条约》,该条约作为指导新世纪中俄关系的纲领性文件,标志着双方关系进入一个新阶段,战略协作伙伴关系得到了进一步的充实和发展,在政治、经济、军事、人文等多个合作领域取得空前成就,目前处于历史最好的发展阶段。

1. "睦邻友好"是中俄关系的最佳定位

中俄两国政治互信达到新的高度,两国自建立国家元首和政府首脑定期会晤机制以来,基本覆盖了中俄合作的所有领域,为中俄战略协作伙伴关系提供了一个稳定、高效的制度框架。在涉及独立、主权和领土完整等重大问题上,双方一贯相互支持。彻底解决了两国边界问题,确立了边境地区军事互信机制,中俄边境地区比历史上任何时期都更加稳定、和平与安宁,中俄双方的国家安全环境大为改善。军事领域的合作向纵深发展,"中俄双方进一步巩固了以军事政治互信为基础、以军事技术合作为核心并开启了军事行动协同的军事战略协作关系。"①两国间的军事技术合作内容广泛,并先后举行了多个

---

① 张学昆:《中俄关系的演变与发展》,上海交通大学出版社、北京大学出版社2013年版,第199页。

层面的军事演习,大大提高了中俄有效应对新挑战、新威胁的能力,两国、两军务实合作不断发展。在国际事务中两国加强协调、深化战略合作,共同推动经济全球化朝着均衡、普惠、共赢方向发展,积极促使国际安全体系向更符合时代要求和各国利益的方向发展,推进国际军控和外空非军事化进程,努力促进多边军控和防扩散条约的普遍性和有效性,坚决打击恐怖主义、分裂主义和极端主义三股势力,有效地维护了各自国家和中亚地区的和平与安宁。可以说,"中俄两国在当前所有重大国际问题和地区问题上都有相同或相近的立场,彼此成为在国际事务中相互支持的主要伙伴和重要的战略依托。"①

中国与俄罗斯比邻而居,具有特殊的地缘政治关系和安全问题,俄罗斯是对中国边界和周边安全利益具有最大影响力的国家,因此"睦邻友好"是中俄关系的最佳定位。虽然中俄关系日趋成熟,但由于两国的国家利益不可能完全重合,因此不可避免存在一些问题,如受到地缘相邻、历史恩怨、经济发展差距等因素的影响,两国尚存疑虑,战略互信有待加强;在中美俄关系中难免受到美国因素的牵制;两国不同文化传统也会对中俄关系造成一定影响等等。为促使中俄关系朝着健康方向发展,必须正视并妥善解决存在的问题,进一步夯实战略基础。

2. 发展互惠双赢的中俄经贸关系

两国经贸合作经历了由小到大、由慢到快、由低水平到高水平、由磨合期到长期稳定发展期的发展轨迹,在多元化和互动中,构成了两国"新的经济合作特质"。苏联解体俄罗斯独立后,中俄贸易额 1992 年为 58.6 亿美元,到 2001 年才超过百亿美元,达到 106.7 亿美元。而从 2003 年开始,中俄两国经贸合作进入了快速发展时期。2003—2012 年的十年间,两国贸易额从 157.36 亿美元猛增至 881.6 亿美元,到 2013 年达到了 888.43 亿美元。中俄计划"双边贸易额 2020 年前达到 2000 亿美元并实现更高水平的目标"②。2014 年以来,伴随着乌克兰危机的不断发酵,俄罗斯与西方关系跌入了冷战结束以来的"冰点"。特别是美欧实施的数轮制裁使俄罗斯经济遭受巨大冲击,而自身畸形的经济结构所造成的脆弱性又加剧了其受损程度。在此种情形下,迫使俄

---

① 驻俄罗斯大使李辉在莫斯科国立语言大学的演讲《中俄关系的现状与发展前景》,http://www.fmprc.gov.cn/mfa_chn/wjdt_611265/zwbd_611281/t688002.shtml.

② 新华社莫斯科 2012 年 4 月 28 日电。

罗斯经济"向东看",积极寻求与新兴国家,特别是中国的经济合作,中俄双方在短时间内签署了有关能源、基础设施建设、高科技合作等一系列合作协议,这为中俄两国经贸合作关系的快速提升带来了新机遇。

能源一直是俄罗斯经济外交的重要手段,能源合作在中俄经贸关系中占有重要位置。这种合作既有利于俄方实现能源出口的多元化,为其欧亚平衡的外交战略奠定基础,又有利于中方构建能源进口多元化格局,保障国家的能源安全。近些年来,中俄能源合作取得突破,呈现良好发展势头。2009年2月,中俄在北京签署"贷款换石油"合同,中国向俄罗斯提供250亿美元的长期贷款,俄罗斯则从2011年至2030年按照每年1500万吨的规模向中国通过管道供应石油。2014年5月21日,中俄在上海签署了《中俄东线天然气合作项目备忘录》《中俄东线供气购销合同》两份能源领域的重要合作文件。双方商定,自2018年起,俄罗斯通过中俄天然气管道东线向中国供气,输气量逐年增加至每年380亿立方米,累计30年。这一让世界瞩目的"世纪大单"的签署,既结束了中俄两国持续十余年的天然气谈判,也显示了两国名副其实的新型大国伙伴关系。

边境贸易是两国经贸合作的重要组成部分,中俄边境贸易迄今已有300多年历史。传统的边境贸易是两国在边境地带进行的商品交换,随着国际经济贸易的发展,边境贸易已由简单的商品流通和交换发展到了包括边境经济技术合作、科技交流、生产投资、劳务合作等高级形式。中国是世界上邻国最多的国家,中俄边境贸易数额最大并整体保持增长势头,已成为促进两国毗邻地区经济繁荣发展的重要原动力,对于增进边境和谐与信任,扩大双方交流发挥着重要作用。

尽管目前中俄贸易关系水平整体不高,双边贸易结构性矛盾依然突出,相互投资规模过小,贸易秩序有待进一步规范等等,但由于这些年逐渐形成了一些相对完整成熟的合作机制,开拓了一些行之有效的合作领域,加之中俄漫长的边界线具有特殊的地缘优势,因此两国经贸关系将有巨大的合作空间和发展潜力。

3. 深化两国的人文交流合作

在中俄众多活动中,人文交流是一个新的亮点,也是两国合作新的重点方向。中俄在总理定期会晤机制下专门成立了人文合作委员会,在制度层面上更好地保障了两国的人文交流。2005 年中俄领导人决定 2006 年在中国、2007年在俄罗斯互办"国家年",该活动向两国人民和全世界集中、全面展示了中俄两国关系发展的成果。互办"国家年"是中俄两国关系史上的创举,双方共举办了 500 多项活动,包括政治、经贸、人文、科技、教育、军事等方方面面。活动内容之丰、涵盖领域之广、民众参与程度之高、社会反响之强烈,都创下了中俄交往史的新纪录。双方已确定将 14 个活动项目长效化、机制化,今后长期在两国轮流举办。互办"国家年""使两国民众深切体会到了中俄友好的浓烈气氛,充分领略到了中俄两国文化的博大精深,近距离感受到了两国的快速发展和深刻变化,为两国关系的持续稳定健康发展注入了强劲的动力。"①继成功举办"国家年"之后,两国领导人宣布在 2009 年和 2010 年启动两国"语言年"活动,在两国掀起学习对方语言、文化的新高潮。在政府交往机制化的基础上,努力扩大两国之间的民间交往和人文交往,将为两国关系的发展奠定坚实的社会基础。

4. 战略互补是未来中俄关系的主基线

中俄地缘相邻、利益互补,合作潜力巨大。2012 年李克强副总理访俄,称中俄合作是"共同创新的合作","中俄互为最重要、最有价值的战略伙伴"②。中俄关系经历了友好国家到建设性合作关系到战略协作伙伴关系的调整和发展,无论当前还是今后,战略协作伙伴关系模式是中俄关系的最佳选择,战略互补将成为两国关系的主基线。

首先,中俄两国边界与周边安全的战略互补。俄罗斯是中国最大的邻国,国家实力尤其军事实力强大,仍是世界上两个核超级大国之一。因此,"俄罗斯对中国的安全意义不是一般的、局部的,而是战略性的。"③两国关系友好即可得到最大的安全利益,两国关系紧张则会产生严重的安全威胁。

其次,经济和能源领域的战略互补。两国都处在快速崛起的关键时期,需要对方的市场,需要相互支撑。在能源生产和储备方面,中俄都是能源生产和

---

① 驻俄罗斯大使李辉在莫斯科国立语言大学的演讲《中俄关系的现状与发展前景》,http://www. fmprc. gov. cn/mfa_chn/wjdt_611265/zwbd_611281/t688002. shtml。

② 新华社莫斯科 2012 年 4 月 29 日电。

③ 倪世雄:《发展长期健康稳定的新型大国关系》,《当代世界与社会主义》,2013 年第 3期。

储备大国,但中国能源消费大于生产以致无法满足国内需求,不得不大量进口。而俄罗斯既是能源生产大国也是出口大国,俄罗斯希望摆脱对欧洲市场的过度依赖,进入中国的能源大市场。俄罗斯需要以能源振兴经济,中国需要外部能源以发展经济,双方相互需求相互依存。两国利用有利的地缘优势开展能源合作、经济合作,"互为对方地缘经济战略的攸关方,也互为对方地缘经济战略的重要方向和内容,是各自发展对外经济关系的不可或缺的战略伙伴。"①2014年5月中俄天然气4000亿美元"世纪大单"的签署,使西方众多媒体认为,拥有大量能源的俄罗斯和拥有巨大市场的中国的结合,将"可能形成新的东方"。

再次,两国特殊的双边关系的战略互补。中国和俄罗斯被美国视为主要的战略竞争对手和可能妨碍其全球领导地位的最大威胁。俄罗斯虽然经济规模远比不上美国,但军事力量不可小觑,尤其核力量足以和美国抗衡。随着俄罗斯经济的恢复,在其"近邻"国家的影响稳步扩大,在国际上的作用和影响将远远超出其经济比重。而中国近些年的迅速崛起,尤其GDP已超过德国、日本,也成为美国的一大隐忧。因此美国一方面在欧洲实施北约东扩战略,以遏制俄罗斯东山再起,另一方面在亚洲实施重返亚太战略,海外战略重心向亚太转移,以抑制中国崛起。由此,中国和俄罗斯均不同程度受到美国的战略挤压,使得俄美和中美的矛盾相对突出。"这种态势对中俄两国的对外政策目标、任务和手段的确定都产生了较大的影响,同时也使中国和俄罗斯的相互需要现实化,为中俄战略互补提供推动力。"②

最后,多极化世界格局中的战略互补。冷战结束以来,美国力图建立一个单极世界并充当世界领袖。而中国和俄罗斯则主张世界应是多极化的并希望占有一席之地。虽然中国和俄罗斯均无意与美国对抗,也无意结成反美同盟,但客观上中俄战略协作与互补是世界格局多极化的自然需要,有助于世界格局趋向平衡。在一些重大国际问题上,中俄有着趋同的利益和主张。中俄作为两个大国,是联合国安理会常任理事国,两国都在国际和地区事务中发挥着重要影响力,也是推动建立公正合理的国际秩序的重要力量。

---

① 丛鹏、张颖:《战略视角下的中俄关系》,时事出版社2011年版,第192页。
② 倪世雄:《发展长期健康稳定的新型大国关系》,《当代世界与社会主义》,2013年第3期。

从历史上看,中俄两国只有作为朋友,才能保证两国各项事业的顺利发展。从地缘因素来看,中俄两国4300公里的漫长边界,互为最大邻国,也要求我们只能作为"好邻居、好伙伴"。从文化角度看,应该努力消除影响两国关系长远发展的心理和社会障碍。从现实主义角度看,冷战结束以来,世界格局尽管发生了根本性的变化,但霸权主义、强权政治依然存在,国际新秩序正在加速形成,中俄关系正站在新的历史起点上。只要中俄双方在政治上增强互信,在经济上加强合作,在国际事务中相互支持和配合,扩大交流,增进理解和沟通,谋求共同发展,中俄关系的前景是美好的。

四、"陷入冰点"的中日关系

中日两国是一衣带水、隔海相望的重要邻邦,从地缘上看两国同属东北亚,是亚洲地区最重要的大国,从文化上看两国同根同源,历史上相互影响。纵观中日两国交往的历史,既有源远流长两千多年友好交往的过去,也有日本军国主义对中国半个世纪的侵略。但是中日两国在历史认识问题和历史遗留问题上的分歧,成为两国关系中挥之不去的阴影,直接影响了中日关系的改善。历史认识问题包括的内容很多,有教科书问题、慰安妇问题、劳工赔偿问题、南京大屠杀问题、靖国神社问题等等。历史遗留问题包括台湾问题、东海划界和钓鱼岛主权问题、日美安保问题、中国民间受害索赔问题等等。其中教科书问题、靖国神社问题和钓鱼岛主权问题目前是诸多问题的焦点。进入21世纪,中日两国关系的发展陷入自建交以来最严峻的时刻,中日关系的走向涉及亚太地区乃至整个世界的发展变化。

1. 篡改历史教科书问题

从20世纪50年代起,日本右翼势力就开始在教科书上做文章,利用教科书否定侵略,将其中"战争反省"的内容删掉,日本篡改教科书的问题由此产生。自20世纪80年代以来,日本在历史教科书中对侵华战争历史事实作了歪曲的描写。1982年6月,日本文部省审定通过了对日本近代战争史有多处篡改的中学历史课本。进入新世纪的2001年,大规模篡改教科书事件复又发生,被大肆篡改的历史教科书多次通过日本文部科学省的审定。这件事情在当时引起了中国的强烈反应,但是,日本政府没有接受中国和韩国等各国的反应,回绝了中韩两国政府有关修改历史教科书的要求。2011年3月30日,日本文部省公布了新版教科书审定结果,全部七家出版社发行的社会科教科书均声称钓鱼岛是日本领土,中国外交部对此向日方提出了严正交涉。

2014 年日本文部省对准备启用的新一轮小学教科书的审定中,被认可合格的小学教科书中,首次出现称钓鱼岛为日"固有领土"的字样。2015 年是世界反法西斯战争胜利 70 周年,日本文部科学省公布了将采用的初中教科书审定结果,首次在社会课程教科书中列明钓鱼岛及独岛(日称竹岛)为"日本固有领土"。平顶山惨案、"三光"政策、731 细菌部队、花冈惨案、慰安妇、强制劳工等这些中国人永远铭记的那些悲惨的战争史实,彻底地从教科书中销声匿迹了。在日本政府的默许下被篡改的历史教科书,每次在审定期间都毫无例外地遭到亚洲等受害国及其民众、甚至是日本国内进步人士的强烈抗议,但是日本政府除了进行一些外交辞令式的支吾搪塞外,就是以"言论出版自由"为挡箭牌加以应付,根本无意制止和约束右翼肆意篡改侵略历史的言行。所以,教科书问题今后无疑还会出现。

2. 参拜靖国神社问题

靖国神社供奉着日本自明治维新以来的 246 万多名战死者,有 210 万名死于二战期间,其中除了 1000 多名乙、丙级战犯之外,更有东条英机、板垣征四郎等 14 名发动侵略战争、手上沾满了被侵略国家人民鲜血的甲级战犯。

从 1951 年吉田茂开始,日本各届首相几乎都曾到过靖国神社参拜。1985 年,中曾根公开率阁僚正式参拜靖国神社,成为第一位以现任首相身份参拜靖国神社的日本国家领导人,引起了中韩的强烈抗议。1996 年,桥本龙太郎以首相身份参拜靖国神社。2001 年,小泉纯一郎组阁后,当年就以首相身份参拜靖国神社,小泉在任期间六次参拜靖国神社,令亚洲邻国义愤填膺,中韩两国冷冻了与小泉进行首脑外交,韩国民众甚至以公开斩断自己手指的方式抗议,小泉无视这些反对声依旧我行我素,顽固坚持参拜供奉着甲级战犯的靖国神社,从小泉任首相开始,中日关系急剧滑坡。时隔 6 年后,2012 年安倍首相以私人身份参拜靖国神社,中国外交部对此表态:安倍悍然参拜靖国神社,日方必须承担一切后果。韩国取消一系列两国的防务官员会晤和军事交流计划。2015 年,安倍首相的心腹,日本执政党自民党政务调查会长稻田朋美率多名政府高官参拜了供奉有二战甲级战犯的靖国神社,稻田在参拜后称"参拜靖国神社是日本人和主权国家的责任义务和权利"。

日本首相及幕僚参拜靖国神社,这种公然为侵略罪行翻案的行径,严重伤害了中国和亚洲各国人民的感情,遭到了中国及亚洲各国人民和政府的强烈谴责。参拜靖国神社是日本政府错误对待历史的问题的集中体现,这一问题已经成为日本政治的顽症,是破坏中日关系正常发展的重要因素,也是中日双方在历史认识问题上产生矛盾的关键问题之一。中日历史问题的最终解决取决于日本对历史认识的改善,正确对待历史,是处理中日关系无法回避的问题。日本政要参拜靖国神社和篡改历史教科书问题都是中日两国关系发展道路上的主要障碍。

3. 钓鱼岛及其附属岛屿主权问题

"从善如登,从恶如崩",曾有学者用这句话来比喻脆弱的中日关系,而钓鱼岛就是其中一个最容易挑起中日两国敏感神经的所在。

钓鱼岛及其附属岛屿自古以来就是中国神圣领土不可分割的一部分,从历史、法理和地理上都属于中国。但是,二战后美国违反《开罗宣言》与《波茨坦公告》,与日本签订了片面的《旧金山和约》,将钓鱼诸岛连同日本冲绳交由美国托管。1971年,美军把冲绳管辖权交还日本的时候,钓鱼岛及其附属岛屿也被划入归还区域交给日本,钓鱼岛问题由此而来。在中日复交过程中,中方从恢复中日邦交的大局出发,确定了在联合声明中不涉及钓鱼岛问题的方针。双方对"搁置争议"没有表示异议。此后,中国还提出了"搁置争议,共同开发"的建议。

但1979年日本在钓鱼岛上修建了直升机场,海峡两岸都向日本提出了交涉和抗议。1990年以来,日方在岛上修灯塔,刻木牌,企图国际社会承认其对钓鱼岛的主权。2002年小泉纯一郎执政期间,日本政府与钓鱼岛所谓"岛主"签订了"租约",每年出资2256万日元"租借"钓鱼岛及其附近的南小岛、北小岛,实施所谓"国家管理"。2009年日本民主党执政后,在钓鱼岛问题上采取同样立场,日方不承认曾与中国就搁置钓鱼岛争议达成共识,强调同中国之间没有领土争议问题。2012年石原慎太郎称"东京政府决定从私人手中购买钓鱼岛",引发所谓"购岛事件"并持续发酵,再度掀起了钓鱼岛争端。日本在最新的2014年外交政策蓝皮书中声称对钓鱼岛拥有主权,将钓鱼岛问题归结为"不存在需解决的领土主权问题",将独岛认定为日本领土,声称将努力通过国际法解决这一领土问题。对此,中国外交部发言人洪磊表示,日本新版《外交蓝皮书》罔顾基本事实,恶意渲染"中国威胁",无论日方试图以何种手段混淆视听,都无法改变钓鱼岛属于中国这一客观事实,也不会动摇中方维护国家领土主权的坚定意志。韩国也就日本 2014 外交蓝皮书提出严正抗议。2015 年,日海上保安厅财年预算申请总额为 2041 亿日元,比 2014 财年最初预算增加 11%;申请增加人员 566 人,此举为购买巡逻船和喷气式飞机等新装备,以加强"巡逻"钓鱼岛周边海域,包括力争 2015 年成立"钓鱼岛事务"专属团队。

随着美国对中国实施海洋战略围堵,第一、第二岛链的形成,钓鱼岛的军事价值和战略地位越来越凸显出来。钓鱼岛位于冲绳海槽的西侧上沿,如果日本占有钓鱼岛,并以此为基础划分东海的专属经济区范围,那么日本将多占 7 万~20 万平方公里海域,中国不仅丢失大量的海洋管辖区和海底资源,而且美日对中国的战略封堵线将从第一岛链又前推到中间线以西。钓鱼岛问题涉及中国国家主权和领土完整,涉及民族的尊严和国防安全,中国绝不可能退让,当务之急是控制危机,避免成为一场公开的冲突,然后再逐步想办法理顺关系。

2015 年 3 月 5 日李克强总理在回答记者提问时答道:"今年是中国人民抗日战争和世界反法西斯战争 70 周年,当前中日关系比较困难,根子在于对那场历史的认识。保持正确的历史观,要以史为鉴,面向未来。"中日两国人民之间有着数千年友好交往的悠久历史,中国文化对日本文化的深刻影响,使中日两国形成了无法割断的历史联系。自 1972 年两国建交以来,两国有过"蜜月期",也有过剧烈的摩擦和矛盾,但是从来没有达到今天这样濒临破裂的边缘。中日两国目前在政治上有篡改教科书、参拜靖国神社否认历史等问题;在军事上有日美军事同盟日益强化、针对台海和中国崛起的意图日益明显的问题;在领土上有钓鱼岛及其附属岛屿的主权争端、东海海洋权益的问题,这些都是涉及中国国家核心利益的问题,如果没有妥善的解决方法,中日关系的发展前景不容乐观。"和则两利、斗则两伤",中日关系来之不易,双方都应该以史为鉴,加强彼此间的相互理解,增信释疑,这是关系未来中日关系能否回来良性发展轨道的基础。

五、"稳定中发展"的中欧关系

欧洲是西方文明的起点,是工业文明的发源地,是发达国家最集中的地区。欧盟是欧洲的核心和主体,是当今世界一支重要而独特的力量。作为当今世界上两股重要的政治经济力量,中欧关系经历了一段总体平稳中间略有曲折的发展历程。进入新世纪,在双方共同努力下,中欧关系稳中有升,变中有进,中欧双方为世界和平、稳定、发展做出了积极贡献。40年来,中欧关系经受了时间和国际风云变幻的考验,现已步入稳定的发展轨道。特别是进入新世纪以来,中欧关系呈阶梯式发展:从1998年"合作伙伴",发展为2001年"全面合作伙伴",提升为2003年"全面战略伙伴"和2014年以"和平、增长、改革、文明"四大伙伴为主要内涵的全面战略伙伴。致力于发展全面战略伙伴关系,从政治、经济、文化层面保持战略互动,已经成为中欧双方的共识。

1. 中欧全面战略伙伴关系进一步充实

中国和欧盟1975年建立外交关系以来,双方关系得到长足发展。从1998年建立合作伙伴关系,到2001年建立全面合作伙伴关系,再到2003年建立全面战略伙伴关系,中欧关系不断深化。在国际环境日益复杂,欧债危机仍在持续的背景下,中欧关系不仅经受住了考验,而且保持了稳定发展的大局。经过双方的共同努力,中欧之间各种对话机制得以建立并日益制度化,双方政治互动频繁,除一年内举行两次中国——欧盟领导人会晤外,中国与欧洲国家高层互访频繁,各级别对话与合作不断深入,依托高级别战略对话、经贸高层对话、高级别文化交流对话机制"三大支柱",中欧合作涵盖了80多个领域。"这种对话机制的制度化水平和范围在中国对外关系格局、特别是与其他大国关系中是极为罕见的,在中欧关系中发挥了积极作用。"①中欧相互间的依存度不断加深,双方相继启动了中欧气候变化伙伴关系、中欧城镇化伙伴关系、中欧能源对话,中欧双方已成为彼此发展进程中不可或缺的重要合作伙伴。

2014年,中国国家主席习近平对欧盟总部进行访问,这是中欧1975年建立外交关系以来,中国国家元首对欧盟总部的首次访问,是新形势下中国为推进大国关系采取的又一次重大外交行,这次访欧使中欧关系有一个很大的升级,习近平强调中欧之间是作为维护世界稳定和平的两大力量,是作为共同发展和世界经济增长的两大市场,是作为世界多样性和人类美好未来的两大文明,这三个"两大"是对于中欧关系的新定位,进一步丰富了中欧全面战略伙伴

---

① 房乐宪:《从中欧光伏之争看当前中欧关系》,《和平与发展》,2013年第4期。

关系内涵。中国和欧盟首次发表了关于深化中欧全面战略伙伴关系的联合声明,提出共同打造和平、增长、改革、文明四大伙伴关系,开辟了中欧关系发展的新道路。2015年是中国与欧盟建交40周年,第五轮中欧高级别战略对话在北京举行,中欧双方强调将规划好未来关系发展,扩大合作领域,大力挖掘中欧金融、基础设施、数字化等新兴合作的潜力,互联互通相关政策协调问题,比如欧盟的战略投资基金和一带一路机制之间的协调,共同努力为中欧关系发展注入新动力。

2. 中欧经贸关系经受住了危机考验

中欧关系未来发展的基础和重心仍然是经贸领域的合作。经贸关系在中欧关系中占据主要成分并作为主要推动力量,不仅因为中欧是世界上举足轻重的经济和贸易体,更因为欧盟的主要权能和实力以及欧盟在世界格局中的权重,也主要体现在经贸领域。①

欧盟在2008年遭受国际金融危机的重创后,又相继发生了主权债务危机,欧债危机席卷了大半个欧盟国家。尽管欧盟各国经济受到欧洲主权债务的冲击,但是中欧贸易关系经受住了危机考验,双边贸易稳定发展,欧盟是中国第一大贸易伙伴和最大出口市场,中国亦是欧盟第二大贸易伙伴和增长最快的出口市场。截至2013年底,欧盟对华累计投资超过900亿美元;中国对欧盟累计直接投资也已经超过了350亿美元。在中欧企业实体投资与合作中,投资的主体不再限于国有公司,投资领域涉及广泛,投资合作质量也大为提升。中国与欧盟签署的政府协议和商业合同涉及农业、金融、汽车、通讯、化工和基础设施建设等诸多领域。中国企业海外投资步伐也大为加快,中国三峡集团入主葡萄牙电力公司;三一重工收购了德国工程机械"大象"普茨迈斯特公司;中国国家电网公司购得葡萄牙国家能源网公司25%股份,成为公司第一大股东。2014年1月份,中国与欧盟贸易呈现了快速发展的良好势头,以美元计增长了17.7%,其中,中国对欧出口354.1亿美元,增长18.8%;自欧进口203.2亿美元,增长16%。中欧在科技、教育、文化交流、城镇化、环保合作、区域发展、城乡一体化等诸多领域的合作力度也在不断加深,中欧关系超越了简单的贸易关系,中欧企业的投资合作更加密切,双方的共同利益逐渐扩大,中欧经贸关

① http://www.pishu.cn/Web/c_0000000600110004/d_51179.htm。

系已成为世界上规模最大、最具活力的经贸关系之一。双方坚持通过平等对话和磋商处理贸易摩擦,成功解决了光伏电池、多晶硅、葡萄酒等产品的摩擦。

2015年,贸易仍是中欧关系的核心,欧盟寻求加强对华关系的努力仍侧重于贸易和投资谈判。随着"一带一路"建设的推进,将催生新的多边发展机制。"一带一路"的实质就是亚欧非合作,中欧双方将本着共商、共建、共享原则,逐步实现发展战略的深度对接,将中欧战略合作落到实处、推向前进。另外,继成功吸引欧洲多国加入中国主导的亚投行后,中国将借与欧盟建交40周年契机,推动中欧关系更上一层楼,提升中国在国际社会的影响力。

3.中欧人文交流对话机制得以启动

中欧都拥有源远流长的文明,开展人文交流的领域广泛,内容丰富,潜力巨大。近年来,在双方共同努力下,人文交流已成为继政治、经贸合作之后的"第三支柱",使中欧关系的架构更均衡、内涵更丰富、影响更广泛。

在"2011中欧青年交流年"和"2012中欧文化对话年"期间,双方在中国及欧盟联合举办中欧青年周、可持续发展青年论坛、"志愿者之桥"等百余个项目,增进了中欧青年之间的了解与友谊,扩大了中欧机构和青年组织之间的共识与合作,为双方进一步合作打下了基础。欧盟鼓励中方科研人员和机构参与"玛丽居里行动"和欧盟"地平线2020计划"的相关计划,中方努力探索并加强双方在长期互换青年研究人员领域的合作。中欧双方希望人文交流对话机制"为中欧双方进行对话、讨论和交换意见提供重要的平台,最终引导双方在充分尊重各自极富价值的多样性基础上,为推动社会的积极发展而采取坚实的行动。"中欧人文合作步入机制化、规范化的轨道,成为进一步夯实中欧关系民意基础的稳定推动力,有助于增强双方人民之间的了解与互信,增进彼此的理解和尊重,这是中欧双方基于中欧关系长远发展需要的战略选择,对中欧关系的长期稳定发展至关重要。借助于中欧高级人文交流对话机制的平台,加强中欧之间政党、文化、体育、智库、媒体等多层次交往,增进包括青年在内的广大民众往来,促进相互了解和理解,推动双方在教育、文化、青年等领域开展更大范围、更深层次的人文交流。这些交流促进了两大文明相互理解、相互借鉴,进一步推动世界不同文明和谐共处。

在中欧关系稳定发展的同时,双方也存在着摩擦与矛盾。2008年,欧盟轮值主席萨科齐公开会见达赖,引起中国政府和人民的强烈不满,导致第11次中欧峰会取消。部分欧盟国家在"人权"、西藏、新疆问题上对中国指手画脚。2013 年欧日领导人会晤发表的共同声明称,欧盟对日本行使"集体自卫权"表示欢迎,并对东亚地区的紧张局势表示忧虑。另外,欧盟贸易保护主义抬头,不时制造各种贸易摩擦,限制中国商品进口。据世界贸易组织最新统计,中国是世界上出口产品受到反倾销最多的国家,自 1978 年以来,已有多个国家和地区对中国出口产品发起反倾销调查,而其中欧盟占排名第一。中方倡导求同存异、合作共赢理念,主张通过平等对话和友好协商共同管控经贸问题,把贸易摩擦的火花压下去。在近年几起大的贸易摩擦问题上,中欧双方一直沿着正确的渠道去处理,体现了双方的务实态度和合作精神。

作为当今世界两大力量、两大文明和两大市场,中欧之间的合作和互动应该是全方位的,双方应进一步挖掘和释放合作潜力,以创造性思维发展中欧关系,共同创造中欧双方更美好的未来。

专题六

中国与周边国家关系

一、"稳中求进"的中印关系

中国和印度都曾是世界文明古国，又同为当今世界的新兴大国，中印关系已成为大国关系中最重要的双边关系之一，中印关系的健康发展不仅关系到两国能否实现本民族的伟大复兴，而且也将对地区乃至全球产生重大影响。纵观历史，两国有过相对密切的友好关系，共同倡导了举世闻名的和平共处五项原则，也发生过曲折和战争，西藏问题、边界问题、中巴关系等至今影响着两国关系的发展。20世纪80年代末，两国关系全面恢复，但之后的发展也非一帆风顺，印度不仅进行核试验，还公开地把核试验的理由一度说成是"中国威胁"，直至新世纪以来，两国关系再度进入了相对平稳发展的新时期。但是，两国同为地区大国，同样有着民族复兴的伟大梦想，在地缘政治上既有共同利益，也存在误解和利益冲突，是"龙象共舞"还是"龙象之争"还有一些不确定因素。一方面，两国经贸关系发展迅速，双方是重要的合作伙伴，两国在复兴之路上都需要稳定的周边局势和相互合作，另一方面，印度逐渐加强了对印度洋的控制，对南海问题的关切和介入，近两年还特别加强与日本的联系，加上历史遗留问题，双边关系仍然存在不少挑战因素，只有不断增强互信，面向未来，推进两国关系发展才符合两国根本利益。

21世纪以来，中印关系取得的主要成果首先体现为通过高层互访签署了一系列合作文件，为两国关系发展搭建了平台，确定了基本框架。两国总理于2003年签署的《中华人民共和国和印度共和国关系原则和全面合作的宣言》，为发展两国关系提供了指导原则，努力推动中印长期建设性合作伙伴关系的发展,印方首次在两国合署的文件中承认西藏是中国领土的一部分。之后,又升级为面向和平与繁荣的战略伙伴关系,双方一致认为中印全面经济和贸易关系是两国战略合作伙伴关系的核心组成部分。此后又通过高层访问陆续确立了中印两国建立面向和平与繁荣的战略伙伴关系,签署了《解决两国边界问题的政治指导原则的协定》,提出了深化中印战略合作伙伴关系的10项战略。2010年,温家宝总理访问印度期间,双方发表联合公报,决定建立两国元首、政府首脑定期互访机制,确立2015年双边贸易额达到1000亿美元的新目标。2014年,中印两国总理实现了59年来的首次互访,双方确认深化战略安全合作,保持高层定期互访与接触,加强各领域、各层次对话磋商;妥善管控处理分歧,努力通过谈判协商寻求双方都能接受的解决方案,共同维护边境地区和平与安宁。密切在国际和地区机制中的协调配合,应对传统和非传统安全挑战,维护发展中国家共同利益。2015年两国延续了高层的频繁往来,双方签订了大单贸易协议,建立两军总部热线联系,首次同意加强本地区的反恐合作,维护边境地区的和平稳定。

在上述框架下,中印经贸关系发展迅猛。目前,中国是印度第一大贸易伙伴,印度是中国第十大贸易伙伴,也是中国在南亚最大的贸易伙伴。双方投资持续发展,在能源、科技、人文领域的合作稳步推进。据统计,两国贸易额在1991年仅为2.65亿美元,但新世纪以来,中印经贸关系发展迅猛。2007年双方贸易额为386亿美元,中国成为印度的第一大贸易伙伴。[1] 2011年,达到创纪录的739亿美元,是2000年两国贸易额的25倍,是1991年的284倍。[2] 2015年,双方贸易额达千亿。同时,双方投资稳定发展。2014年两国高访中提出继续挖掘经贸合作潜力,期间,两国共签署了15项合作文件,涉及经贸、金融、交通运输等诸多领域,其中加强铁路合作与兴建两个产业园区项目最为引人注目。中方承诺将帮助印度改造升级老化的铁路系统,投资建设两个工业园,并争取在未来5年内向印度工业和基础设施发展项目投资200亿美元。此外,中印双方还将加快推进孟中印缅经济走廊建设,开展在丝绸之路经济带、21世纪海上丝绸之路、亚洲基础设施投资银行等框架内的合作,推动区域经济

---

[1]　金祥波:《形势与政策概论》,中国社会科学出版社2011年版,第225页。
[2]　李莉:《中印关系走向成熟及其原因探析》,《现代国际关系》,2013年第3期。

一体化和互联互通进程。

与经贸关系同时发展的是多领域合作。新世纪以来,双方在能源、科技、人文领域的合作稳步推进。能源方面,双方加强了在清洁能源和可再生能源方面的合作;在科技领域,双方将地震工程学、气候变化和天气预报、以先进材料为主的纳米技术和以生物纳米为主的生物技术及制药列为四大合作领域。同时,两国还决定合作开发数字电视和移动通信标准。在人文领域,两国通过"中印友好旅游年"、"中印交流年"、"中印友好合作年"、"国家节"等系列活动推动人文交流。2015 年,在中国举办了"印度旅游年"。2016 年 1 月,"中国旅游年"在印度开幕,习近平主席出席开幕式。国家旅游局局长李金早表示,2015 年,中印双向交流人数已达 90 万人次,今年预计将突破百万人次,随着两国经济持续快速发展和人民生活水平不断提高,两国都迎来旅游业发展的黄金期①。通过以上活动构筑了人文交流纽带,加强两国民众间的情感沟通,进一步夯实两国友好关系的社会民意基础,不断充实中印更加紧密的发展伙伴关系内涵。

中印关系发展的成果是有目共睹的,但是中印关系也是最复杂的双边关系之一,面临不少挑战。其中既包含由于历史原因造成的"心理阴影",也包含地缘政治造成的"结构矛盾",还包含安全领域的"战略疑虑",更包含现实交往中的"利益纠葛"。② 目前,影响双边关系的主要因素如下:

1. 边界问题

中印两国的边界争端是影响两国关系的核心因素。两国边界长达 2000 多公里,其中有争议的边界线长达 1700 公里,大致可分为西、中、东三段:其中西段指中国的新疆、西藏同印控克什米尔地区接壤的边界,面积为 3.35 万平方公里;中段指从中国、尼泊尔、印度三国交界处起,沿喜马拉雅山脉向西北到中国西藏阿里地区与印控克什米尔的部分接壤处,面积约 2000 平方公里;东段是两国争议最大的地区,从中国、缅甸、印度三国交界处起,沿喜马拉雅山南麓向西至中国、不丹、印度三国交界处,涉及面积约 9 万平方公里。中印边界从未正式划定过,但长期以来有着传统习惯线,西段沿着喀喇昆仑山脉,中段沿着喜

① 广州日报 2016 - 1 - 17,第 1 版。
② 马加力:《当前中印关系的主要特点》,《和平与发展》,2013 年第 4 期。

马拉雅山,东段沿着喜马拉雅山脉南麓。不过印度独立以后,企图单方推行非法的麦克马洪线,造成既定事实,结果导致了1962年的边界战争,恶化了两国关系,影响了两国之间的互信,为两国关系的深入发展埋下隐患。目前,边界地区相对稳定,虽然2013年发生了外界称的"帐篷对峙"事件,但总体保持了安宁,两国仍努力推动边界谈判工作。

2. 西藏问题

印度独立以后,出于对自身利益的考虑,一直企图把西藏从中国分离出去,人为制造一个两国之间的缓冲区。西藏解放期间,印度政府一直阻挠西藏的和平解放进程。1952年,印度政府向中国递交了一份《关于印度在西藏利益现状》的备忘录,提出印度在西藏地区的所谓特殊利益,中国政府对此申明英国政府与旧中国基于不平等条约而产生的特权已不复存在,新中国与新的印度政府在中国西藏地方的关系,要通过协商重新建立起来。1959年,西藏叛乱,达赖喇嘛叛逃,印度政府容留达赖及其追随者,在印度建立"流亡政府",支持"藏独"活动,时至今日,印度仍然把西藏作为制衡中国的一张牌。在西藏问题上,虽然2003年印度政府明确承诺不支持包括达赖在内的西藏人在印度领土上从事反对中国的政治活动,但从实际上看,印度始终将达赖集团视为其战略资产,长期纵容和鼓励藏独分子从事分裂、破坏活动,从未放弃以西藏问题来制衡中国的战略。印度侵占我国藏南地区,又在现实政治中用两面手法,对双边政治关系造成了损害,也影响了两国关系的稳定性。

3. 中巴关系

中巴关系是影响中印关系的又一个重要因素。由于地缘关系和历史原因,中国和巴基斯坦建立了长期友好关系,建交60多年来,无论政局怎样变化,都没有发生大的波动,被称为"全天候的战略伙伴关系"。由殖民统治导致的印巴分治使印度和巴基斯坦成为两个相互独立的国家,至今缺乏互信,因此,印度对中巴密切关系耿耿于怀。事实上,中国发展中巴关系有历史原因,有经贸往来的需要,也有国家发展战略的考虑,并非针对印度,而且到20世纪90年代,中国已经调整了对印巴两国的政策,采取相对平衡的南亚政策,积极推进中印关系发展,但印度方面不少人仍然在中巴关系问题上大做文章,认为中国仍在利用巴基斯坦遏制印度,把中巴正常的合作视为对印度安全的严重威胁。巴基斯坦是中国通往中亚、中东、非洲和印度洋的重要通道,中巴关系发展稳定,合作前景广阔,随着中巴关系的进一步发展,有可能会对中印关系造成影响和波动。

4. 地缘政治

中印两国同处于亚洲,过去同为文明古国,现在同为金砖国家,近些年经济增长迅速,都是人口大国和新兴大国,中国崛起和印度崛起都是世界性议题。随着国力的提高,印度不满足于在南亚的影响力,而开始推行"东向政策"。进入 21 世纪后,印度的"东向政策"加大向亚太地区扩张,从经济转向政治和经济并重,越南、印尼、缅甸、日本等国正在成为印度"东向政策"的重要筹码,印度推进其"东向政策"明显有制衡中国的意图,例如 2011 年印度把力量深入到中国南海,与越南联合开发南海油气田,侵犯了中国主权,影响了两国关系。此外,两国在印度洋问题上互信也需要加强。印度越来越重视海洋利益,重视在印度洋的主导地位,但随着中国的发展,能源需求大大增加,中国绝大部分石油进口来自中东和非洲,经印度洋和马六甲海峡等通道运至中国。印度洋和马六甲海峡地区的安全影响着中国经济命脉的"海上生命线",中国不能不重视在印度洋的安全,近年来中国海军为保护印度洋运输通道安全而采取派遣远洋舰队前往亚丁湾护航的行动,也引起印度的担忧。特别是某些西方国家炒作中国制定"珍珠链战略",意欲挑战印度在印度洋的主导地位,引起印度的强烈反弹,在中国重新接管巴基斯坦瓜达尔港以后,印度对中国未来的海洋活动显露出更大的疑虑。

中印关系是复杂的双边关系,一方面经贸关系发展迅速,在一些国际问题上保持良好合作关系,双方同为发展中国家,两国有很多共同利益;另一方面两国关系发展又有明显障碍,印度对中国的基本政策具有两面性,被认为是对中国的隐性遏制政策,印度的"东向"政策和印度洋政策都反映出对中国的防范和制衡。虽然有很多不确定因素,但今后一段时期,和平共处,努力减少分歧,谋求共同发展才是符合两国利益的。为了促进两国关系发展,双方需要努力增强互信,以新型安全观来看待两国战略安全问题。近些年,中印双方积极发展双边和多边关系,除双边合作外,在 20 国集团、金砖国家、基础四国、多哈回合谈判中,双方保持沟通,在国际金融危机、气候变化、能源和粮食安全等重大全球性问题上协调立场,有助于加强两国关系的发展。军事上,两军也展开了联合军事演习,这些在一定程度上有助于两国关系发展。此外,两国还可以加强非传统安全方面的合作。中印两国境内都曾遭遇过恐怖袭击,随着两国的发展,都在印度洋都有重要利益,而印度洋是世界上海盗猖獗的地区,对世界航运安全造成了很大的威胁。维护印度洋地区海上航线的安全是两国共同的目标。两国在海上搜救和人道主义援助方面可进行实质性合作。除了高层交往和政府推动以外,中印两国需要大力加强民间交往,建立良好的民意基础。2016 年 5 月,中印媒体对话会在内蒙古库布其、贵阳两地举办,中国与印度的媒体高层人士出席并就"中印如何加强反恐等安全领域的合作"、"实现可持续发展目标——中印在消除贫困与应对气候变化方面的合作机会"、"绿色是没有国界的——'一带一路'战略机遇下的中印绿色合作展望"以及"跨界对话——从班加罗尔到贵阳"等议题展开对话和讨论,旨在增进中印媒体间的相互了解与认知,消除误解,弥合分歧,助推中印关系和谐发展。

值得一提的是,2013 年习近平主席访问东南亚时正式提出共建"21 世纪海上丝绸之路"的倡议,李克强总理在访问印度时提出共建孟中印缅经济走廊,2014 年 2 月,时任印度总理辛格表态印方将积极参与丝绸之路经济带和孟中印缅经济走廊和建设。双方将加强对话,在政策沟通、道路互联互通建设、投资贸易畅通、货币流通、民心相通五个方面加强"一带一路"建设上的合作,继续加强经贸往来,在多个领域努力拓展,提高合作水平。此外,2014 年是"中印友好交流年"及和平共处五项原则发表 60 周年。中印两国组织了庆祝会、大学生互访、青年互访、地方政府代表团互访等一系列人文交流活动,扩大各个层面的了解和往来。2014 年 9 月,习近平主席访问印度,中印两国领导人就发展中印关系、发展两国全方位合作及妥善处理边界问题达成了重要共识。双方将进一步发展面向和平与繁荣的战略合作伙伴关系,深入对接发展战略,全面提升务实合作水平。印方愿参与中方关于建设孟中印缅经济走廊和亚洲基础设施投资银行相关倡议。中印还将共同管控好边界分歧,尽量避免因边界问题影响两国关系发展。2015 年 5 月,印度总理莫迪访华,双方确认进一步充实两国发展伙伴关系的内涵,两国合作的地区和国际影响力进一步提升。访问期间两国签署了 45 项文件,这些协议不仅数量空前,涉及金额也远远超过预期,在上海签署的商业协议涉及金额将近 200 亿美元。合作领域涵盖航空航天、地震合作、海洋科考、智慧城市、网络、金融、设领、教育以及政党、地方、智库交往等各个方面。所有这些成果必将为两国关系发展注入新的动力与活力。隐忧在于印度对在中巴经济走廊穿过巴基斯坦控制的克什米尔地区表示反对,对海上丝绸之路计划也有分歧,印度担心中国在印度洋的影响。中国对印度的"东向政策"和近年来大力拓展与越南、菲律宾的关系以及和日本、美国的军事合作也表示关注。尽管双边关系中有一定的障碍和不确定因素,但可以确定的是中印双方应抓住机遇,共谋发展,这还需要双方有更高的视野,更多的交流与合作,减少分歧和矛盾,促进两国共同发展。

二、"全天候"的中巴关系

巴基斯坦是与中国接壤的友好邻邦,也是最早承认新中国的伊斯兰国家。两国建交 60 多年以来,建立和保持了高度的政治互信,国际环境和国内政局的变化以及不同的社会制度、意识形态都没有阻挡两国的友好发展,在国际问题上,相互支持;面向未来,不断拓宽合作领域,双边关系在政治、经贸、军事、文化等各个领域持续深入发展,两国关系被两国领导人和两国媒体誉为"全天候、全方位的战略合作伙伴关系",成为维护地区和世界和平、稳定的重要力量。当然,随着全球化深入发展,两国关系的发展也会受到国际国内一些问题的制约,所谓"全方位"合作还需要两国大力推动。

回顾历史,中、巴两国在新中国成立之初因为冷战背景和社会制度的差异并没有马上建立起政治互信,但国家利益的一致性很快成为主导两国外交关系的准绳。1951 年,中巴两国正式建立外交关系。建交之初两国关系较为冷淡,但也开始逐步建立政治互信。1955 年万隆会议期间,中国总理周恩来与巴基斯坦总理穆·阿里举行了两次友好会谈,双方对加强两国多领域的交流与合作达成共识。20 世纪 60 年代,两国友好关系逐渐巩固。巴基斯坦在表决恢复中国在联合国合法权利的联大提案中投赞成票,开始了两国在国际问题上相互支持的历史。双方本着互相尊重、利益兼顾的原则进行友好谈判,就双方边界问题达成原则性协议,签订了《关于中国新疆和由巴基斯坦实际控制其防务的各个地区相接壤的边界的协定》。1965 年,第二次印巴战争爆发,中国坚定支持巴基斯坦维护国家主权和领土完整的斗争,给予巴方多方面的支持,战后两国关系进一步加强。从 1965 至 1971 年,巴基斯坦在历届联合国大会上都以提案国的身份坚定支持恢复中国在联合国的合法权利。20 世纪 70 年代以后,两国友好合作关系不断加深,高层往来密切。中国发生"89 风波"以后在外交上被西方孤立的时候,巴基斯坦对中国表示理解和支持,两国关系经受住了考验。90 年代双方确定了建立面向 21 世纪的全面合作伙伴关系。江泽民主席访巴时发表演讲,首次全面阐述了中国的南亚政策,提出了中国与南亚国家面向 21 世纪长期睦邻友好的五点主张,中巴关系再上台阶。进入 21 世纪以来,两国关系持续深入发展,两国战略合作伙伴关系进一步加强和深化。

当前中巴关系突出表现在以下几个特点:

1. 深度互信的政治关系

中巴关系的密切在政治领域表现最为明显,建交以来,保持了长期稳定,在涉及对方利益的问题上,两国相互支持,新时期以地缘政治为依据,从全球视野高度维护两国国家利益和地区安全是两国的一致目标。领导人经常互访和会晤,两国建立了多种对话和合作机制,就各自关心的重大问题保持经常性的磋商和协调。新世纪以来,两国签署了"中巴睦邻友好合作条约",建立了"更加紧密的战略合作伙伴关系""全天候的战略合作伙伴关系"为两国关系长期稳定、健康发展奠定了坚实的政治、法律基础。双方签署了一批合作文件,确定了全方位合作框架,旨在扩大合作领域,提高合作水平,扩大贸易额度和投资规模,平衡经贸发展,推进中巴双边关系稳定有序发展,推动两国经济社会全面进步。

2013 年 5 月,李克强总理访问巴基斯坦,两国正式提出建设中巴经济走廊设想,对双边关系未来发展做出战略规划,双方签署的合作文件内容十分充实,涵盖政治、经济、海洋、航天、能源、交通、文化等多个领域,为两国的发展提供强劲动力。2015 年 4 月,习近平主席年度首访选择巴基斯坦,中巴关系又上了一个新的高度。双方一致同意将中巴战略合作伙伴关系提升为全天候战略合作伙伴关系;习近平提出未来中巴关系的五个要点:中巴要守望相助,深化战略合作;中巴要弘义融利,实现共同发展;中巴要心心相印,坚持世代友好;中巴要风雨同舟,共对安全挑战;中巴要勇担责任,加强国际协作。两国一致同意构建中巴命运共同体,共创美好明天。2016 年 4 月 27 日,外交部部长王毅在北京会见巴基斯坦总理外事顾问阿齐兹。双方表示,中巴关系保持强劲发展势头,两国领导人达成的重要共识逐步得到落实,以中巴经济走廊为中心的务实合作顺利推进。双方愿共同努力,以中巴建交 65 周年为契机,推动中巴全天候战略合作伙伴关系不断巩固和发展,将巴中友好合作关系推向新的高度。王毅介绍了南海问题最新进展和中方原则立场。阿齐兹表示,巴方完全理解和支持中方在南海问题上的立场和做法。双方还就阿富汗问题等共同关心的地区和国际问题交换了意见。由此可见,本年度,中巴关系将延续以往的路线继续向前发展。

2. 持续发展的经贸关系

经贸关系发展关乎两国经济社会发展和人民福祉,是两国合作发展的重要内容,两国努力推动经贸关系发展。近几年,中巴贸易出现了快速增长态势,贸易额由 2001 年的不足 14 亿美元,增加到 2015 年的 150 亿美元左右。目前,有上百家中国公司和一万多中国人分布在巴基斯坦的各个省份和区域内作业。2013 年 5 月,李克强访问巴国期间,两国提出逐步推进互联互通和中巴经济走廊建设的战略目标,并从多方面提出具体规划,大力推动两国经贸关系发展。2015 年 2 月,中巴经济走廊远景规划联合合作委员会第二次会议在北京举行,双方就经济走廊的规划编制,优先推进项目,以及交通基础设施、能源和信息技术等领域的务实合作问题展开讨论并取得了广泛共识。中巴两国表示,双方将扎实推进中巴经济走廊建设,包括搞好瓜达尔港、喀喇昆仑公路、卡拉奇－拉合尔高速公路等旗舰项目,促进丝绸之路经济带和二十一世纪海上丝绸之路建设。2015 年 4 月习近平访巴,推动"一带一路"建设迈出重大步伐,双方签署了 50 多项合作协议,30 多项与中巴经济走廊建设有关,涉及交通基础设施、能源、农业、贸易、金融、卫生、地方、媒体、海洋科学、教育等领域。首个丝路基金项目启动,三峡南亚公司,与长江三峡集团等机构将联合开发巴基斯坦卡洛特水电站等清洁能源项目,两国经贸发展迎来了新的机遇。

3. 防务合作和非传统安全合作得到加强

两国关系的发展与外部安全关系密切相关,高度互信是建立在共同利益和重大问题广泛共识的基础上,两军关系的发展是两国关系的重要方面,双方在防务与安全对话、联合军演、人员训练、联合生产武器及武器贸易等双边防务合作问题有广泛交流。近些年两国在打击宗教极端势力、民族分裂势力、恐怖势力方面有很大合作空间。两国签署的《中国新疆与吉尔吉特－巴尔蒂斯坦地区边境管理系统协议》《中巴边防哨所及管理系统协议》为维护两国边境地区的和平、稳定的合作提供支持。两国在防务磋商、联合反恐、海上搜救、人员培训、联合训练、联合演习、装备技术、院校交流等领域广泛开展合作,为维护地区与世界和平,促进两国繁荣发展而共同努力。最近一次是在 2015 年 12 月 8 日,中巴"友谊—2015"反恐联合训练在宁夏青铜峡训练基地举行开训仪式,这也是中巴陆军开展的第五次反恐联合训练,旨在提高两军联合反恐、共同应对非传统安全威胁的能力。

4. 科技文化交流不断扩大

两国关系的发展不仅需要政府层面的努力,也需要两国民众加强了解、沟通与交流。由于两国交通条件不利、宗教信仰不同、语言文化了解不深等原因,两国人民之间的交往远远不够,两国高度重视扩大和深化人文交流,近两年,两国的企业、学者、科学家、大学生等进行了一系列交流活动,李克强总理访巴期间,两国发表的联合声明中提出,中方将在 5 年内为巴培训 1000 名汉语教师,支持巴方推广汉语教学,巴方支持在卡拉奇大学设立孔子学院,并逐步扩大在巴孔子学院建设。双方将深化两国大学、智库、新闻媒体、影视等方面的交流,两国还就海洋科技方面达成协议,使中巴友好关系有更广泛和坚实的基础。2016 年 2 月 5 日中国驻巴基斯坦大使馆在巴首都伊斯兰堡举办 2016 年新春招待会。在巴华侨华人、中资机构、新闻媒体和留学生代表出席了新春招待会。2016 年是中巴建交 65 周年,双方将以此为契机,规划并实施好一系列纪念活动,推动两国合作再上新台阶。

总的来说,中巴之间建立了高度互信,被誉为全天候全方位的战略合作伙伴关系,两国关系密切,但经济合作水平不高,中巴贸易总额较小,贸易不平衡现象日益突出。2004 年至 2010 年,中巴贸易额累计只有 415.37 亿美元,7 年间双边贸易总额仅仅稍高于中印 2007 年的年度贸易额(386 亿美元)。[①]。此外,中巴贸易关系中的不平衡现象也非常突出,贸易逆差逐年加大。随着巴基斯坦经济的转型,巴国内大力发展二、三产业,从中国进口大幅增加,进口商品主要为工业制成品。然而巴基斯坦经济规模小,和发展水平低,致使其向中国出口的商品种类有限,多数为工业原材料,巴方商品的附加值远远低于中方商品,而巴企业在中国市场的开拓又往往不够,这直接导致了中巴贸易关系中的不平衡现象日趋严重。2015 年,中巴贸易额约 150 亿美元,这个额度仍是比较

---

① 沈山、孟庆华、乔洁:《地缘政治视角下的中巴区域经济合作战略研究》,《徐州师范大学学报》,2011 年第 5 期。

低的,同期中印之间的贸易额则在1000亿美元。同样,中巴相互投资的总量也不大。此外,由于两国交通条件不利,巴国基础设施落后等,都会影响两国经贸关系发展。

巴基斯坦国内安全问题也对两国合作产生不利影响。新世纪以来,中国工程师在巴遭遇了几次恐怖袭击,上述事件导致部分中国公司在巴投资产生畏难情绪,巴基斯坦国内安全问题不但对两国经贸关系产生了一定程度的负面影响,也影响了中国公众的印象和经贸关系的发展,从而对两国关系的发展带来不利影响。事实上,针对中国工程人员的袭击未必都是出于恐怖主义,俾路支省在巴以盛产天然气闻名,也是中国援建大型项目集中的地区,两国之间非常重要的瓜达尔港合作项目就在该省。一些地方势力认为中巴合作的项目影响到他们的利益,利用政府对中巴关系的重视拿中方人员下手做筹码,企图让政府让步。不过也确有一些原因不明的恐怖事件发生,并且这股势力最近又开始抬头。据新闻报道,2015年的反恐利剑行动确实发挥了较大作用,全年袭击数量同比下降了近60%,但2016年新年以来仅仅20天时间里,接连发生的多起袭击事件已造成60人死亡,3月底在旁遮普省发生自杀式袭击再次造成70多人死亡,安全形势急转直下。在阿富汗和平进程仍未取得实质进展的情况下,位于巴阿边境的恐怖组织仍可源源不断地向巴基斯坦输送袭击队伍。与此同时,伊斯兰国势力也在不断向南亚地区渗透,巴国安全问题仍有较大压力。不管什么原因,安全保障对两国民间关系的发展是有现实影响的。

在政治上影响中巴关系的则主要是中印、美巴关系。中巴友好与地缘政治和外部安全因素关联很大,巴基斯坦和印度之间因为领土问题发生过数次战争,至今仍未和解。中印之间也有领土争端和其他矛盾,20世纪六十年代两国关系的升温与此不无关联。但随着国际形势的变化,中印关系迅速发展,中印经贸关系比中巴经贸关系发展要快很多,虽说在政治、安全方面来说,中巴关系远比中印关系重要,但巴方对中印关系的发展有疑虑是很自然的事情。另一个主要因素是美巴关系调整对中巴关系的影响。"9·11"事件以后,美国的阿富汗战争及国际反恐合作使美国重新认识了巴基斯坦在全球战略和伊斯兰世界中的重要,此外,出于对中国的遏制,美国也愿意加强对巴基斯坦的影响,谋求与巴建立一种长期稳定的伙伴关系,这可能会对中巴关系产生影响。

由此可见,所谓"全方位"发展,还需要双方继续努力,充实内涵,但基于两国长期友好、稳定的双边关系,有理由相信全天候的中巴关系将会继续深入发展。

今天的中巴关系不是以对抗某个国家为基础的,而是着眼于两国的发展、地区和平与稳定,应对传统和非传统安全威胁等重大国际问题,两国在相当多的问题上有广泛的共识和共同的利益。从地缘政治角度来看,巴基斯坦是中国西出印度洋,经波斯湾、红海到达中东、欧洲和非洲的必经之地,对于中国国家安全和国家发展有重要意义,对于巴基斯坦来说也同样如此,两国保持长期友好关系不是偶然的。巴基斯坦不仅是中国的产品和工程出口市场,也是中国联结中亚、南亚的能源和贸易通道。2013 年 1 月,巴基斯坦正式批准将瓜达尔港运营控制权转交给中国,引起部分国家的焦虑和猜忌。"美欧关注的是中国由此获取的陆上便捷能源通道,和中国矛盾正酣的日本直指中国是为了海洋霸权,印度的心结是中国将瓜达尔港视为潜在的军事基地,以编织遏制印度'珍珠链'的一个节点"。① 瓜达尔港口临近波斯湾,距世界石油运输要道霍尔木滋海峡约 400 公里。它不仅是印度洋和太平洋上数条海上重要航线的咽喉之处,更是这些航线上的重要中转港,利用瓜达尔港作为入海口,来自伊朗和非洲的原油可以运输到中国新疆,它是中国正在倡导的陆上新丝绸之路与海上丝绸之路的交汇点,是"一带一路"的关键点之一,对中国的能源安全战略所具有的重要意义不言而喻。对于巴基斯坦来说,获得贸易通道,有巨大的经济利益,还可以创造就业机会,改善人民生活,有利于巴基斯坦国内政局的稳定和加速现代化的进程,可以说是互利双赢,从长远看,也符合中亚国家、印度洋西岸相关国家的利益,有利于地区和平稳定发展。

同样,两国经贸关系发展前景广阔。双方具有贸易互补性,中国制造业面临转型,巴基斯坦人力资源丰富,可承接部分产业。巴基斯坦有 1.7 亿人口,市场潜力较大。针对中巴经贸合作问题,两国政府正努力推行系列政策加以解决。中巴自贸区建设的不断推进,有利于改善双方经贸合作不平衡的现状,优化贸易结构。两国区域合作取得了不少成果。目前,新疆已成为巴公民赴华经商、留学、购物、旅游观光的主要目的地。近年来中国实施的第二轮西部大开发,推进基础设施建设,包括中国－巴基斯坦铁路建设,对喀喇昆仑公路升级

---

① 张敬伟:《瓜达尔港是世界看中国的镜子》,《联合早报》,2013 - 2 - 22。

改造和巴国道公路网进行修复,加强基础设施建设,必将对两国经贸关系产生强大推力,刺激经济发展,惠及民生,加速现代化进程。2013 年,李克强总理访巴时两国就经济走廊建设和互通互联做了具体规划。中巴经济走廊是一条包括公路、铁路、油气管道、通信光缆等在内的贸易走廊,是"一带一路"战略的一条连接线。2014 年 11 月 8 日 APEC 会议期间,国务院总理李克强在会见巴基斯坦总理谢里夫时指出,中巴经济走廊是中国同周边互联互通的旗舰项目,2015 年 4 月,习近平访问巴基斯坦,双方达成重要共识。两国致力于打造中巴命运共同体,"一带一路"建设得到实质推进,中巴经贸一体化进程加快,在扩大规模的同时优化结构,解决发展中的一些问题。未来,全天候、全方位的中巴关系将会得到进一步充实。

三、"多方关切"的朝鲜半岛问题

朝鲜半岛位于东亚边缘,西北和北部与中国接壤,东北与俄罗斯接壤,东南与日本隔海相望,西边是黄海,南边为朝鲜海峡,东边是日本海。"二战"和"冷战期间",由于美、苏的介入,造成了朝鲜半岛的分裂。二战结束前期,朝鲜独立问题已经被提上日程,但是美、苏两国出于自身利益的考虑在朝鲜半岛展开争夺。1945 年 8 月,苏军对日宣战并迅速解放了朝鲜北部的领土。为了阻止苏军控制整个半岛,美国提出以北纬 38 度线划分美、苏受降区,当美、苏军队分别进驻朝鲜半岛南北两侧后,朝鲜半岛实际上已处于被分割状态。1948 年 8 月半岛南部在美国支持下成立大韩民国,实行资本主义制度,同年 9 月半岛北部在苏联支持下成立朝鲜民主主义人民共和国,实行社会主义制度,半岛分裂既成事实,为日后两国的冲突埋下了种子,没有半岛的分裂也就没有今天的南北对立和朝核危机,半岛局势成为威胁亚洲和平的重要因素,给亚洲以至世界局势带来深刻的影响。

朝鲜半岛扼守东北亚海上交通要塞,对中国、俄罗斯、日本、美国等大国都具有重要战略意义。特别是对中国来说,朝鲜半岛是中国周边环境的重要组成部分,是中国安全利益的重点所在,对中国而言不仅具有地缘政治意义,也有全球战略意义。美国一直把朝鲜半岛作为其在东北亚立足的关键点,企图通过取得东北亚的主导权和控制权进而建构美国主导的亚太秩序,同时遏制中国崛起,近几年美国多次军事演习都是以中国为目标。朝鲜半岛状况关乎中国国家安全,而半岛和平与发展也离不开中国的参与,中国在朝鲜半岛问题上处理得当,有所作为,对于保持半岛和平稳定与中美关系相对稳定都具有重要意义。长期以来,由于国际形势的变化,中国与朝鲜、韩国的关系也在发生变化,但中国始终支持半岛和平统一,致力于维系半岛和平稳定。在半岛和平统一以前,中国重视与朝韩两国保持友好合作关系,加强与两国的政治联系、经济合作和文化交流等,谋求共同发展。

中国与朝鲜山水相连,同为社会主义国家,两国有着传统友好关系,有鲜血凝成的友谊,也有着共同的安全利益。1949年10月6日,中国与朝鲜正式建立外交关系,受意识形态和国际环境的影响,当时中韩两国互不承认,视对方为敌对国家。1950年6月,朝鲜战争爆发,美国以"联合国"名义进行军事干涉,战火烧到中国边境,中国国家安全受到威胁,在朝鲜政府请求下,中国出兵朝鲜,抗美援朝,战后为朝鲜提供了大量援助,两国结下了鲜血凝成的友谊,两国关系迅速升温。但60年代以后,由于中苏关系的变化,中朝关系也进入低潮。20世纪70年代,国际形势发生了巨大变化,中国外交政策也做了大调整,意识形态因素弱化,国家利益开始成为政策出发点,中国实施改革开放,韩国开展北方外交,中朝关系平稳发展,中韩关系开始松动。1992年,中韩建交,中国对朝韩两国趋向平衡外交,中朝关系受到影响,两国关系再次出现波折。不过中国在发展与韩国关系的同时,始终重视保持和发展中朝友谊,为努力改善两国关系营造良好氛围,两国关系逐渐回暖并继续发展,同时外交定位向伙伴关系转变。进入新世纪以来,两国关系深入发展,双方基本确认传承传统友谊,从战略高度和长远角度来发展中朝关系,但每一次朝核危机对中朝关系发展都会带来影响和波动,2016年1月,朝鲜宣布试射一枚氢弹成功,令国际社会再度哗然,当前的中朝关系相对冷淡。而中韩建交以来,两国关系发展迅速,在政治、经济、文化领域都取得显著成绩。

就中朝关系而言,从政治上看,尽管朝核危机、美朝关系和中韩关系发展对两国关系有一定影响,但总体上看是虽有起伏却基本稳定。从经济上看,经贸关系得到了逐步发展,贸易总额不断增加,贸易结构逐步改善,区域合作不断加强。近几年,中朝贸易占朝鲜对外贸易总额的八成左右,双方贸易商品结构逐渐多样化,中国从朝鲜进口的商品种类由过去木材、矿产品、水产品为主等逐步转变为煤炭、铁矿石、服装及饰品、钢铁、水产品等;朝鲜从中国进口的大宗商品中,原油依然占据第一位,其他主要有机电产品、粮食、纺织品、机械及零部件、电器及电子产品、钢铁制品等,双方间相对附加价值较高的商品进出口已有所增加,特别是经丹东口岸的中国对朝鲜出口原料性产品虽然有增长,但是制成品增长更加迅速。中国对朝鲜投资主体已从中小型商业企业变为大型国营和民营上市生产企业。中国五矿集团公司、中国滦河国际集团、通化钢铁集团、唐山钢铁集团、中钢集团等大型上市企业都在朝有投资。在图们江下游,中朝已达成协议,决定将罗津港合作建成中转贸易、出口加工、保税区等国际物流基地。① 为了推动经贸发展,双方还加强了基础设施建设,2014年10月竣工的鸭绿江新公路大桥建设将为两国经贸发展提供交通便利。此外,双方重视科技合作,在农业、气象、水利、计算机软件开发、地质、海水养殖、卫生防疫、煤炭利用和科技行政管理等领域展开合作。两国正从过去单纯的贸易往来和低水平投资逐步向产业合作和跨境区域开发合作发展。不过,中朝区域经济合作也面临着不少制约因素。从朝鲜国内情况来说,经济发展水平低、体制僵化,国家和个人购买力有限、外汇储备不足、货币贬值、支付能力弱、投资利润回收和贸易货款回收过程难等等,导致国家缺乏主导并扩展对外经济关系的基本实力。经贸法律法规体系不健全、基础设施陈旧及不足,电力短缺、交通及通信系统滞后。铁路设施严重老化、公路路况较差,港口装载和运送能力不足,通讯及配套方面较落后都制约着两个经贸关系发展。② 中国与朝鲜接壤的边境地区发展也相对滞后,对区域合作产生一定制约。金正恩上任以来,朝鲜不顾国际社会的反对进行核试验和朝韩一系列冲突对中朝关系产生了一定影响,当前中朝关系较为冷淡。

与中朝关系进展相比,中韩关系发展是更为迅速的。仅20多年时间,双方从建交发展到战略合作伙伴关系,在各个方面取得了积极的成果,对于两国发展和维护半岛和平稳定发挥了积极作用。经济方面,中国已经成为韩国的最大贸易伙伴、第一出口对象国、第一进口来源国和最大投资对象国。韩国已经成为中国第三大贸易对象国和第二大投资对象国、第四大出口对象国。

---

① 禹颖子:《近期中朝边境地区经济合作展趋势剖析》,《社会科学战线》,2012年第1期。

② 朴光姬:《中国与朝鲜经贸关系转型中的困境及对策》,《东北亚论坛》,2012年第3期。

2012年,双边贸易额达到2151亿美元,是建交时的50倍。① 2013年中韩贸易额比韩美、韩日贸易额总和还多。双边经济合作也从简单的贸易往来发展到包括投资、金融、物流等各个领域的全面经济合作,合作领域不断拓宽,合作水平不断提高。2014年11月APEC期间两国元首宣布中韩自贸区主谈判完成,2015年中韩自贸协定正式签署。该协定不仅极大地促进了两国之间的贸易往来,而且对相关地方经济发展也会带来积极影响。2016年4月,中韩自贸区地方经济合作研究中心在山东威海成立,将中国威海市和韩国仁川自由经济区选定为中韩自贸区地方经济合作示范区,将建设集自贸区规则研究基地、政策研讨交流平台、决策参考智库于一体的专业智库型科研机构,承担中韩自贸区相关政策研究、专项调研、决策咨询、交流合作、宣传推广等职能。同时,该中心还将构建东北亚地区主要国家的经济数据库,进行大数据分析,定期公布经济热点和宏观数据分析,并持续开展中韩自贸区地方经济合作政策研究,阶段性汇编中韩地方经济合作发展研究报告。据统计,2015年威海口岸实现对韩贸易额225.7亿美元,对韩跨境电商共验放清单16.7万票,新批韩资项目87个。② 两国经贸关系的加速发展由此可见一斑。同时,由于中韩自贸区的建立和发展还对中日韩自贸区谈判带来积极影响。

经贸关系是两国关系的重点,安全和非传统安全合作方面也在加强,比如在安全领域,双方共同推动六方会谈,两国定期召开国防政策实务会议、双方非定期进行陆海空军交流,双方还建立了高级国防战略对话机制。非传统安全合作方面,两国加强预防和应对自然灾害的合作,加强环境保护领域合作,在打击国际恐怖主义、毒品、海盗、金融欺诈和网络等领域犯罪加强合作。在文化交流方面两国保持着很好的合作关系,双方人员往来频繁,双方互为对方第一大留学生来源国;两国高校与研究机构的相关交流合作频繁,形成了诸多固定的交往机制,如中韩大学校长论坛、中韩国际论坛等。两国地方政府和民间团体发展迅速,迄今共建立133对友好省(道)市关系,建立了多个友好协会,促进了两国关系的发展。中韩文化交流日益密切,无论是"汉风"还是"韩

---

① 欧阳维:《深化中韩关系对保持朝鲜半岛稳定具有重要意义》,《和平与发展》,2013年第6期。

② http://news.eastday.com/eastday/13news/auto/news/finance/20160415/u7ai5536501.html。

流"都在对方国家颇有影响。①

当然,两国关系的发展也并非没有障碍,冷战时期中朝关系和美韩关系的基本格局对今天两国关系发展仍有影响,韩国处于美国遏制中国的第一岛链,美国在韩保持着军事存在,韩国外交政策深受美国影响。韩国在经济上重视从中韩关系发展中获益,政治上在美韩同盟的前提下发展与中国关系,出于各种复杂因素的考虑,韩国对中国的总体政策是合作与牵制并行。同样,朝鲜问题也是一个重要因素,朝核问题对三方关系都有影响。此外,伴随两国贸易规模的扩大是两国贸易逆差的持续增加和贸易摩擦的增多。例如,中韩贸易额由 1992 年的 64 亿美元增至 2011 年的 2206 亿美元。同期,中国对韩贸易逆差也由建交初期的 21 亿美元增加到 2011 年的 7979 亿美元。② 究其原因,一方面在于结构因素,两国发展水平的差异使中国从韩国进口的主要是附加值高的工业制成品,而对韩出口主要是附加值和技术含量低的劳动密集型产品。另一方面则在于韩国运用各种贸易壁垒和非关税壁垒影响了中国产品进入韩国。而双方投资方面也存在着不平衡的问题,中国对韩投资项目约等于韩国对中国投资的三分之一,投资额度只相当于韩国对中国投资的十分之一,中国在韩国投资的总金额不到韩国吸收外资总额的 1%,这与中韩经贸合作的规模极不相称。③ 在领土方面,众所周知的是苏岩礁(韩称离于岛)争端。两国的海洋权益争端源于两国在黄海和东海海域有重叠的海洋专属经济区,苏岩礁是中国东海的一个礁石,处于东海大陆架上中国专属经济区内,被韩国非法占领。目前,韩国在苏岩礁上修建了人工建筑,加强了附近海域的安全保卫,并开始修建济州岛海军基地。两国海洋领土和海洋权益纠纷是影响两国关系的现实问题。

当前,朝鲜半岛的局势仍不够稳定,在经历了三次朝核危机后,2013 年 2 月,朝鲜进行了第三次核试验,引发朝鲜半岛局势再度紧张,遭到国际社会一致谴责。2015 年金正恩表示,朝鲜是拥有核弹和氢弹的核强国,已经成为一个准备好使用核弹和氢弹来维护国家主权和民族尊严的核强国。之后朝方表示

---

① 门洪华、刘笑阳:《中韩战略合作伙伴关系:历史进程、现状评估与未来展望》,《吉林大学社会科学学报》,2013 年第 11 期。

② 张慧智、王箫轲:《中韩关系二十年:成就与问题》,《现代国际关系》,2013 年第 1 期。

③ 刘宇:《中韩贸易发展与展望》,《商业研究》,2012 年第 9 期。

不会效仿伊朗核问题协议来解决朝鲜半岛问题。2016 年 1 月 6 日,朝鲜宣布第一枚氢弹成功试验对于朝鲜半岛问题,再度引发国际社会的广泛关注。中国对朝鲜半岛的基本政策与中国对周边国家的基本政策是一致的,坚持相互尊重,睦邻友好,互利合作,共同发展。中国认为应尊重朝韩两国人民的意愿,支持民族和解,希望两国和平统一,保持半岛长期和平稳定,在东北亚地区乃至全球发挥更大作用。为了维护半岛和平,化解两国之间的矛盾,中国愿意施加适度影响。

在朝核问题上,中国主张半岛无核化。中国不支持朝鲜发展核武器和进行核试验,不赞成朝鲜搞先军政治,但中国的立场与美国不同。美国的朝鲜半岛政策服务于亚太战略和全球战略,敌视朝鲜,用军事存在对朝鲜施压,中国认为应该给朝鲜一定的时间和空间改革发展。事实上,朝核问题与美国的政策密切相关,朝鲜认为,美国不放弃敌视政策,朝鲜就不能放弃发展核武器来维护国家安全,朝鲜对美国的影响力有着充分认识,朝鲜要融入国际社会需要美国调整政策,但同时由于美朝之间长期敌对,缺乏互信。朝核问题表面上是"核",实质是朝鲜希望借助核危机迫使美国改变对朝政策,实现美朝关系正常化。由于双方实力显著不对等,朝鲜选择铤而走险。针对朝核危机,中国通过外交努力,促成了中、美、朝在北京举行"三方会谈",之后又发展成中、朝、美、韩、俄、日共同参与的六方会谈,开启通过谈判政治解决朝核危机的大门,中国维护半岛和平的努力赢得了国际赞誉。

总的来看,中国在朝鲜半岛实行双线平衡政策,中国既不支持朝鲜发展核武器,也不支持他国对朝鲜制裁,虽然中朝关系受到一定影响,但从总体上看中朝关系的大局未变,而中韩关系得到了迅速发展。中国与朝鲜有着传统友谊和共同的安全利益,双边关系非常重要,但中韩两国在朝鲜半岛和平稳定方面也有着共同利益,因为朝核危机一旦失控,受到影响的不只是朝韩两国,而是会威胁整个东北亚地区的安全与繁荣,中国的国家利益将直接受到威胁。因此,中国同时发展与朝、韩两国的合作关系是十分必要的,既有利于三方的国家发展,也有利于维护半岛和平稳定。

当前,尽管还存在这样那样的问题,但从地缘政治的角度来看,中朝、中韩关系进一步发展符合各方利益。中朝两国在安全方面具有重要的共同利益;从经济上看,中国是朝鲜的第一大贸易伙伴,中国对朝鲜的重要性是不言而喻的,而中国振兴东北计划的进一步深入,图们江流域、环渤海经济区与环黄海经济区的发展都也需要与朝鲜加强合作。因此,中朝关系始终是中朝两国最重要的双边关系之一。双方应在国际和地区形势及重大问题加强沟通、协调,共同维护本地区和平、稳定、繁荣。同样,中韩两国需要加强政治互信,双方都主张半岛无核化,主张和平统一,重视发挥中国在半岛和平进程中的影响力,双方应从大局出发处理两国关系,就朝鲜问题和朝核问题做好磋商。在经济领域中韩两国 2014 年 11 月结束了自贸区实质性谈判,2015 年 2 月完成了全部谈判。中韩自贸区被认为是目前中国所签署的所有双边贸易协定中含金量最高的,协定范围涵盖货物贸易、服务贸易、投资和规则等共 17 个领域,中韩自贸区是我国迄今为止对外商谈的覆盖领域最广、涉及国别贸易额最大的自贸区。可见,未来中韩贸易发展将非常可观,中韩自贸区也是一个范例,对中日、中国东盟经贸关系的发展起到一定的推动作用。2016 年 2 月,中日韩自贸区第九轮谈判启动,三方均认为,建立中日韩自贸区有助于充分发挥三国间的产业互补性,提升三国贸易投资水平,促进区域价值链进一步融合,符合三国整体利益,有利于本地区的繁荣与发展。三国努力向着一个全面、开放、高水平的自贸区愿景努力。对于朝鲜,中国虽然坚持传统友谊,但对于朝鲜不顾国际社会的强烈反对坚持进行核试验明确给予谴责,中国希望朝鲜能够回到谈判轨道上,由于近几年朝鲜当局的政策,中朝两国关系相对冷淡。目前,朝鲜半岛的变化还需要进一步观察。总体上看,中国高度重视发展与半岛两国的政治、经济关系,努力扩大文化交流,促进民间的交往,在坚持中朝传统友谊的同时重视发展中韩战略合作伙伴关系。同时发展与半岛两国的友好关系,有助于帮助两国化解危机,维护半岛和平,促进多方共同发展。

四、"亲诚惠容"的中国东盟关系

东盟是"东南亚国家联盟"(Association of Southeast Asian Nations)的简称。1967 年 8 月,印度尼西亚、新加坡、马来西亚、菲律宾、泰国共五个成员国宣布成立东盟,之后随着东盟扩大又陆续吸纳了文莱、越南、缅甸、老挝和柬埔寨,共有十个成员国,成为影响亚太地区政治、经济、安全事务的一个重要国际组织。2015 年 12 月,东盟宣布共同体正式建成。目前,东盟是世界第七大经济体、亚洲第三大经济体。东盟实施多方位外交政策;东盟外的许多国家越来越看重与东盟合作。东盟共有 10 个对话伙伴,包括中国、美国、俄罗斯、欧盟、日本、韩国、印度、澳大利亚、新西兰、加拿大,拉美和欧洲多国正希望成为东盟的对话伙伴国。东盟众多国家是我国近邻,发展与东盟国家的友好关系是我国周边外交政策的重要组成部分。

中国与东盟国家陆海相连,拥有 4000 多公里的共同陆地边界线。历史上,中国与东盟国家和平共处,友好往来,是东亚文明史上不同民族、宗教和文化交流互鉴、共同发展的典范。冷战结束后,我国与东盟关系发展迅速,成果显著。1991 年中国与东盟建立了对话关系,并成为东盟的磋商伙伴国。1997 年,建立了面向 21 世纪的睦邻互信伙伴关系。2003 年,确立了面向和平与繁荣的战略伙伴关系。2010 年,中国东盟自贸区成立。与此同时,与东盟成员国之间的双边关系、多边关系获得了很大发展。以“亲、诚、惠、容”为理念,推行与东盟国家的睦邻友好政策是我国对东南亚外交政策的基调,而东盟对华政策受历史、地域和国际关系的影响在重视推进与中国关系的同时,力图保持其他大国在东南亚的影响和存在,被称为多方位外交,究其核心是大国平衡战略。当前,中国倡导的海上丝绸之路经济带建设得到了东盟诸多国家的积极响应,中国东盟关系正向着更加积极的方向发展。

中国与东盟建立对话关系二十多年以来,以经济合作为重点,逐渐向政治、安全、文化等多领域延伸,双边关系和多边关系、区域合作和次区域合作都得到了快速发展。

东盟是中国周边外交和对外经贸合作的优先方向,是 21 世纪海上丝绸之路建设的必由之路。双方贸易、投资发展迅速,合作领域广泛。新世纪以来,除个别年份以外,双边贸易额均保持高速增长。2009 年起中国成为东盟的第一大贸易伙伴。2011 年东盟成为中国第三大贸易伙伴、中国第四大出口市场和第三大进口来源地。2015 年,中国与东盟贸易额达 4722 亿美元。投资方面,东盟已成为中国的第三大外资来源地。与此同时,中国对东盟的投资规模也不断扩大,2002 年以来年均增速超过 50%,2015 年 1 - 11 月,中国企业对东盟直接投资 91.3 亿美元,同比增长 109.9%;新签承包工程项目合同 1381 份,合同额 284 亿美元,同比增长 41.2%。① 东盟成为中国企业国外投资的重要目

---

① http://finance. huanqiu. com/cjrd/2016 - 01/8393894. html2016. 1. 16。

的地。中国对东盟投资领域从传统的建筑行业和工程承包向新能源、制造业、商业服务等领域拓展。中国与东盟在金融、文化、航空、旅游、邮电、交通、能源、海运、环保等多个领域的合作与交流,也取得了明显的进展,在打击贩毒、非法移民、海盗、恐怖主义、武器走私、洗钱、国际经济犯罪和网络犯罪等众多的非传统安全领域进行了较为全面的合作。签署了农业、通信、非传统安全、大湄公河次区域信息高速公路、交通、文化、卫生与植物、新闻媒体、知识产权、技术法规、标准和合格评定程序等多个合作谅解备忘录和合作框架。

与此同时,双方合作机制逐步健全。中国—东盟在区域经济合作方面建立了最高领导人合作机制和包含高官磋商、联合合作委员会、经济贸易合作委员会、科学技术合作委员会和北京委员会在内的五个工作委员会,2010 年又成立了一个半官方的商务理事会。所有这些机制相互协调,共同推动着中国—东盟区域经济合作的不断深入发展,为双边关系发展的稳定性和持续深化提供了一定的保障。随着中国提出"一带一路"的战略构想,中国东盟关系有望进一步巩固并且取得突破性进展。中国筹建亚洲基础设施投资银行的倡议也已经得到广泛响应。2015 年东盟十国全部成为亚投行的意向创始成员国,这意味着东盟和中国的合作又增加了一个新的路径,合作水平将进一步得到提升。

当然,这并不意味着中国东盟经贸发展就毫无障碍。中国与东盟关系发展存在的主要问题是经贸发展中存在一定制约因素、南海问题认识差异和国际因素影响等。中国与东盟的经贸关系发展迅速,但贸易逆差也在不断扩大,从 1998 年的 14.7 亿美元增长到 2011 年的 229.4 亿美元,增长了近 16 倍。双方投资相互依赖度水平较低。1990—2009 年,日本与东盟的投资相互依赖度平均数达到了 12.88%,而中国与东盟的投资相互依赖度仅为 3.49%。① 由于与中国在南海有领土纠纷的国家也是东盟成员,因此对双方关系发展也有一定的影响。与此同时,美国对中国—东盟自贸区的建立有危机感,推出"跨太平洋战略经济伙伴关系"(TPP),TPP 拟打破传统自由贸易区模式,达成无例外的综合性自由贸易协议,这对于东盟各国来说,具有相当大的诱惑力,而中国

---

① 张彦:《RCEP 背景下中国东盟经贸关系:机遇、挑战、出路》,《亚太经济》,2013 年第 5 期。

却被排除在 TPP 之外。TPP 与现有的中国—东盟自由贸易区合作框架形成竞争关系,影响中国与东盟有关自由贸易区的谈判进程。① 由于东盟推行大国平衡战略,东盟在发展与中国关系的同时,重视引入与其他大国的力量,建立了多个东盟＋1,日本、印度等国与东盟的关系对中国东盟关系发展有一定的影响。

　　中国东盟关系发展因为地缘而有天然优势,但从某种意义上讲,地缘因素也有不利影响。特别是一些国家散布中国"威胁"论,对邻国会产生一定影响。由于东南亚地区缺乏能够主导地区利益的大国,东盟在对外战略上推行的是"大国平衡"战略和多边外交,力图发展以东盟利益为核心的地区主义和现实主义基础上的多边主义,与多个大国建立密切的联系,增强东盟的话语权,平衡各国在东南亚的利益并利用大国关系相互制约。因此在中国东盟关系发展基础上,积极加强与日本、美国、印度以及澳大利亚等国家和国际组织的关系,以图平衡中国在东南亚的影响力。因此,东盟对华政策的基调是以经济合作为主,全面接触的同时加强制衡。可以说在东盟"政治上愿意与中国亲近,但不够信任中国;在经济上愿意和中国加强合作,但很矛盾,既想牟取经济利益和实惠,又担心在经济上过于依赖中国,民族主义不断抬头;在军事和安全上继续依赖美国,排斥中国,在南海问题上利用美国来抗衡中国,并且不时挑起事端,制造紧张局势。"②一些东盟国家力邀美国保持在东南亚的军事存在,支持南海问题国际化,以遏制中国在东南亚的影响,体现出东盟的大国平衡战略不是被动的,而是有着战略认识,力图发挥区域主导作用。也可以说,东盟发展与中国关系是限制在大国平衡的框架之内的。

　　东盟既有战略框架,也非常注意观察形势,把握时机,利用大国之间的矛盾,发挥自身的主导作用,因此在东盟论坛,"东盟10＋3"、东亚峰会等区域合作机制内始终都是东盟主导。2010年中国经济总量跃居亚洲第一、世界第二。面对中国的迅速崛起,"中国威胁论"在东盟内部尘埃再起,南海争议国更是产生了极大的战略焦虑,美国推行"重返亚太"政策,东盟国家非常支持,认为美国是制衡中国的重要力量,对稳定地区安全有积极作用。总而言之,东盟重视

---

① 刘慧玲:《中国—东盟经贸合作:成效、挑战与对策》,《广西社会科学》,2013 年第 12 期。
② 李晨阳:《对冷战后中国与东盟关系的反思》,《外交评论》,2012 年第 4 期。

发展与中国的经济关系,而在安全方面更重视借大国之手,相互制约,并从中发挥东盟地区主导作用。此外,由于与中国在南海有领土纠纷的国家也是东盟成员,因此对双方关系发展也有一定的影响。2015 年 4 月第 26 届东盟峰会发表的主席声明涉及中国南海问题,引起国际关注。像菲律宾这样故意淡化与中国在南海的主权权益争端,刻意诬蔑中国对南海和平稳定"造成威胁",借此将东盟利益与其本国诉求捆绑,推动南海问题"东盟化",对于中国和东盟关系的发展是不利的,特别是"一带一路"正在落地,东盟也在框架之中,双方正努力实现发展战略对接,个别国家的这种做法对多边利益都会造成伤害。

中国重视与东盟及东盟各国的关系,充分考虑各国的利益,一贯秉持睦邻、安邻、富邻的政策,在发展与邻国关系方面坚持亲、诚、惠、容理念,努力推动双方共同发展。过去的二十多年,中国与东盟在整体合作、区域合作、双边关系发展上都取得了显著成果。中国与东盟实现了从部分对话伙伴关系到面向和平与繁荣的战略伙伴关系的提升,建立了大湄公河次区域合作、泛北部湾经济合作、中新经济走廊等在内的经济次区域合作机制;在安全领域,双方签署了《南海各方行为宣言》,在非传统安全领域开展了密切的合作。此外,中国与东盟成员国之间的双边关系也有不同程度的发展。例如,中新苏州工业园、天津生态城进展顺利,双方正在探讨在中国建立第三个政府间合作项目。中马"两国双园"、中缅、中越跨境合作区建设等合作项目稳步推进,中印尼海上合作成果丰硕。2015 年,习近平主席出访越南、新加坡,李克强总理出访马来西亚,张德江委员长出访老挝。同年,中国与印尼就在印尼建设高铁签署项目协议,中国与老挝就在老挝建设铁路开工奠基,中国与新加坡就在以中国重庆为主建设第三个政府间重要经济合作项目达成协议,等等,这一系列大项目的实施都体现出中国东盟经贸关系发展势头强劲,前景可观,对于国与国之间也可以带来更多发展机会和实际利益。

从政治上看,东南亚地区是中国发挥影响的重要区域;从经济上看,东盟是中国的重要合作伙伴,东盟国家总体经济发展水平不高,有 5 亿人口的潜在大市场,是中国实施"走出去"经济发展战略的重要合作地区。东南亚地区资源丰富,是中国多种战略资源的主要进口来源地,还是连接亚洲、大洋洲、太平洋和印度洋的重要战略通道,是中国能源补给的生命线。稳定和发展中国—东盟关系,对确保中国经济安全和国家安全具有重要战略意义。因此,中国需要从战略上继续提升双方的合作水平并重视发挥中国的作用。同时,中国和东盟要提升国际经济地位,扩大在国际经济格局中的影响力和话语权必须加强合作。

2013 年 10 月,习近平总书记访问东盟国家时提出建设 21 世纪海上丝绸之路的战略构想,考虑串联起东盟、南亚、西亚、北非、欧洲等各大经济板块,发展面向南海、太平洋和印度洋的战略合作经济带。东盟是海上丝绸之路的首要发展目标,以此为推力,将进一步深化中国与东盟的合作,构建更加紧密的命运共同体。经济合作仍是重点,但由于各国环境、制度、文化、设施等都有差别,首先需要推进基础设施互联互通、产业金融合作和机制平台建设,在港口航运、海洋能源、经济贸易、科技创新、生态环境、人文交流等领域做好联通接驳工作。通过完善配套机制,均衡贸易投资关系,推动金融合作、加强民间交往,双方的合作基础将更加牢固,政治经济合作将更加务实,内涵更丰富,其他合作领域将得到拓展。打造 21 世纪海上丝绸之路不仅考虑到中国的战略安全,也重视沿线国家利益,实现互利共赢,共同增进人民福祉。中国愿加大对东盟欠发达国家的投入,加强同湄公河国家在减贫扶贫、社会发展等领域的交流与合作,支持东盟缩小内部发展差距。

中国与东盟的关系包含东盟大多边,次区域合作小多边和双边国家关系,中国在推进与东盟的关系方面除了发展与东盟整体关系,还要有重点有区分地发展双边关系,加强次区域合作。总体上看,东盟中的半岛国家与中国关系更为密切一些,例如重点发展与缅甸、老挝、柬埔寨的双边关系,加强与泰国、新加坡等国的合作,避免东盟在南海问题以及其他涉及中国国核心利益的问题以东盟名义对抗中国。2016 年 4 月,外交部部长王毅访问文莱、柬埔寨、老挝三国,并在最后一站发表与三国就南海问题达成的四项共识。中国和三国都认为南沙部分岛礁存在的争议不是中国和东盟之间的问题,应尊重各国根据国际法自主选择争端解决方式的权利。这一政策基调就是把双边关系和中国—东盟整体关系区分开来对待。对于越南、菲律宾等非法谋取我国领土的国家,则应做有理、有利、有节的斗争。2015 年 7 月,菲律宾因南海岛礁问题将中国告上国际法庭,考验中国的外交智慧,处理中国与东盟之间关系是很复杂的,不但要维护整体关系还要分情况处理好双边关系。此外,也必须协调好中国和相关大国的关系,使中国在相关问题的处理上更能够把握主动权。

在此区域合作方面,已经有了基本框架,根据互联互通的要求还要打造次区域合作升级版,发挥睦邻外交战略通道作用,推进孟中印缅经济合作和孟中印缅经济走廊建设,在合作中应更多地发挥中国的主导作用。例如,大湄公河地区具有重要的战略地位,已成为美国、日本同中国进行激烈争夺的热点。相比之下,中国虽然是大湄公河次区域合作(GMS)的积极参与者,云南与广西也搭建了许多合作的平台,但话语权并不大。因此中国应该加紧对次区域合作展开战略研究,深入开展我国参与大湄公河为代表的次区域各项合作,为更大范围、更高层次的东亚自由贸易区的建立打下坚实的基础。与此相配套的是大力推进沿边开放战略,把云南、广西建成中国—东盟经贸合作链上的发动机,带动多方共同发展。

2014 年 APEC 会议期间,习近平主席会见了多个东盟国家领导人,与东盟国家确定了一批新的合作领域和合作项目,越南、菲律宾的领导人也表示愿回到过去共识,处理好当前双边关系的困难,推进务实合作。中国提出了建设 21 世纪海上丝绸之路政策得到了良好的回应。2015 年,中国启动了中国—东盟自贸区升级版谈判;筹建亚洲基础设施投资银行,围绕海上丝绸之路经济带推动相关领域的互联互通工作,扩大人文交流。目前,东盟十国全部成为亚投行意向创始会员国。11 月,中国国务院总理李克强在第十八次中国—东盟(10 + 1)领导人会议上,就中国—东盟合作提出六大方面建议:第一,进一步加强中国—东盟合作发展机制化建设。第二,加快经贸合作升级。第三,推动"一带一路"倡议同区域国家发展战略对接。第四,探索开展国际产能合作。第五,共同提升安全合作水平。第六,努力促进地区可持续发展。会议上,在李克强总理和东盟十国领导人的共同见证下,中国与东盟十国签署了中国—东盟自贸区升级谈判成果文件——《中华人民共和国与东南亚国家联盟关于修订〈中国—东盟全面经济合作框架协议〉及项下部分协议的议定书》,《议定书》是中国—东盟在现有自贸区基础上完成的第一个升级协议,涵盖货物贸易、服务贸易、投资、经济技术合作等领域,是对原有协定的丰富、完善和补充,体现了双方深化和拓展经贸合作的共同愿望和现实需求。该《议定书》于 2016 年 5 月生效实施,中国与东盟将更大开放市场,双方企业合作将更加便利。① 随着中

---

① 2015. 11. 23http://news. 163. com/15/1123/08/B93FQMCI00014Q4P. html。

国东盟之间各项协议的落实,中国东盟关系会进一步提升。中国和东盟都是东亚繁荣稳定的受益者和维护者,双方都愿意加强对话协调,深化利益融合,引领地区国家坚定迈向东亚共同体。虽然中国与一些东盟国家在南海问题上存在分歧,但这些分歧不应该影响地区稳定和中国与东盟的总体关系,也不会影响到南海的航行自由和安全。近几年就南海问题双方进行了多次沟通,达成了很多重要共识。中国坚持在处理南海问题的"双轨思路",提出有关具体争议由直接当事国通过谈判和协商解决,南海和平稳定由中国和东盟国家共同加以维护的基本立场。尽管南海问题可能不会在很短时间内解决,但中国与东盟之间的关系仍会向前发展。今后,中国将继续把东盟作为周边外交的优先方向,支持东盟在区域合作中的主导地位,双方关系的进一步发展将对地区稳定和发展带来更多积极影响,为亚洲及亚太的和平发展事业做出积极贡献。

专题七

国际热点问题聚焦

一、海洋安全

中国拥有960万平方公里的陆地面积和300万平方公里的海洋国土。我国的海岸线漫长,大陆架极为广阔,属于大陆架超过200海里的18个国家之一。我国虽然是濒海大国,但所在的海区却是一个封闭与半封闭型的海区。海区外缘从阿留申群岛,经日本列岛到菲律宾群岛,有世界上最长的岛链环绕。我国这种陆海兼备的地缘特征,使我国既有向陆和海两个方向发展的需求与机遇,同时也使我们负有陆、海两个方向的防卫任务。

我国大陆海岸线长达1.8万公里,自北向南濒临的近海有渤海、黄海、东海和南海。根据《联合国海洋公约》,我国管辖海域面积约300万平方公里,与陆地国土享有同样完全主权的领海和内水面积达38.2万平方公里,其中领海面积10.6万平方公里,内水面积27.6万平方公里。海洋生物资源、旅游资源、矿产资源、空间资源及能源等十分丰富。

在人类对石油、天然气等不可再生资源的需求越来越大的情况下,海底石油、天然气成了海洋资源争夺的重点。1966年联合国亚洲及远东经济委员会对包括钓鱼岛列岛在内的我国东部海底资源进行勘查,得出东海大陆架可能是世界上最丰富的油田之一,钓鱼岛附近水域可能成为"第二个中东"的结论。南海海域更是石油宝库,经初步估计,整个南海的石油地质储量大致在230亿至300亿吨之间,约占中国总资源量的三分之一,属于世界四大海洋油气聚集中心之一,有"第二个波斯湾"之称。渤海和黄海石油储量较少。

1. 中国与邻国海洋纷争

在中国四大近海中,渤海是中国的内海,不存在争议。其他 3 个海区都需要按 1982 年制定的《联合国海洋法公约》与邻国合理划分,至少有 100 多万平方公里海洋国土处于争议中。

首先是黄海。黄海位于中国大陆与朝鲜半岛之间,黄海海域的管辖争议包括中国与朝鲜、中国与韩国、韩国与朝鲜之间的领海基线专属经济区和大陆架的划定问题。中国、朝鲜、韩国之间虽然不存在岛屿主权争议,但对各自一些岛屿享有的效力存在着分歧,从而也影响到它们之间的划界。中韩两国在黄海的海洋划界,既包括专属经济区划界,也包括大陆架划界。两国的划界主张不尽一致。韩国主张与我国采用中间线原则。中国则认为,应对包括海岸特征、海岸走向和长度、沉积物、岛屿效力、人口、渔业等相关因素予以考虑,才能达到公平的结果。为贯彻公平原则和达到公平的结果,海域划界应对相关因素予以考虑。朝鲜主张其经济水域的外部界限是"海洋的半分线",而《联合国海洋法公约》中并没有海洋半分线的提法。因此,其与中间线的关系未知。按照大陆架原则总面积 38 万平方公里的海域中应划归我国管辖的有 25 万平方公里。如果按韩国主张等距线为界,朝、韩可以多划 18 万平方公里。也就是说,我国与朝鲜和韩国存在着 18 万平方公里的争议海区。

其次是东海。东海面积达 77 万平方公里,涉及中韩日三国。韩国根据自身利益历来顽固主张不同原则,济洲岛以南要求自然延伸,向西又要求中间线原则;企图以苏岩礁为基点瓜分中国东海海域。日本则主张所谓的中间线原则,并且以钓鱼岛作为基点,单方面在中间划了一条所谓的中间线;中国一直坚持自然延伸原则,主张在东海大陆架一直延伸到冲绳海槽中心线。总之,三方争议面积很大。

在中韩方面,主要以苏岩礁问题为核心。苏岩礁位于中国领海和 200 海里的专属经济区内,距中国领海基线童岛 132 海里,与韩国没有任何关系,与朝鲜半岛海底也不相连,韩国人只是不满意于仅拥有济州岛沿岸水域的现状,借助了在日本海和日本争竹岛(韩国称独岛)的成功经验,向中国东海南拓领土。在苏岩礁问题上,韩国为避免过度刺激中国,暂不提出领土要求,但以掩耳盗铃的方式为未来以苏岩礁为基点瓜分东海采取铺垫——一边与我国继续专属经济区划界谈判,一边以科学考察名义侵占苏岩礁,企图造成既成事实。2001年,韩国给我国苏岩礁取了一个韩国名"离於岛",在苏岩最高峰的南侧兴建了一座高76米(水下40米,水上36米)重3600吨的巨大钢筋建筑物,还把它取名为"韩国离於岛综合海洋科学基地",其实就是一个向中国扩张领土和领海的大型前哨基地,这基地建有直升机停机坪、卫星雷达、灯塔和码头。上面有8名常住的所谓研究人员。①

中国和日本在东海主要存在三个方面的争议:东海油气田、专属经济区和钓鱼岛主权归属。

东海大陆架是我国陆地的自然延伸,因此,面积77万平方公里的海区中应归我管辖的为54万平方公里,但是日本却提出中日两国是共架国,要求按中间线划分海域。按日本的无理要求,日本与我国有16万平方公里的争议地区。

最复杂的是南海。南海又称南中国海,遍布大小岛屿,包括东沙、西沙、中沙及南沙群岛,连接太平洋和印度洋,面积大约350多万平方公里。中国对南海诸岛的主权是在长期的历史发展过程中形成的。目前,南海四大群岛中,西沙、中沙群岛被中国大陆实际控制,东沙群岛由中国台湾控制。南沙群岛自然形成的陆地面积虽然只有二平方公里,但是整个海域面积达82.3万平方公里,而且地理位置非常重要。南沙群岛扼西太平洋至印度洋海上交通要冲,是东亚地区通往非洲和欧洲的咽喉要道。20世纪70年代以来,有关国家对南沙群岛主权和相关海域管辖权提出争议,并侵占我岛礁,形成所谓南海问题。越南非法占据了南沙西部海域,菲律宾非法占据了南沙东北部海域,马来西亚非法占据南沙西南部海域。南海争端争执的焦点就在南沙群岛。目前南沙群岛越南派兵抢占29个岛屿,数量最多,其次是菲律宾8个,马来西亚5个,文莱2个,而我国只占9个。

2.中国在海洋方面的主要威胁与应对

"在事关中国主权和领土完整的重大原则问题上,我们不惹事,但也不怕事,坚决捍卫中国的正当合法权益。"②——习近平

①　中韩黄海划界问题—寒日的日志—网易博客。
②　习近平:我们不惹事但也不怕事坚决捍卫权益 http://news.ifeng.com/mil/2/detail_2014_03/30/35280323_0.shtml。

"海洋是我们宝贵的蓝色国土。要坚持陆海统筹,全面实施海洋战略,发展海洋经济,保护海洋环境,坚决维护国家海洋权益,大力建设海洋强国。"①——李克强

我国坚持通过对话谈判的方式和平解决与周边国家领土主权和海洋权益争议,在解决岛礁领土与海域划界争端问题上,中国一贯且明确主张在尊重历史事实和国际法基础上,与直接当事国通过谈判协商解决。与此同时,对侵犯我国领土主权和海洋权益的挑衅行为进行坚决斗争。

目前的海洋问题,主要纷争在于与韩国、日本和南海诸国的划界和岛礁之争。

(1)对于韩国,主要是黄海、东海大陆架和专属经济区划分问题。目前来说,中日问题是重中之重,中国不想与日韩"两面作战",所以这几年来一直对苏岩礁的问题低调处理。但是为了争取在中日东海谈判中取得有利地位,必须对韩国强硬起来,尤其加强对我国海洋的巡视与管理。中国海监部门应进行不定期的巡航监视,严正表明我国政府的立场。必要时候借鉴保卫春晓油田的方法,派军舰巡航。绝对不能置之不理,养虎为患。

(2)对于日本,限于篇幅原因,本节仅以钓鱼岛主权归属争端为例。

钓鱼岛自古以来就是中国人的领土,钓鱼岛列岛是中国台湾的附属岛屿。日本甲午战争前密谋侵占,到甲午战争中公然侵占钓鱼岛。甲午战争后签订了《马关条约》,不平等条约中并无将钓鱼列岛割让予日本的明文,而以"台湾全岛及其所属诸岛屿"含混措辞,就把原台湾所属岛屿——钓鱼列岛随之也割让给日本。1951年,美、日等国背着中国,非法签订了《旧金山和约》,日本同意美国托管琉球,根据日本行政区域,美国同时将中国领土钓鱼列岛一并列入占领范围。自1978年4月,日本巡逻艇和飞机对在钓鱼岛周围海域作业的中国渔船进行干扰和监视,引发了世界华人的"保钓"运动开始,日本采取了一系列侵犯我钓鱼岛主权的行为,如修建临时直升机场、设置灯塔、扣留登岛"保钓"人士等等。2010年9月中日撞船事件发生后,中国政府在向日方提出严正交涉和抗议的同时,采取了包括停止东海油田谈判、暂停部级以上干部互访和稀土出口以及其他强烈反制措施,体现中国对钓鱼岛及附属海域所拥有的主

---

① 李克强:2014年3月5日第十二届全国人民代表大会第二次会议《政府工作报告》。

权,并宣布:中国公务船在钓鱼岛海域的巡逻执法将实现常态化。进入2012年,日方屡次在涉及中国核心利益的领土主权问题上进行挑衅,不断采取小动作加强对钓鱼岛的实际控制。如2012年1月29日,日本政府内部确定了包括4座钓鱼岛附属岛屿在内的39座无名岛屿的名称,并标注在《日本诸岛地图》和《日本航海地图》上。2012年4月,日本东京都知事石原慎太郎大放厥词,引发"购岛危机"。2012年9月10日,日本内阁会议公然决定对钓鱼岛实施"国有化",并在当天完成了所需手续。

针对日本政府将钓鱼岛"国有化"的错误政策和肆无忌惮的窃取钓鱼岛的猖狂行为,中国展开了有理、有利、有节的反制斗争。第一步,在外交上,发表《钓鱼岛是中国的固有领土》白皮书,利用国际平台反复声明,中国对于钓鱼岛的主权拥有无可辩驳的历史依据和国际法依据,反击日方在钓鱼岛问题上的欺骗性宣传。法律上,公布涵盖钓鱼岛的领海基线和钓鱼岛及其附属岛屿的名称及位置坐标,并上报联合国。策略上,坚持严正立场和政策底线,坚决要求日方纠正错误,为改善中日关系做出应有努力。第二步,加强对钓鱼岛海域的巡航执法,保护我国渔民合法捕鱼的安全,与日本海上保安厅舰船针锋相对,维护国家领土领海主权。中国还通过发布天气和海洋观测预报等,对钓鱼岛及其附近海域实施管理。第三步,2013年,我国宣布设立东海防空识别区。此举是中国海空战略重大突破。背后深藏的意义在于,中国关注的焦点不再只是钓鱼岛,也不再只是东海中间线的油气田,而是中国突破第一岛链的出海口宫古海峡。这一系列措施使我国逐步掌握了在钓鱼岛归属问题上的主动权,东海问题进入了一个新阶段。

为什么钓鱼岛归属问题会成为影响世界局势的焦点?

从地缘政治上看:钓鱼岛问题其实是中、美、日三国的角力,其深层次原因是东亚地区主导权的问题。从美国角度看,美日同盟企图削弱中国在西太平洋的战略地位,同时纵容、怂恿东南亚国家在南中国海问题上与中国发生争端,挑起海洋权益的争夺战。美国从中渔翁得利,维持在太平洋的霸权。从日本角度看,主要是由于这一时期在中日两国之间出现了前所未有的"两强并立"格局。这种国力格局调整引起国际体系变化,给长期对中国保持明显相对优势的日本带来强烈的刺激与冲击。从中国角度看,钓鱼岛自古以来就是中国的,东海海域的冲绳海沟也是具有划分依据的。而日本的"重新崛起",特别是日本政治大国化、军事大国化目标,足以刺激中国,使两国之间争端的局面更显复杂与僵硬。

从经济发展上看:是巨大的海底资源的争夺。中国未来经济社会发展将越来越依赖进口石油和天然气,日本在能源方面同样处于饥渴状态,但它又是个资源穷国,日本目前和将来的经济发展所需资源几乎完全依赖进口。

从国家安全上看:钓鱼岛的战略地位十分重要。一方面,钓鱼列岛为日本利用,可以作为日再次侵略台湾的桥梁或前进基地,威胁我国安全;另一方面钓鱼列岛为我所用,就可以成为中国保卫国家东海方向安全、遏制日本扩张势力南下的前哨。日本的背后潜在动机是利用美国,挑起争端,实现军事、政治的国家正常化,这其中的关键在于解禁自卫权和拥核权。

(3)南海问题现在比较复杂,而且将来会越来越复杂。怎么形容形势的严峻都不过分。岛屿被侵占、海域被划分、资源被盗采。最集中的地区是南沙群岛。

南海有四个群岛,分别是东沙群岛、西沙群岛、中沙群岛和南沙群岛。目前东沙群岛为我国台湾地方政权占据;西沙群岛在历史上曾被南越政权部分占领,通过1974年西沙海战,目前全部被我国控制;中沙群岛唯一露出海平面的岛礁就是黄岩岛,被菲律宾长期觊觎,2012年4月抓扣我渔民渔船事件后,我方主动维权,现基本在我控制之下。南沙群岛情况最为复杂,在南海问题上主要以南沙为例:

在20世纪中叶之前,没有任何国家对中国拥有南沙主权提出任何质疑。最初各国对于南沙群岛的主权争议,主要是集中在确保自身的航道通行权方面。第一次石油危机之后,南海由于蕴藏的丰富油气资源成为世界热点争议地区。介入南沙争端的几个国家对油气依赖程度都很大:越南强国梦的一大支柱就是南海的石油,菲律宾严重缺油,马来西亚、印尼、文莱都是石油生产和输出国。因此,几个国家纷纷对南海石油进行掠夺性开发。南海资源的开发利用,尤其是争议海域内的开发活动成为引发加剧南沙争端的重要因素。到20世纪90年代末期,周边国家已经在南沙海域钻井1000多口,从1981年至2002年,仅仅越南就已从南沙海域的油田中开采了1亿吨石油、15亿多立方米的天然气,获利250亿美元。南海石油已成为越南国民经济的第一大支柱产业。经济利益的驱使,使得这些国家对中国的共同开发建议根本"不搭理"。

　　1982 年,联合国通过了一部新《国际海洋法公约》。公约规定,岛屿所属国可以由岛屿外划 12 海里领海和 200 海里的专属经济区,区域内可自由开采资源。这引发部分南海周边国家通过国内立法的形式,对部分南沙岛礁主权和海域管辖权提出要求。这些单方面的主张都与中国在南海地区享有的历史性权利产生了冲突和矛盾,导致了南沙争议目前格局的形成。①

　　在南沙群岛主权争议方面,中国与越南均声称拥有该群岛完整的主权,菲律宾、马来西亚则宣称拥有部分岛屿的主权,且皆有部署军力在此地区确保自身的权益。而文莱与印度尼西亚则是宣称拥有主权,进而间接包含了南沙群岛部分水域。

　　截至目前,中国实际控制南沙群岛 9 个岛礁:其中大陆控制永暑礁、赤瓜礁、东门礁、南薰礁、渚碧礁、华阳礁、美济礁等 7 个岛礁,台湾控制太平、中洲两个岛。越南占领了 29 个岛礁。菲律宾对南沙群岛的领土要求基于专属经济区,目前占领 8 个岛礁。马来西亚领土要求限于大陆架和专属经济区,占领 5 个珊瑚礁,另在北康暗沙、南康暗沙、曾母暗沙附近海域有大量海上油气开发平台。

　　我国对南海问题的态度:

　　第一,维护周边安全稳定是维护我国战略机遇期的需要。我国一向主张在领土和资源开发方面"主权在我、搁置争议、共同开发"原则;在国际航道方面保证"南海航海自由和无害通过"。

　　第二,中国欢迎一切基于主权事实原则的双边对话和谈判。愿意以最大的诚意开辟谈判解决问题的空间。中国欢迎一切和平发展的努力,但也坚决反对侵犯中国主权和领土完整的行径。

　　第三,中国不好战,但决不怕战!以越、菲为代表的南海诸国企图利用美、日抗衡中国,实现对南海岛屿的占领和资源的侵占。针对菲律宾、越南等国家对我国南海赤裸裸的挑衅行为,我国采取了以下反制措施:一是增强了南海地区的行政管辖权,成立了海南省三沙市,将政府所在地设在了西沙永兴岛,一方面提高了南海地区的国防能力和经济开发利用能力,适应中国南海战略的发展,另一方面为突破美国围堵中国战略在南海的捣乱迈出了重要一步。二

　　① 中国国情—中国网:《南海主权争端成因》guoqing. china. com. cn 2012 年 4 月 11 日。

是从经济上、外交上进行了针锋相对的措施,如针对菲律宾进行旅游限制和农产品进口限制;针对越南对我驻越企业的打砸抢行为进行的撤侨活动等有力地表达了我国坚决维护南海权益的态度。三是在军事方面进行了一些装备和武力运用的显示,如在南海进行夺岛演习,参加环太平洋军事演习等。四是海上执法队伍在相关海域坚决维权,如针对菲律宾的黄岩岛维权活动和针对越南对中国的中海油 981 钻井平台正常作业干扰进行的保护措施。五是从 2013 年底开始大力改善南海驻军驻民的生活设施和环境,将一些岛礁通过填充升格为岛。

总之,通过一系列行之有效的措施极大地改善了我国在南海地区原来的被动局面,使事态向着有利于维护我国海洋权益的方向迈进。

二、陆域吹填引发的大国博弈

1. "大自然的搬运工"

自 2013 年底、2014 年初开始,在中国南海的九段线之内中国大陆控制的几个岛礁周边突然出现了大量的工程船只,开始世界诸国都没有在意,因为 45 年来越南、菲律宾等国家一直没有停止在南沙所占岛礁上施工,没觉得中国这样做有什么反常,在境内各类媒体也没有宣传报道。

让各国感到意外的是,中国的远洋施工工程能力异乎寻常强大,短短一年半左右时间,在南沙就填出了七个岛屿,使南沙的地缘状况有所改变。

南沙群岛自然形成常年露出水面且陆地面积超过 0.1 平方公里的岛仅有 7 处,露出水面的面积只有 2 平方公里,本来,台湾地区所占太平岛为南沙第一大岛,占地 0.44 平方公里,菲律宾占领的中业岛为第二大岛,占地 0.38 平方公里。中国大陆所占七个岛礁只有永暑礁露出海面,面积 0.01 平方公里。越南经过数年施工,在南海群岛造陆的面积为 24 公顷(1 公顷合 0.01 平方公里),耗时 5 年;马来西亚耗时 30 年造陆面积为 24 公顷;台湾地区 2 年时间仅造 2 公顷;相较之下,中国大陆仅用 1.5 年就造了 1,200 公顷的陆地。截止到 2016 年 1 月,南沙群岛中面积在 0.01 平方公里(1 万平方米,1 公顷)以上的岛礁共有 32 个,其中人工岛 20 个,陆地总面积 16.646 平方公里,其中中国大陆占据 7 个,陆地面积 13.949 平方公里,占 82.8%;越南占据 12 个,陆地面积 1.025 平方公里,占 6.14%;菲律宾占据 7 个,陆地面积 0.901 平方公里,占 5.4%;马来西亚占据 5 个,陆地面积 0. 433 平方公里,占 2. 6% ;中国台湾 1 个,陆地面积 0. 51 平方公里,占 3. 1% 。① 可以看出,如今在南沙洋面,在岛屿面积方面中国大陆已经具有了绝对优势。

2. "工程兔"为何要在南沙"种岛"?

在日益发达的互联网中,出现了一些有特殊意义的专属名词,比如说"工程兔",就是特指我国的基建工程人员。中国在南沙群岛进行旨在扩大陆地面积的"陆域吹填"活动,网上习惯称呼为"种岛"。那么中国大陆为什么突然在南沙开展"种岛"活动呢?

在《海洋安全》部分我们提到,中国是一个爱好和平的国家,中国政府在解决与邻国海洋纠纷中一直以邓小平同志提出的"主权在我、搁置争议、共同开发"为原则,一直坚持欢迎一切基于主权事实原则的双边对话和谈判,愿意以最大的诚意开辟谈判解决问题的空间。尽管菲律宾、越南、马来西亚等国家在南沙小动作一直不断,但中国政府还是严格恪守《南海各方行为宣言》,坚持由直接有关的主权国家通过友好磋商和谈判,以和平方式解决领土和管辖权争议,而不诉诸武力或以武力相威胁;承诺在南海的航行及飞越自由;承诺保持自我克制,不采取使争议复杂化、扩大化和影响和平与稳定的行动,包括不在现无人居住的岛、礁、滩、沙或其他自然构造上采取居住的行动,并以建设性的方式处理分歧;同意在各方协商一致的基础上,朝最终达成制定南海行为准则的目标而努力。②

事情的转变出现在 2009 年。一个原因是联合国大陆架界限委员会关于提交 200 海里外大陆架界限信息的期限在 2009 年 5 月 13 日,另一个更大的刺激因素是美国亚太战略的调整。美国总统奥巴马 2011 年 11 月在亚太经合组织

---

① 《美国公布中国南沙第一大岛美济礁填海造陆照片》引自中国网:中国南海专题,2016 - 01 - 18 原文为:1 月 15 日,美国智库"战略与国际问题研究中心"(CSIS) 公布中国南沙群岛目前第一大岛和第二大岛美济礁、渚碧礁的填海造陆照片。目前美济礁约 6 平方公里;渚碧礁约 4. 3 平方公里;永暑礁约 2. 8 平方公里,三岛总陆域面积达到 13 平方公里。而此前最大的岛屿太平岛只有 0. 51 平方公里。

② Nguyen Hong Thao, "The 2002 Decalration on the Conduct of Parties in the South China Sea: A Note", Ocean Development &International Law, 34:3 - 4, pp. 282 - 284.《南海各方行为宣言》,中国外交部网站, http://www. fmprc. gov. cn/web/wjb_673085/zzjg_673183/yzs_673193/dqzz_673197/nanhai_673325/t848051. shtml。

(APEC)峰会高调亮出"转向亚洲"战略。2012 年,随着美军在反恐战争中取得阶段性成果,奥巴马政府重提亚太再平衡战略。计划从 2013 年开始至 2020 年,将 60% 海军舰艇集中到太平洋地区。美国的这一战略转变给了南海周边国家极大的刺激,在美国的纵容和怂恿之下,部分国家加快了在南海事实占领的步伐。

2012 年 4 月发生的黄岩岛事件可以说是"压倒骆驼的最后一根稻草",突破了中国政策和忍耐的底限。① 经过数月紧张的对峙,菲方船只才全部撤出黄岩岛潟湖。为防止菲律宾新的挑衅行为,以海监船为首的中国船只留守黄岩岛附近海域,开始实施实际管控。2013 年 1 月 22 日,菲律宾正式向联合国海洋法法庭提请针对中国的仲裁。此后发生的仁爱礁打桩事件和中建岛越南船只围堵中海油 981 海上石油钻井平台事件进一步恶化了局势。可以说,在美国的干涉之下,中国的南海局势面临严重恶化的危险。

针对南沙整体形势的变化,并且为了彻底改善中国南沙岛礁民生、基本军事防御和维护主权权益的需要,中方于 2013 年底在自己控守的岛礁上开始了扩建工程。2015 年 4 月 9 日,针对外界关切,中国外交部发言人华春莹在记者会上对有关工程做了详细说明,指出:中国政府对南沙部分驻守岛礁进行了相关建设和设施维护,主要是为了完善岛礁的相关功能,改善驻守人员的工作和生活条件,更好地维护国家领土主权和海洋权益,更好地履行中方在海上搜寻与救助、防灾减灾、海洋科研、气象观察、环境保护、航行安全、渔业生产服务等方面承担的国际责任和义务。有关建设是中方主权范围内的事情,不影响也不针对任何国家。②

3. 中美在南海的交锋

中国的动作并没有得到周边国家的完全理解,引发了部分周边国家的担忧。而美国也加大对南海事务的介入力度,以中国岛礁扩建工程"规模过大、速度过快"、"岛礁军事化"等话语,全面向中国施压,甚至采取了派军舰接近中

---

① 傅莹:《南海问题是如何走到今天这一步的?》,《政治学与国际关系论坛》,2016 - 05 - 13。

② 《外交部:中国对南沙部分驻守岛礁的建设合情合理合法》,新华网,2015 年 4 月 9 日,http://news. xinhuanet. com/2015 - 04/09/c_1114920500. htm。

国南沙和西沙岛礁的行动,被中方视为严重的军事和安全挑衅。①

在政策方面,2013 年,美军确定了"两个 60%"的军力部署目标,即在 2020 年前将 60% 的海军舰艇、海外 60% 的空军力量部署到亚太地区。此外,美军抓住一切机会炒作中国"反介入与区域拒止"威胁,积极完善为中国量身打造的"空海一体战"等作战概念。2014 年的 2 月 5 日,美国亚太事务助理国务卿丹尼尔・拉塞尔在众议院有关东亚海洋争端的听证会上作证时,指责中国"断续线"主张"缺乏国际法基础""影响了地区的和平与稳定",要求中国予以澄清。② 同月,美国海军作战部长乔纳森・格林纳特在菲律宾宣称,如果中菲在南海发生冲突,美国将支持菲律宾。③ 8 月,美国国务卿克里在缅甸内比都举行的东盟地区论坛外长会期间,还直接提出"三停止"要求,即停止填海造岛、停止修建建筑、停止采取可能会进一步加剧冲突的激进行动。2015 年美国发布了《21 世纪海上力量合作战略》《国家安全战略》《国家军事战略》《亚太海上安全战略》四个战略文件,都用较大的篇幅谈到南海,并声称要让中国付出成本代价。

在军事行动方面,美军更是各类威慑、挑衅动作愈加频繁。2015 年 7 月,美军新任太平洋舰队司令斯威夫特搭乘 P－8A"海神"反潜巡逻机对南海进行抵近侦察飞行;10 月 27 日,美军导弹驱逐舰"拉森号"驶入南沙群岛渚碧礁临近 12 海里水域;11 月 5 日,美国国防部长卡特登上位于南沙群岛以南 150－200 海里、马来西亚以北约 70 海里的南海敏感海域的"罗斯福"号航母就南海问题发表讲话;11 月 8 日－9 日,美军 B－52 战略轰炸机连续两天飞越中国在南海扩建岛礁的附近海域;2016 年 1 月 30 日,美军"柯蒂斯・威尔伯号"导弹驱逐舰驶入西沙群岛中建岛领海;2016 年 3 月,美菲在第六次年度双边安全对话上宣布,美国将被允许使用菲律宾的六个基地。2016 年 4 月 15 日,美国国防部长卡特在访菲期间登上"斯坦尼斯"号航母巡航南海;2016 年 4 月,美菲

———————

①　傅莹:《南海问题是如何走到今天这一步的?》,《政治学与国际关系论坛》,2016－05－13。

②　Speech of Daniel R. Russel, Washington. DC, February 5, 2014, http://www. state. gov/p/eap/rls/rm/2014/02/221293. htm。

③　Jonathan W. Greenert, Chief of Naval Operations, 13 February 2014, http://www. navy. mil/navydata/people/cno/Greenert/Speech/140213% 20National% 20Defense% 20College% 20of% 20the% 20Philippines% 20remarks% 20only. pdf。

"肩并肩"联合演习再度举行,演习科目包括失岛夺回、油井防护等,设定的背景即是当下的南海争议,十分具有针对性。美军舰机还时常在中国领海领空发生"误闯"事件。

中国政府也相应采取了一系列措施改善南海战略态势。

首先,从国家主席习近平到各类对外机构和发言人相继发表阐述中方立场言论:如在对英国进行国事访问前夕,国家主席习近平2015年10月18日接受了路透社采访。习主席指出:"南海诸岛自古以来就是中国领土,这是老祖宗留下的。任何人要侵犯中国的主权和相关权益,中国人民都不会答应。中国在南海采取的有关行动,是维护自身领土主权的正当反应。对本国领土范围外的土地提出主权要求,那是扩张主义。中国从未那么做过,不应当受到怀疑和指责。"

再如外交部发言人华春莹在2015年5月31日回应美国国防部长涉南海言论强调中国六点主张:第一,中国在南海的主权和相关权利主张是在长期的历史过程中形成的,并为历代中国政府所长期坚持,有充分的历史和法理依据,无需通过岛礁建设来强化。第二,中方在南沙群岛部分驻守岛礁上的建设活动完全是中方主权范围内的事情,合法、合理、合情,不影响也不针对任何国家。第三,中方建设活动的规模、速度与在南海承担的海上搜救、防灾减灾、气象观测、生态环境保护、航行安全、渔业生产服务等方面的国际责任与义务相称。第四,中方的岛礁建设活动不仅不会减损各国在南海享有的航行和飞越自由,反而有利于共同应对海上挑战,为航行安全提供更多保障。第五,中国和东盟国家正在积极推进"南海行为准则"磋商进程,希望美国等域外国家不要给"准则"磋商进程增添复杂因素。第六,美国不是南海问题当事国,南海问题不是也不应成为中美之间的问题。我们强烈敦促美方恪守在领土主权争议问题上不持立场的承诺,谨言慎行,停止任何有损南海地区和平稳定和中美关系的言行。2016年6月5日她又就香格里拉对话会涉南海航行和飞越自由问题答记者问时说,南海航行和飞越自由问题是个伪命题,希望个别国家停止借维护和行使所谓航行自由权利之名,行扰乱地区和平稳定之实。中国作为南海最大沿岸国,维护南海航行和飞越自由,既是国际法的要求,也符合自身根本利益。中国将继续坚定不移地维护南海航行和飞越自由,确保南海航道畅通。她还说"我们也希望个别国家停止借维护和行使所谓航行自由权利之名,行扰乱地区和平稳定之实。"

国防部方面,2016 年 5 月 26 日国防部新闻局局长、国防部新闻发言人杨宇军大校答记者问就南海问题阐明中国立场:"中国对南海诸岛及其附近海域拥有主权。我们一贯致力于同有关当事国在尊重历史事实和国际法的基础上,通过直接谈判和友好协商解决争端。但同时,我们坚决维护国家领土主权和海洋权益。至于个别域外国家,频繁在南海炫耀武力,这些才是对南海地区和平稳定的最大威胁。我们要求他们停止这种无事生非、挑拨离间的言行。保持南海地区的和平稳定,符合各方的共同利益。"

其次,从行政管理等方面采取措施加强南海管控,比如:2012 年成立地级三沙市,强化了南海诸岛的行政管理;加大海监船巡航力度,及时制止了诸如防止菲律宾故伎重演,拖走在南海五方礁故意搁浅船只事件等不法行为,有力维护了南海主权;加快岛礁基础建设、尽快将新建岛礁民用设施投入使用,一批为国际社会提供公益服务的灯塔、自动气象站、海洋观测中心、海洋科研设施等项目建设正顺利开展。截至 2016 年 5 月,5 个用于航行安全的灯塔已建成,其中 4 个已正式启用。

再次,适当增强南海国防军事力量的存在,加大南海的军事力量展示程度,比如在三沙市政府所在地西沙永兴岛布置歼 11 战机和红旗 9 防空导弹,在南海举行多次联合作战和夺岛演习、对美国进入我国南海敏感区域的战舰和军机进行监控、拦截和驱离等。

同时,对过去一般不公开报道的内容适度进行宣传,如 2014 年 10 月海军司令员吴胜利对南沙岛礁的视察,2016 年 4 月,中央军委范长龙副主席率军地有关部门领导赴南沙相关岛礁视察,慰问驻守官兵和建设工人,同时了解南沙岛礁相关设施建设情况;再如 2016 年 1 月 6 日两架民航客机降落南沙永暑礁新建机场,驻岛家属成为第一批乘客、2016 年 4 月 17 日海军派巡逻机赴南沙永暑礁转运重病工人、为庆祝五一劳动节,军旅歌唱家宋祖英率领海政文工团演职人员 50 余人搭乘昆仑山号船坞登陆舰奔赴南沙永暑礁慰问演出等。

4. 南海迅速成为热点地区是因为中国造岛吗?

叙利亚停火协议的签订,中东热点暂告一段落。随着美国从幕后直接走到前台,中美在南海博弈日趋激烈,南海快速升温,周边国家动荡不安,安全形势急剧恶化,南海问题越来越引起世界各国的瞩目。

从美国及其日本、菲律宾等盟国角度看来,是因为中国政府在南沙群岛的陆域吹填活动,改变了地缘格局,引起了南海周边诸国的紧张,打破了南海周边的力量平衡,同时人为改变了自然生态的平衡,美国才高度关注,所以美国的结论是南海局势趋紧的主要责任在于中国。

从中国角度理解,长期以来,中国本着睦邻友好的原则发展同周边国家的外交关系,一直努力克制,严格遵守《南海各方行为宣言》。但是,周边一些国家,在美国的怂恿之下,一直没有停止对中国南海权益的侵害,不仅在非法占据的中国岛礁上施工建设,而且抓捕中国渔民、查扣中国渔船、干扰正常海洋作业,才迫使中国不得不采取措施保障自己在南海的基本利益,只不过在建设过程中显示出了中国工程力量的强大而已。同时,中国认为我们在南海的"陆域吹填"活动是在中国的领土范围内进行,它国无权干涉。同时我们作为南沙群岛的主人,比其他任何国家、任何机构和任何人都更关心相关岛礁和海域的生态环境保护。在南海岛礁建设过程中,我们始终坚持"绿色工程、生态岛礁"的生态环境保护理念,经过深入研究、严谨论证,采取了全程动态保护措施,切实将工程与生态环境保护紧密结合起来,实现岛礁可持续发展。具体来讲,我们采用"自然仿真"思路,模拟海洋中暴风浪吹移,搬运有关生物碎屑,逐渐进化为海上绿洲的自然过程。这种做法对珊瑚礁生态环境体系的影响很小。中方有关建设活动完成后,将大幅提升有关岛礁的生态环境保护能力,有关做法经得起时间的考验。[1] 并且,由于南海海况和地质状况复杂,南沙岛礁建设除满足必要的军事防卫需求外,更多的是为各类民事需求服务,以更好地履行中国在海上搜救、防灾减灾、海洋科研、气象观察、生态环境保护、航行安全、渔业生产服务等方面承担的国际责任和义务。[2] 中国政府一再表示:中国坚决维护各国依国际法在南海享有的航行自由,南海的航行自由从来不存在任何问题。[3] 因此可以认为,中国在南海的"造岛"行为并不是造成南海局势紧张的真正原因。

---

[1] 2016 年 5 月 6 日外交部发言人洪磊主持例行记者会:转自 http://www.guancha.cn/Neighbors/2016_05_06_359313_2.shtml。

[2] 《官方公布南海岛礁建设进度可满足军队需要》,观察者网 2015 - 06 - 19。

[3] 2015 年 11 月 20 日外交部发言人洪磊主持例行记者会答问实录:外交部网站:2015 年 11 月 21 日。

那么南海问题背后深层次原因到底是什么呢？

如果从世界范围内的地缘政治和国际安全形势角度看，南海问题的本质，已经远远超越了领土主权与海洋权益的争执，变成了两种历史性力量的碰撞。这两种历史性力量，一是美国从"第二次世界大战"结束以来在西太平洋长久享有的、不受挑战的海空优势；二是中国立志成为"海洋强国"的战略进程。南海问题，现在已经很清晰地变成了这两种历史性力量交汇和碰撞的爆发点。① 比如，美国为了使南海仲裁案引起国际上的重视，给菲律宾撑腰打气，公然通过军机和军舰巡航来挑战中国在南中国海相关岛礁的主权和海洋权益。除此之外，美国还极力渲染南中国海的紧张气氛。随着中美双方挑衅和反制的逐步升级，中国和南中国海周边国家的海洋权益之争，已经超越国际法和地区邻国争端的范畴，已经演变为中美地缘政治之争，甚至还可能将东亚相关大国俄罗斯、日本裹挟进来，最终演变为中俄和美日两大集团在西太平洋的较量。② 从美国角度来讲，他可以接受一个陆上强国中国，而绝不允许一个海洋强国中国。③ 中国在南中国海的填礁建岛，被美国视为中国向海洋扩张的实例，美国为此的强烈反应也不足为怪了。

三、恐怖主义

恐怖主义是实施者对非武装人员有组织地使用暴力或以暴力相威胁，通过将一定的对象置于恐怖之中，来达到某种政治目的的行为。④ 一般是指有意制造恐慌的暴力行为，意在达成宗教、政治或意识形态上的目的而故意攻击非战斗人员（平民）或将他们的安危置之不理，这类行动一般由非政府机构策动。主要现象有：暗杀、劫持人质、爆炸、劫持交通工具、武装袭击、生化袭击。

恐怖主义的划分：国际上习惯按恐怖主义的行为性质划分为两大类，一是政府恐怖主义；二是非政府恐怖主义。政府恐怖主义与非政府恐怖主义最大

---

① 《专访朱锋：南海问题的本质是什么》；《第一财经日报》记者对南京大学中国南海研究协同创新中心执行主任、南京大学国际关系研究院院长朱锋教授的专访。载于《第一财经日报》2016 - 05 - 25。
② 《地缘政治背景下的南海问题》，凤凰国际智库，2016 年 05 月 29 日 16:38。
③ 《中国将军一句话竟然让美军司令三天三夜合不上眼原因过程结果》：http://www.glxcb.cn/yule/zongyi/201605/1605G_146296887331257.html。
④ 引自百度百科：恐怖主义 1 简介第一段。

的不同是前者拥有一整套健全的国家机器,可以依靠媒体宣传将恐怖主义美化。非政府恐怖主义是国际恐怖主义活动的一个大类,其表现形式较为复杂,既有民族分裂倾向的恐怖主义,如影响我国的"东突";又有种族倾向的恐怖主义,如新法西斯主义;还有邪教性质的恐怖主义,如"全能神"。

1. 当代恐怖主义的特点

具有强烈的国家化倾向。恐怖主义活动范围,已从西欧、中东、拉美三大热点地区向全球各地区和国家蔓延,已有 100 多个国家不同程度地受其危害。在 1968—1997 年期间,国际恐怖活动的三大热点地区依次是西欧、中东、拉美,这些地区发生的恐怖主义事件占全球总数的四分之三以上。但从 80 年代开始,亚洲国家的恐怖活动大幅度增加并有继续发展的趋势,到了 2001 年,亚洲已排第二名,占全球恐怖活动总数的 19.54% 。基地组织、ISIS 更是成为了近些年崛起的跨国宗教极端恐怖主义组织。

打击目标日益扩大。已由外交、军事、政府扩展到商业、一般平民和公共设施。尤其是"9·11"后,美国发动针对伊斯兰教极端势力的全球性反恐战争以来,东南亚穆斯林聚居地区反美情绪高涨,针对西方人的恐怖袭击事件不断增多,严重影响一些国家及本地区的政治稳定和经济发展,成为国际社会密切关注的地区安全问题之一。

恐怖手段多种多样。由传统的绑架、劫持人质与暗杀等方式到使用爆炸、袭击、劫持以及生化武器和网络恐怖主义等,近年来甚至发展到了拥有武装部队,如塔利班、ISIS 具有了部分政权性质。此外,当前恐怖主义的活动策略也在不断变化,手法越来越野蛮、残暴,以至于不择手段。

极端主义的交织。恐怖主义总是同民族分裂主义和宗教极端主义、无政府主义等极端主义交织在一起。在世界上的很多地区,恶势力之间相互重叠,集中表现为国际恐怖主义。其具体活动是反社会、反人类,以绑架、暗杀、爆炸等极其残忍的手段制造大规模的恐慌。同时,还与毒品买卖、武器走私、贩卖人口等跨国的有组织犯罪相联系,成为一些国家和地区长期动乱的主要原因。①

---

① 参见:战略网/世界博览/国际知识/政治常识/恐怖主义:特征分析部分 http://world. chinaiiss. com/html/20116/7/a1eb. html。

2. 国际恐怖主义产生的根源

冷战结束后,意识形态冲突让位于种族的与宗教的以文化价值为分界线的冲突,这种冲突是孕育国际恐怖主义的温床;美国成为世界上唯一的帝国,它的单边主义政策引起世界其他国家,特别是弱小的不发达国家的不满与仇恨;西方文化价值与东方文化价值的冲突是造成宗教极端主义和国际恐怖主义的催化剂;美国为主导的全球化使经济不发达的伊斯兰国家愈益贫穷,伊斯兰恐怖主义是阿拉伯国家从石油聚敛的金钱与赤贫的政治与文化落后的伊斯兰国家结合而生的怪胎;美国亲以色列的中东政策激发起阿拉伯国家的反美与反犹情绪,这种反美与反犹情绪在原教旨主义中找到了极端的反映;有些伊斯兰国家教育极不发达,对青少年的教育大部分由宗教学校免费提供,而这种宗教学校正是灌输原教旨主义和圣战思想的基地,正是驱使穆斯林青年追从宗教狂热的基地。①

3. 恐怖主义对中国的影响

当前,威胁我国安全的恐怖主义既有国际恐怖主义又有国内恐怖主义,既有国家恐怖主义、集团恐怖主义又有个人恐怖主义,既有传统恐怖主义又有新型恐怖主义,威胁主体呈现多元性结构。例如:境内外"东突"恐怖势力,既是国际恐怖主义又是国内恐怖主义;达赖分裂集团中的"藏青会",就是集团恐怖主义的典型代表;国内"法轮功"邪教组织实施的恐怖活动,属于国内恐怖主义;国内极端分子实施的恐怖活动,则大多属于个人恐怖主义;从境内外"东突"势力、达赖分裂集团中的"藏青会"、国内"法轮功"邪教组织等实施的恐怖活动方式来看,则同时具有传统恐怖主义和新型恐怖主义的特征。

上述威胁我国安全的四个方面恐怖主义,从其思想根源、历史演变、组织形成到策划实施各种恐怖活动,都带有复杂而且明显的国际背景。例如:"东突"恐怖主义就有一个形成和发展的过程,有着极为复杂的历史原因、国际原因和国内原因。总的来说,泛伊斯兰主义和泛突厥主义的泛滥和传播,国际势力的怂恿、支持,特殊的历史背景和地理环境,极端主义、分裂主义和国际恐怖主义的影响,以及我国某些政策在执行和落实中有所失误等,都是"东突"恐怖

① 陈立虎、张赛:《防范与打击国际恐怖主义:任重而道远的国际法》,《山西省政法干部管理学院学报》,2001年第4期。

主义形成的重要原因。同样,达赖分裂集团的形成到实施暴力恐怖活动的每个阶段和过程,都有国际因素的影响。

威胁我国安全的恐怖主义活动,或多或少都带有某种宗教色彩,或者借某种宗教之名,或者以某一宗教问题为借口。例如:"东突"恐怖势力其实就是民族分裂势力、宗教极端势力和暴力恐怖势力的结合体,民族分裂是其目的,宗教问题是其旗号、暴力恐怖是其手段,因此,"东突"恐怖势力又被称为"三股势力";"藏独"恐怖势力,从其组织机构、人员组成到实施恐怖活动的策略、手段,都打着"藏传佛教"、"维护宗教纯洁"的旗号;"法轮功"等邪教恐怖势力,一开始就自称是"正宗佛教",鼓动成员通过"修炼"去实现"圆满";国际恐怖势力,许多本身就是由极端宗教组织演变而来。①

以"东突"为例,所谓"三股势力",准确说,就是宗教极端势力、民族分裂势力、暴力恐怖势力。他们打着民族、宗教的幌子,煽动民族仇视,制造宗教狂热,鼓吹对"异教徒"进行"圣战",大搞暴力恐怖活动,残杀无辜,挑起暴乱骚乱,如2009年7月5日乌鲁木齐打砸抢烧暴力犯罪事件,2014年3月1日昆明火车站暴恐事件等。他们的目标就是把新疆从中国版图中分裂出来,建立所谓的"东突厥斯坦伊斯兰国"。

4. 中国政府的反恐政策

中国政府向来反对恐怖主义,尽管在不同的场合有不同的表述,但总的原则立场概括起来,大体包括以下几个方面:

一是反对一切形式的恐怖主义。中国政府一再强调反对一切形式的恐怖主义。对这一提法可从两方面理解,一方面当代恐怖主义的表现形式是多种多样的,所谓民族极端型、宗教极端型、极右翼型、极左翼型、国家支持型和黑社会型等等,但无论何种类型,它们都属于极端的邪恶势力,都威胁到国家乃至国际社会的安全与稳定,已经成为国际公害和人类文明的公敌,没有什么好与坏、正义与非正义之分,必须不加区别的一律予以坚决反对;另一方面,人们对恐怖主义的认识也是多种多样的,这取决于人们观察问题的不同角度和水平,加之不同的文化背景和价值观念的影响,特别是出于国家利益的考虑。由于这一原因,目前国际社会尚未就恐怖主义的定义达成一致,有关国家和地区

① 吴远亮:《威胁我国安全的恐怖主义特点分析》,《犯罪研究》,2008年第5期。

在这一问题上更存在重大分歧。基于这一现实,中国政府反对一切形式的恐怖主义的立场,对于消除各方分歧,推动国际社会的反恐合作,具有重要的意义。

二是标本兼治,努力消除恐怖主义产生的社会根源。恐怖主义的产生涉及方方面面复杂的原因,如果单纯凭借"以暴制暴"的手段,并不能彻底解决恐怖主义问题,必须同时采取政治、经济、法律和社会文化等多方面的措施,进行综合治理。具体而言,世界各国应在联合国主导下,致力于在全球范围内解决有关领土争端、民族矛盾和宗教纠纷等各种问题,消除地区冲突和紧张局势,推动建立公正合理的国际政治经济新秩序,缩小发达国家和发展中国家之间的贫富差距,促进世界各国的共同发展和全人类的共同进步,从根本上消除恐怖主义产生的温床和土壤。

三是反对用双重标准对待恐怖主义。在冷战时期,东西方阵营在这一问题上经常相互攻讦,经常看到这种现象:一方视为恐怖分子者,另一方则视其为自由战士。冷战结束后,这一问题依然未彻底解决。不仅西方国家与阿拉伯国家存在严重分歧,俄罗斯、中国等大国与西方国家之间也屡发摩擦,例如,俄方对西方国家在俄罗斯车臣问题上的态度一直感到不满,俄方媒体一再谴责美英等国为车臣流亡政府头目提供政治避难等做法;中国媒体也对美国将5名中国籍东突恐怖组织嫌疑犯释放转至第三国的做法提出严厉批评。因此,反对一切形式的恐怖主义应是各国共同承担的义务,也是联合国安理会深化反恐合作的基础。

四是反对将恐怖主义与特定的民族和宗教挂钩。客观而言,当代恐怖主义大多与民族极端主义和宗教极端主义有关,这在阿拉伯民族居多数的中东地区或某些受伊斯兰教影响较深的国家表现较为突出。和世界其他民族和宗教一样,阿拉伯民族一向是崇尚和平的,伊斯兰教的基本教义就是劝人向善的。而这些地区的恐怖活动完全背离了阿拉伯民族利益,也违背了伊斯兰教传统,它们无非是打着民族宗教的旗号来为其小集团利益服务,用以达到其极端政治目标而已。因此,中国政府一再重申,恐怖主义属于极少数极端邪恶势力,不能将其与特定的民族或宗教相联系。

五是充分发挥联合国在反对恐怖主义活动中的作用。由于恐怖主义在世界范围内的蔓延,反恐怖斗争已不是一个国家、一个部门的事情,必须动员和联合世界各国的力量,以国际化的反恐怖斗争对付国际化的恐怖主义。作为目前世界上最大最具有普遍性和权威性的政府间国际组织,联合国具有其他任何国际组织和联盟体系无法取代的重要地位和作用。充分发挥联合国的主导作用,将有利于推动国际范围内的反恐合作。①

六是一些世界级大国不能打着民主化的旗号对主权国家进行颠覆活动。冷战时期的"和平演变",进入 21 世纪之后的"橙色革命",自 2011 年始的"阿拉伯之春"和"茉莉花行动",莫不是西方大国对主权国家政权掀起的颠覆活动。而动乱和战乱极易变成恐怖主义的温床,如今的伊拉克、利比亚、叙利亚就是很好的例证,和平安宁的环境才是消除恐怖主义最好的良方。

七是中国政府对打击恐怖主义越来越重视。党的十八大以来,以习近平同志为核心的新一代领导集体将打击危害国家安全和人民生命财产的恐怖主义提升到了前所未有的高度。2014 年 4 月 15 日,正式召开了国家安全委员会第一次会议,将反恐问题提到了国家安全的高度。2015 年 12 月 27 日,《中华人民共和国反恐怖主义法》经第十二届全国人民代表大会常务委员会第十八次会议通过,并于 2016 年 1 月 1 日起开始实施。《中国反恐法》共有十章九十七条,将打击恐怖势力提高到国家战略的高度,明确国家反恐处突的体制机制,国家相关部门的职责分工,动用军队、武警、公安、安全等强力部门力量的权限,以及动用武器装备的种类、范围和强度,形成了一套应对恐怖事件的法律体系。②

四、叙利亚乱局的背后

1. 难民潮

一张溺水儿童的照片,引起了世界的广泛关注和深思。蓦然发现,席卷欧洲的难民潮,已成无法阻挡之势,也成为欧盟各国领导人头痛不已、坐立不安,却无法回避的头等难事。

本次席卷欧洲的难民潮主要来自于叙利亚。叙利亚内战自 2011 年爆发以

---

① 张明明:《恐怖主义特性和中国政府的反恐立场》,《理论前沿》,2006 年第 24 期。
② 我国首部《反恐怖主义法》呼之欲出:http://www.81.cn/jmywyl/2015 – 03/03/content_6376393.htm。

来,叙利亚政府与叙利亚反对派之间的武装冲突不断升级,造成大量平民伤亡和流离失所。根据叙利亚人权组织公布的数据显示,从 2011 年 3 月 15 日到 2015 年 6 月 8 日,已造成 230618 人死亡。联合国难民署的数据显示,今年 1 至 8 月,至少已有 30 多万名难民经地中海进入欧洲。其中,80% 的难民来自叙利亚,其余的难民主要来自伊拉克、也门、利比亚、埃及等国。

难民的大量到来,给欧洲各国带来了巨大的冲击:欧盟收容难民的首登陆国负责制失效,地中海沿岸的意大利、希腊等国不堪重负,放任难民北上;中东欧国家要求优先巩固边防,反对难民强制配额;欧盟成员国心中的墙,甚至外化为现实,匈牙利在 177 公里的匈塞边境线上拉起了 4 尺高的铁丝网,并准备将破坏边防设施的人判刑入罪;法总统奥朗德忧心忡忡,他表示,若难民潮流动无法管控,申根协议将被冲垮,边境线上将重新设立检查站;德国政府虽然对叙利亚难民敞开怀抱,但民意调查显示,近 70% 德国民众并不愿接收更多难民。2015 上半年,德国境内攻击难民营事件已超过 200 起。难民的涌入还造成了政府额外的财政负担,将挤占本土民众的就业岗位,甚至拖累欧洲经济复苏的速度。

更重要的是,西方文明融合伊斯兰文明的努力基本宣告失败,此次涌入欧洲的难民又以穆斯林为主体,这是否将壮大欧洲本土穆斯林力量,造成新的社会对立,文化冲突,犹未可知,但怀疑恐怖分子潜藏其中的声音已不断涌现。自由、包容、民主的欧洲形象已经大打折扣。①

2. 叙利亚乱局

此次难民潮最大的来源地是叙利亚。叙利亚的内战开始于 2011 年年初的反政府示威活动。2011 年 3 月 15 日,大马士革、哈塞克、德拉市等叙利亚城市都爆发了大规模的街头反政府示威活动。4 月 18 日,约 10 万示威者在霍姆斯广场静坐,要求巴沙尔下台。2011 年下半年,国际社会的干预增多,叙利亚反对派逐渐兴盛。包括全国委员会、革命委员会和自由叙利亚军等在内的叙利亚反对派结盟。与此同时,反政府示威活动演变成武装冲突。在叙利亚政府军与反对派的武装冲突中,不少地区出现权力真空,AQI("伊拉克伊斯兰国"组织)趁乱进入叙利亚并不断壮大。2013 年 4 月,头目巴格达迪发布宣言,称

---

① 《欧洲难民危机有多危?》2015 年 09 月 11 日 10:58 海外网。

叙利亚胜利阵线的建立、资助都出自 AQI,两个组织将合并,称为"伊拉克及沙姆伊斯兰国"(ISIS)。2014 年,ISIS 更名为"伊斯兰国"(IS)。

由于叙利亚政府军失去对边界的控制,叙东部靠近伊拉克地区的边界逐渐丧失,叙伊边境线名存实亡。而"伊斯兰国"此前一直活跃于伊拉克西部。通往叙利亚的国门打开后,"伊斯兰国"在叙利亚境内攻城拔寨,迅速扩散到叙利亚北部和东部的多个省份。在叙利亚攻城略地的"伊斯兰国",以极其残暴的"统治",加剧了叙利亚的动荡局势,叙利亚难民数量开始成倍激增。①

如今的叙利亚,形成了叙利亚政府军、叙利亚反对派、IS 势力三方相持的局面。叙利亚反对派和 IS 组织虽然彼此互有冲突,但他们的主要作战对象为巴沙尔的政府军。长期拉锯式的内战,使得大量城市和乡镇变为废墟,大量的平民成为流民。部分流民通过土耳其和希腊逃亡欧洲,形成了如今的欧洲难民潮。

3. 乱局背后的大国博弈

叙利亚的反政府示威活动起源于 2010 年突尼斯的"阿拉伯之春"。"阿拉伯之春"是西方媒体所称的阿拉伯世界的一次革命浪潮。自 2010 年 12 月突尼斯一些城镇爆发民主运动以来,阿拉伯世界一些国家民众纷纷走上街头,要求推翻本国的专制政体的行动,并乐观地把"一个新中东即将诞生"预见为这个运动的前景,认为这个"阿拉伯之春"属于"谙熟互联网、要求和世界其它大部分地区一样享有基本民主权利的年轻一代"。

"阿拉伯之春"在中东和北非造成了影响巨大,短短几年时间,突尼斯总统本·阿里不得不放弃自己独裁统治了 23 年的国家,在 2011 年 1 月 14 日深夜飞往沙特;统治埃及长达 30 年的穆巴拉克下台并接受审判;在十几个国家参与打击下,利比亚最高领导人卡扎非被俘身亡;也门长达 33 年之久的"萨利赫时代"就此落下帷幕;巴林进入紧急状态;而叙利亚则开始了遥遥无期的内战。不论是叙利亚内战还是"阿拉伯之春",都是内部矛盾积聚和国外势力干涉的综合结果。

中东国家的危机首先是内部政治秩序危机。在历史上,这个地区的国家经历了很多不同形式的政治制度,包括宗教帝国、神权政治、军人政权和比较

①《难民之源:动荡难解的叙利亚困局》2015 年 09 月 13 日 02:42 新京报。

世俗的穆斯林宪政(西方的称谓)等等。尽管中东国家一直在寻找比较能够符合其宗教文化需求的政体形式,但迄今为止似乎都没能被国内的大多数民众所接受而稳定下来。如果说近代以来的政治现代化,是以欧洲产生的近代世俗主权国家为标本,那可以说中东伊斯兰国家几乎没有一个能够顺利适应这种世俗化为导向的政治变化。即使那些变得比较世俗化的国家,也是出于应对强势的西方国家的需要。就是说,政治变化的动力在于回应外部环境变迁,而不是出于内部的变革动力。

内部的宗教派系纠纷、部落争斗、对现代化的不适等因素,使得中东国家充满"内忧",而包括国家之间宗教冲突,对建立在主权国家之上的区域和国际秩序不适等因素,也同样为这些国家制造很不稳定的外部环境。不过,从外部环境来看,主要的是大国之间的地缘政治竞争。①

中东是一个欧洲中心论词汇,意指欧洲以东,并介于远东和近东之间的地区。具体是指地中海东部与南部区域,从地中海东部到波斯湾的大片地区。中东是一湾两洋三洲五海之地,其三洲具体指亚欧非三大洲,五海具体指里海、黑海、地中海、红海、阿拉伯海,是沟通大西洋和印度洋、连接西方和东方的要道,也是欧洲经北非到西亚的枢纽和咽喉。中东在世界政治、经济和军事上的重要地位,使其成为世界历史上资本主义列强逐鹿、兵家必争之地。② 按照美国前国家安全顾问布热津斯基的名著《大棋局:美国的首要地位及其地缘战略》一书中所描述,中东是世界岛的中心,土耳其和伊朗是重要的战略支点,而叙利亚则是中东的心脏地带,中东和叙利亚的战略地位可见一斑。

"冷战"以后,在中东主要博弈的是美国和苏联及它们身后的"北约"和"华约"组织。经过无数轮的博弈,美国和以色列因为四次中东战争的胜利占据了优势,并取得了欧佩克的石油美元定价机制。苏联和华约组织解体之后,美国通过海湾战争和伊拉克战争,逐渐掌握了中东地区的主导权。

按照美国政治家萨缪尔·亨廷顿的代表作《文明的冲突与世界秩序的重建》中所述,冷战后,世界格局的决定因素表现为七大或八大文明,即中华文明、日本文明、印度文明、伊斯兰文明、西方文明、东正教文明、拉美文明,还有

---

① 郑永年:《中东难民潮是如何产生的? 离我们还远吗?》2015 - 09 - 1611:18:53 来源:四月网。
② 百度词条:中东。

可能存在的非洲文明。冷战后的世界,冲突的基本根源不再是意识形态,而是文化方面的差异,主宰全球的将是"文明的冲突"。在中东地区主要表现为伊斯兰文明和西方文明的冲突。

输出西方普世价值观,使美国一直处于新价值体系的顶端,保持美国唯一超级大国地位长盛不衰,是美国的战略目的。针对中东地区,2004年小布什政府推出了"大中东民主计划",力图按照美模式,从政治、经济、文化等方面对所谓"大中东地区"国家进行立体改造。政治上,美将扶持这些国家的改革派领导人推进政治改革,将从技术和资金上支持其推行自由选举,帮助建立独立的选举机构和独立社团,加大舆论自由和监督力度,提高民众参政议政意识,扩大妇女权利,同时采取措施增强对民众司法协助。经济上,联合西方大国共同创立"大中东金融公司"、"大中东发展银行",向该地区国家注入发展资金并引导其金融政策。推动大国与该地区根据地经贸往来与合作,帮助和引导地区国家营造金融、经济和贸易自由化环境,最终使之纳入西方资本主义经济体系。社会文化上,引导该地区国家进行伊斯兰教温和化、世俗化改革,淡化伊斯兰教原教旨理念和信仰,大力弘扬西方的自由、民主和人权理念。这一计划,虽然明显地水土不服,特别是遭到了中东大部分国家首脑的抵制,但也为各国国内的民主派(反政府派)的崛起埋下了伏笔,提供了全方位的支持,给予了极大的信心。可以说"阿拉伯之春"没有以美国为首西方国家的支持是不会发展到如今的地步的。

彼得大帝曾经说过:"当俄国可以自由进入印度洋的时候,它就能在全世界建立起自己的军事和政治统治。"①基于这种理念,在俄罗斯的对外关系史上,中东地区一直是其南下战略的桥头堡。到了冷战时期,由于战略安全和经济利益的要求,美苏两霸在中东地区曾经展开了全面争夺。而苏联解体之后,俄罗斯继承了苏联的主要遗产,其在中东地区的利益成为了俄罗斯的重要国家利益之一。1993年以后,俄罗斯领导人多次强调指出,中东地区是大国在世界多极化过程中确立自身地位的必争之地,俄罗斯在中东地区有着至关重要的战略利益。② 而现今的俄罗斯,北方是北冰洋,没有拓展空间,东方是中国,

---

① 刘竟:《苏联中东关系史》,中国社会科学出版社1987年版,第280页。
② 庞大鹏:《俄罗斯外交战略中的中东》,《俄罗斯中亚东欧研究》,2006年第1期。

是全面战略协作伙伴关系,而且中国已经有了"一带一路"计划;西方是欧盟,因"北约东扩"和"乌克兰"问题僵持不下;南方则是中东,是唯一能够有所作为的战略空间。所以俄罗斯对伊斯兰世界中的伊朗、伊拉克、叙利亚等的什叶派政府、黎巴嫩真主党、也门胡塞族等什叶派武装组成的什叶派之弧给予重大的战略合作和极大的支持,来对抗美国、以色列和亲西方的沙特等国家。

　　而叙利亚一直以坚决反以色列著称,一直是俄罗斯在中东地区的战略盟友。俄罗斯在苏联领土范围之外的唯一的海外军事基地就在叙利亚的塔尔图斯港。

　　本来,在美国的支持和纵容之下,叙利亚反政府武装和 IS 武装已取得了绝对优势,巴沙尔政权岌岌可危。2015 年 9 月 30 日,俄罗斯总统普京宣布应叙利亚政府之邀,派遣武装力量对叙利亚恐怖组织进行打击,并随之开展行动。十天之内,以不到 200 架次的空中出击,摧毁了大批反对派武装或 IS 势力的据点,削弱了反对派的战斗力量,政府军开始进行反攻。可以说,美国的巴沙尔政府下台计划已彻底破产,变得遥遥无期,不得不坐下来与俄罗斯进行对话。而俄罗斯则达到了以下几个方面的战略目的:一是保护中东最后的桥头堡,维护自身在中东问题上的话语权;二是借机整合自身在中东的力量。在伊核问题解决后,西方短期内能拿出来在中东"说事儿"的问题就是叙利亚危机和 IS威胁。俄罗斯可以趁机快速整合伊朗、伊拉克和叙利亚等国,形成一个从地中海到波斯湾,将中东切为南北两段的"什叶派之弧",与美分庭抗礼;三是转移俄在乌克兰的压力,在中东拿到与西方谈判的筹码;四是借出兵抬高国际油价,挽救俄罗斯经济;五是让叙利亚成为俄军事改革和新型武器的试金石。

　　从解决难民潮角度讲,只要叙利亚内战不停止,难民只会继续增加,欧洲的难民危机就不可能得到缓解。而大国之间的博弈结局明朗之前,可以想象战争还会一直持续下去。

　　4.叙利亚乱局的启示

　　困扰欧洲的难民大多来自中东、北非的利比亚、叙利亚等国家。利比亚因为是石油出口国,战乱之前是非洲人均收入最高的国家,普通国民有免费医疗、教育、住房等高福利待遇。叙利亚在相当长一段时间内,政局稳定、社会安宁,民众幸福指数很高。短短几年,普通居民沦落到如今惨状的原因在哪里,对我们中国公民又有什么样的启示呢?

一方面这些国家在国计民生政策的制定和执行上有比较明显的失误,造成贫困两极分化日趋严重。同时,这些国家大多是强人执政,集权制或家族式作风严重。特权阶层掌握了大量财富,政府存在相当程度的腐败现象。一旦出现自然灾害等诱因,很容易给所谓的"民主人士"创造攻击政府的理由。但"国内反对派"单凭自己的实力反对政府是很难在短期内达到颠覆当权政府的目的的,除非有"外力"的支持。

另一方面,域外大国需要扶持一个有倾向性的,能服务于大国国家利益的政府,最好的方法是将这个政府纳入自己的运行体系。但中东地区因为历史的原因,这些强人建立的威权式政府都比较稳定,而且有着自己的行事风格,很难被他人左右。国内反对派的形成给域外大国创造了"政权更迭"的良机。也就是说,造成当下这种乱象的另外一个原因也是主要原因就是美欧想借机进行"政权更替"。

事实证明,美欧这种霸权主义外交政策可怕而愚蠢,它在给西亚北非国家带来巨大灾难的同时,也使欧美自食其果。当年欧洲主导发动利比亚战争,非但未能获得切实好处,反而因利比亚动荡而失去一大能源供应来源,并引来大量北非难民;美欧在叙利亚策动政权颠覆,使"伊斯兰国"等极端组织乘机做大,对美欧威胁越来越大,欧洲国家更是深陷叙难民问题困扰之中。可以说,这是欧洲国家外交政策"对美国亦步亦趋"的恶果。①

我们应当清醒地看到,为了维持美国"唯一超级大国"的地位不变,美国到处推行自己的价值观,将更多的国家纳入自己的体系之中,"民主风潮"之下,苏联轰然解体,俄罗斯雄风不振;"橙色革命"使得乌克兰动荡不止,如今依然面临分裂的危险;"阿拉伯之春"使中东大乱,人民生活在战乱困苦之中,生存权都无法保障,陷入到了"阿拉伯之冬";香港"占中",使得这个国际商业大都市冷冷清清,店铺关门,失业率剧增;台湾"太阳花运动",使得整个台湾失去了搭便车的有利时机,在"一带一路"大战略和亚投行中被边缘化,百姓真真正正地失去了实惠。在诸多乱象面前,我们更能充分理解"稳定压倒一切"的含义,深刻认识"只有国家强大,个人才能幸福"的基本道理。

---

① 田文林:《美欧当反思难民潮根源》,人民网－人民日报海外版,2015年09月07日04:18。

参考文献

1. 李培林:《转型背景下的社会体制改革》求是 2013 年第 15 期。

2. 宋晓梧编著:《中国社会体制改革 30 年回顾与展望》人民出版社 2008 年版。

3. 何文炯:《"十二五"社会保障主题:增强公平性和科学性》中国社会保障 2011 年第 1 期。

4. 龚维斌:《建立以政府为主导的多元化社会管理新格局》行政管理改革 2010 年第 4 期。

5. 李姿姿:《转型时期利益协调机制的问题及改革路径》理论视野 2010 年第 3 期。

6. 卫兴华:《我国贫富分化的现实与成因评》江苏师范大学学报(哲学社会科学版)2013 年第 9 期。

7. 钱民辉、陈旭峰:《社会阶层流动受阻的表现与危害》人民论坛 2014 年第 1 期。

8. 吴忠民:《社会焦虑的成因与缓解之策》河北学刊 2012 年第 1 期。

9. 于德宝:《当前群体性事件的特点和原因》中国党政干部论坛 2006 年第 6 期。

10. 王永平:《社会体制改革方向及路径选择》探求 2010 年第 4 期。

11. 王名:《习李要重回"小政府、大社会"的改革主线》凤凰财经 2013 - 4 - 6。

12. 吴锦良:《社会力量培育:我国社会体制改革的重中之重》中共杭州市委党校学报 2013 年第 1 期。

13. 马庆钰:《深化社会体制改革的根本依据》光明日报 2013 - 11 - 22。

14. 杨宜勇:《创新有中国特色的社会管理体制》学习时报 2011 - 6 - 13。

15. 戈钟庆:《建立科学的社会利益调节机制》经济论坛 2014 年第 11 期。

16. 尹蔚民:《建立更加公平可持续的社会保障制度》人民日报 2013 - 12 - 20。

17. 宋晓梧:《中国社会体制改革 30 年回顾与展望》人民出版社 2008 年版。

18. 康晓强《现代社会组织体制的核心取向》学习时报 2013 - 4 - 15。

19. 龚维斌、赵秋雁:《中国社会体制改革报告 2013》,社会科学文献出版社 2013

年版。

20. 郎咸平:《郎咸平说改革如何再出发》东方出版社 2014 年版。

21. 姜鲁鸣:《当前国防建设面临的若干问题和矛盾》学习时报 2006.11.27

22. 刘玉清:《国防教育军事理论导读》人民邮电出版社 2011 年版

23. 中华人民共和国国务院新闻办公室:《2010 年中国的国防(2011 年 3 月)》。

24. 熊光楷:《关于新军事变革》"外交学院论坛"。

25. 欧亚华:《新型战略导弹和战略核力量将频频亮相》香港经济网:www.hkfe.hk 2014 - 4 - 9。

26.《年终盘点:新军事变革中的中国军队》新华军事。

27. 刘刚李伟:《这一年中国军队新装备井喷式爆发》中国青年报 2013 - 12 - 27。

28. 美国防部 2014 年《中国军事与安全态势发展报告》。

29.《中国军事年终盘点之装备篇》2014 年 12 月 26 日 11:38 腾讯网·军事频道。

30. 全国干部培训教材编审指导委员会:《加快推进国防和军队现代化》人民出版社 2015 年版。

31.《2016 年世界经济形势分析与预测》,社会科学文献出版社,2015 年 12 月版。

32.《全球政治与安全报告(2016)》,社会科学文献出版社,2015 年 12 月版。

33. 吴心伯:《中美关系战略报告 2014》,时事出版社,2015 年 6 月

34. 刘少东:《二战前后的冲绳问题及中日美关系研究》,人民出版社,2015 年 4 月

35. 田丰:《通往"双赢"之路—中美经贸关系研究》,中国长安出版社,2014 年 12 月

36. 浦东美国积极研究中心,武汉大学美国加拿大经济研究中心:《全球化格局下中美俄经贸关系》,2015 年 11 月

37. 史桂芳:《中国的对日战略与中日关系研究(1949—)》,中国社会科学出版社,2014 年 3 月

38. 桑兵:《交流与对抗:近代中日关系史论》,广西师范大学出版社,2015 年 5 月

39. 王义桅:《全球视野下的中欧关系》,世界知识出版社,2012 年 4 月

40. 周弘:《中欧关系蓝皮书:中欧关系研究报告(2014)》,社会科学文献出版社,2014 年 3 月

41. 张学昆编著:《中俄关系的演变和发展》,上海交通大学出版社,2013 年 11 月

42. 丛鹏、张颖:《战略视角下的中俄关系》,时事出版社,2011 年 10 月

43. 陆南泉:《中俄经贸关系现状与前景》,中国社会科学出版社,2011 年 4 月

44. 万殿华:《互利共赢的中俄经贸合作关系》,科学出版社,2011 年 5 月

45. 王宏纬:《当代中印关系述评》中国藏学出版社 2009 年版。

46. 张蕴岭:《中国与周边国家》社会科学文献出版社 2008 年版。

47. 孙红旗:《巴基斯坦研究》社会科学文献出版社 2012 年版。

48. 赵民胜、李梅丽:《形势与政策》中国人民大学出版社 2012 年版。

49. 秦红增:《多元视角下的中国-东盟研究》民族出版社 2012 年版。

50. 周卫平:《百年中印关系》世界知识出版社 2006 年版。

51. 魏志江:《"冷战"后中韩关系研究》中山大学出版社 2009 年版。

52. 陈峰君、王传剑:《亚太大国与朝鲜半岛》北京大学出版社 2002 年版。

53. 马加力:《当前中印关系的主要特点》和平与发展 2013 年第 4 期。

54. 沈山、孟庆华、乔洁:《地缘政治视角下的中巴区域经济合作战略研究》徐州师范大学学报 2011 年第 5 期。

55. 张敬伟:《瓜达尔港是世界看中国的镜子》联合早报 2013-2-22。

56. 朴光姬:《中国与朝鲜经贸关系转型中的困境及对策》东北亚论坛 2012 年第 3 期。

57. 欧阳维:《深化中韩关系对保持朝鲜半岛稳定具有重要意义》和平与发展 2013 年第 6 期。

58. 刘宇:《中韩贸易发展与展望》商业研究 2012 年第 9 期。

59. 李晨阳:《对冷战后中国与东盟关系的反思》外交评论 2012 年第 4 期。

60. 李青燕:《中国—巴基斯坦经济走廊:务实合作新起点》经济观察 2013 年第 9 期。

61. 陶亮:《印度的印度洋战略与中印关系发展》南亚研究 2011 第 3 期。

62. 陈宗海:《中印关系 60 年的历史脉络与现实态势》国际论坛 2012 年第 1 期。

63. 满海峰:《新时期中朝关系定位与中朝边境地区经济合作发展》辽东学院学报 2011 年第 12 期。

64. 张慧智:《朝鲜半岛战略调整与东北亚大国关系互动》社会科学战线 2012 第 4 期。

65. 门洪华、刘笑阳:《中韩战略合作伙伴关系:历史进程、现状评估与未来展望》吉林大学社会科学学报 2013 年第 11 期。

66. 张慧智、王箫轲:《中韩关系二十年:成就与问题》现代国际关系 2013 年第 1 期。

67. 王玉主:《影响中国东盟关系的因素以及未来双边关系的发展》学术探索 2010 年第 3 期。

68. 欧阳欢子:《中国-东盟经贸关系的发展进程及前景》世界经济研究 2008 年第 9 期。

69. 刘慧玲:《中国—东盟经贸合作:成效、挑战与对策》广西社会科学 2013 年第 12 期。

70. 全国干部培训教材编审指导委员会:《国际形势与中国外交》人民出版社 2015

年2月。

71. 何茂春:《以海养海,实现我国的海上强国战略》2005 年 2 月 3 日。

72. 沙鹰 B13:《西陆东方军事》2011 年 7 月 28 日。

73. 孙世民:《探究黄海海域争议的解决途径》海南大学法学院。

74. 寒日的日志:《中韩黄海划界问题》网易博客。

75. 中国国情—中国网:《南海主权争端成因》guoqing. china. com. cn2012 年 4 月 11 日。

后 记

  这本教材在北京服装学院校领导的高度重视和思想政治理论课教学部广大教师共同努力下,付梓出版了。张红玲、闫东负责书稿的总体设计与组织安排、修改、统稿,思政课专兼职教师参与撰写,最终呈现出来的是集体讨论、紧密合作与分工负责的成果。

专题一 庞桂泉、杨卫红、吴玉凤、闫东

专题二 倪赛力

专题三 吴玉凤、闫东

专题四 常雪

专题五 姬立玲、张红玲

专题六 潘琪

专题七 杨卫红

  本部教材的编写组是一个极具凝聚力的团队,大家在承担繁重的教学任务、管理工作的同时,投入了大量时间和精力,查阅资料,参考、借鉴学术界的相关研究成果,执笔撰写、几经修改补充,最终定稿。在此,为我们这个团队感到骄傲。此外,本部教材作为校级教学改革重点项目得到了教务处等相关部门的大力支持,在此一并致谢。由于编者学识有限,书中难免不足之处或者值得商榷的观点,请广大读者不吝批评指正,我们会虚心接受,以期再版时进一步修订。